조순 문집

이 時代의 希望과 現實(Ⅳ)

조순 문집(2002~2010년)

이 時代의 希望과 現實(Ⅳ)

– 各界의 輿論을 듣고 내 생각을 정리하자 –

趙 淳 著

比峰出版社

發 刊 辭

　이 文集은 우리의 恩師이신 趙淳先生이 주로 2002년 정치활동을 청산하신 이후에 쓰신 글, 말씀하신 語錄 등을 모은 것이다. 「이 時代의 希望과 現實」이라는 제목으로 4권으로 이루어진 이 문집은 선생께서 정치활동을 그만두신 2002년 이후 지금까지 주로 다양한 매체에 기고하신 寄稿文, 연구모임 등에서 발표하신 論文, 祝辭, 追悼辭 및 書評, 錄取 등을 類別로 나눈 것이다. 대부분 우리가 사는 시대의 국내의 경제, 사회, 정치의 현실, 그리고 미래에 거는 期待 등이 그 내용이기 때문에 이 문집의 제목을 일괄하여 『이 時代의 希望과 現實』이라 하였다.

　우리는 원래 이 문집을 선생께서 八旬이 된 작년에 奉呈하기로 하고 준비해 왔다. 그러나 원고 및 자료의 수집과 편집 작업이 지연되어 이제 겨우 작업이 완성되었다. 선생께는 매우 죄송하게 되었지만, 선생께서는 원래 回甲, 古稀, 喜壽, 八旬, 米壽 등에 거의 아무런 의미를 두지 않는 분이시기 때문에 이번 일의 지연에 대해서도 양해해 주실 것으로 믿는다.

　돌이켜보면, 趙淳선생과 우리 제자들과의 因緣은 선생께서 1967년 9월 학기 초, 母校의 經濟學 교수로 부임해 오심으로써 시작되었다. 당시 선생께선 우리 나이로 40세, 이미 人生觀, 世界觀, 價值觀 등에 있어 不惑의 境地에 이르신 것으로 보이지만, 우리 제자들은 겨우 志學을 지나 成年에 이른 철부지들이었다.

　先生께서는 부임 후 첫 강의 때부터 정해진 시간에서 단 1분도 일찍 끝내시는 일이 없었고, 제자들에게 조금이라도 더 가르쳐주기 위해 혼신의 힘을 다 쏟으셨다. 선생의 그 모습은 바라보는 것만으로도 제자들의 넋을 흔들기에 충분하였다. 강의의 내용은 물론 충실하였지만, 당시 우리로서는 그것은 부차적인 문제였다.

우리들은 先生으로부터 여러 가지 講義와 公私間의 對話를 통해 학문으로서의 經濟學의 意義를 절감하게 되었고, 경제학을 더욱 폭넓고 깊게 배워 보려는 뜻을 세우게 되었다. 졸업 후 많은 제자들이 미국 留學을 떠나게 된 것도 그 동기는 대부분 선생에 의해 觸發되었다. 미국 유학이 아니더라도 선생과 우리 사이의 돈독한 師弟關係는 졸업 후 社會에 나온 다음에도 계속되어 지금에 이르고 있다.

관악산, 북한산, 화악산, 설악산의 만개한 봄 꽃, 여름의 짙은 녹음, 가을의 화려한 단풍 밑에서 둘러앉아 소주를 마시면서 들었던 선생의 講論은 우리에게는 一種의 山上垂訓이었다. 때로는 선생의 自宅에서 벌어진 바둑 시합에서도 제자들은 둘러앉아 선생의 강의를 들었다. 때와 장소를 가리지 않고 우리는 수시로 배우고 수시로 익힐 수 있었으니, 말하자면 時學과 時習을 실천하는 幸運을 누리면서 40년을 살아온 셈이다.

趙淳선생이 우리에게 가르쳐 주신 것은 경제이론과 한국 및 세계 경제에 관한 것으로 국한되지 않았다. 수시로 베풀어진 선생의 講義主題는 그 범위가 넓고 깊었다. 선생은 동서양의 歷史에 두루 밝고, 동서양의 학문과 사상, 특히 이채롭게도 東洋의 思想에 밝은 학자이시다. 다양한 분야에서의 높은 成就가 평소의 엄정한 修身, 치열한 內的 省察과 調和를 이룬 분이었다. 선생이 항상 강조하시는 知行合一의 생활신조는 부총리 겸 경제기획원장관, 한국은행총재, 서울市長 등의 관직과 변화무쌍한 정계에서의 활동에서도 그대로 실천되

었다. 이런 활동이 거의 마감된 오늘에 있어서도 선생의 일상생활에
는 이러한 다양한 素養이 적절히 渾融되어 있는 것을 엿볼 수 있다.

이 文集에 실린 선생의 말씀과 글들을 읽어보면 알 수 있듯이, 선
생의 사상과 실천은 中庸, 나아가 時中을 얻은 경지에 이르러 있다.
선생은 맹자의 "깊이 道에 들어가서 스스로 얻는(深造之以道, 自得
之)" 境地에 도달하신 것으로 우리는 본다. 선생의 時文과 言行은
"어떤 주제, 어떤 문제에 관해서건 그 本質과 根源에 닿고 있음(取
之左右逢其源)"을 누구나 느낄 수 있다.

우리 제자들은 回甲의 나이가 지난 지금까지도 여전히 제자로서
선생의 말씀을 듣는 것을 큰 기쁨으로 여기고 있다. 선생의 글과 말
씀은 우리뿐 아니라 사회에 대해서도 좋은 참고가 될 것으로 보고,
그 著述과 言行의 하나라도 散失되지 않고 사회의 많은 분들에게 전
해질 수 있도록 하기 위하여 가능한 최대의 노력을 기울여 왔다. 그
러나 선생은 八旬이 넘은 지금도 寸陰을 아끼면서 왕성하게 讀書와
思索, 강연과 집필활동을 계속하고 계시므로, 앞으로 나올 글들도
계속 책으로 發刊할 계획을 가지고 있다.

이 文集은 네 권과 別集으로 이루어져 있다. 제1권은 2003년 이
후 최근에 이르는 기간 동안 다양한 매체에 기고하신 글과 여러 기
관에서 초청되어 강연하신 말씀의 요지와 같은 短文들을 모은 것이
다. 제2권은 책으로 출간되지 않은 선생의 研究論文들을 모은 것이
고, 제3권은 선생께서 그동안 행하신 祝辭와 追悼辭, 碑文, 그리고
漢文 및 英文으로 쓰신 글들로 이루어져 있으며, 여기에는 2002년
이전에 쓰신 글들도 일부 수록되었다. 제4권은 2002~2009년 동안
인간개발경영자연구회에서 각 주제 발표자들의 발표에 대해 선생께
서 즉석에서 綜合, 整理, 論評하신 것의 錄取 및 인터뷰의 抄錄을

모은 것이다. 마지막으로 別集에 수록된 것은 선생께서 1979년에 故 朴正熙 대통령에게 보고하기 위하여 작성하신 『中·長期 開發戰略에 관한 研究』라는 연구 보고서인데, 故박대통령의 逝去로 보고되지 아니한 귀중한 자료이다.

선생은 평소 "사람이 쓰는 글에 '雜文'이라는 것은 있을 수 없다. 옛날의 문집에는 '雜著' 부분이 가장 중요한 부분이었다"고 말씀하셨다. 글과 말은 곧 사람이라는 선생의 知性的, 人本的 태도가 이 문집에 나타나 있다고 생각된다.

이 문집 이외에도 선생이 지난 26년간 쓰신 漢詩集 『奉天昏曉三十年: 趙淳漢詩集』 두 권과 선생이 그 동안 쓰신 붓글씨를 모은 『奉天學人翰墨集』을 간행한다. 여기에도 선생의 면모와 뜻이 담겨 있다고 생각하기 때문이다. 앞에서도 말한 바와 같이, 이 文集은 주로 선생의 정치활동 마감 이후의 말씀과 글들을 모은 것이므로, 그 이전의 著述로서 이미 책으로 출간된 것, 그리고 外國機關에 제출되어 그 기관에서 책자로 만들어진 報告書 등은 補遺를 위한 경우를 제외하고는 모두 이 文集에서 제외되었다. 우리는 이 정도의 작은 成果나마 이루어냄으로써 그간 스승으로부터 받은 큰 恩惠에 작으나마 報答할 수 있게 된 것 같아 多幸으로 생각하고 있다.

우리는 우리의 모든 정성을 담아 선생의 康健과 長壽를 祈願해 마지않는다. 또 이 文集을 발간하는 데 財政的으로 후원해 주신 여러분, 그간 귀중한 資料를 제공해 주신 여러분, 出版을 맡아서 많은 어려움을 감수하신 여러분들에게 깊은 感謝를 드린다.

2010年 5月

趙淳先生 八旬紀念文集刊行委員會 委員長
韓國外國語大學校 教授 金勝鎭

〈目 次〉

|제 1 부|

인간개발경영자 연구회 종합정리

2002년

한국의 21세기와 글로벌 스탠다드*

전 박사는 글로벌 스탠다드의 의미는 떡을 키우는 최량의 방법이라고 정의를 했고 그것을 벤치마킹하여 추구하는 것이 옳다고 하였다. 전 세계가 떡, 즉 소득을 키우는 데 전력을 다하는 추세에 있다는 의미로 해석된다. 따라서 우리나라도 그렇게 해야 한다는 것이다. 그러나 바로 그렇기 때문에 지금 세상의 모든 문제가 발생하는 것이 아닌가 하는 생각이 든다. 떡을 키운다는 것은 인간이 달성하고자 하는 한 가지 가치인 것만은 분명하다. 그러나 인간이 성취하고자 하는 가치 중에는 떡을 키우는 것만 있는 것이 아니다. 전박사의 강연에 언급된 바와 같이 현재 미국에는 떡을 키우기 위해 "죽자 사자"하는 사람들이 많다. 전 사회가 그것에 매달리고 있다. 왜 그래야 하는가? 무엇이든지 지나치면 좋지 않게 된다고 생각한다. 중용과 균형, 절제와 조화가 중요하다. 인간이 추구하는 가치에는 떡을 키우는 것만이 있는 것은 아니다. 떡에만 집착하는 사회는 살벌하고 불행한 사회일 것이다.

전 박사는 자유가 있어야 시장이 있고, 시장이 있어야 민주주의가 있다고 하였는데, 대체로 옳은 말씀이다. 그러나 약간의 사족을 달 필요는 있다고 본다. 전 박사는 또 남을 해치지 않는 한 무엇이든지

---

* 2002년 5월 16일 제1248회 인간개발경영자 연구회에서 전성철(산자부 무역위원회) 위원장의 발표에 대한 논평을 녹취한 글임.

할 수 있는 것이 자유이며 시장의 원리라고 하였다. 이것은 존 스튜어트 밀(John Stuart Mill) 이후 많이 논의된 자유사상의 기본이라 할 수 있다. 그러나 자유가 있으면 시장이 발달하고 시장이 발달하면 모든 것이 잘 된다는 보장은 없다. 시장은 아무리 법을 잘 만든다고 해도 기본적으로 불공평한 면이 있다. '시장의 실패(Market Failure)'라는 것이 바로 이것이다. 시장은 간접적으로 얼마든지 상대방을 해칠 수가 있다. 예를 들어 시장을 선점한 사람은 후발 참여자를 제약할 수가 있다. 남을 해치지 않는 한 무엇이든지 할 수 있다는 기본 전제는 좋지만, 그런 의미의 자유의 행사가 지나칠 경우 여러 가지 문제가 발생할 수 있을 것이다. 미국의 신자유주의(Neo-Liberalism)에 있어서와 같은 극한적인 자유만능주의에는 문제가 있지 않을까 생각된다.

평등은 서양의 사상이다. 동양에는 평등이라는 말 자체가 없었다. 동양에서 평등이 중요한 것으로 부각되기 시작한 것은 서양사상이 들어온 후부터였다. 동양에도 사람(백성)은 존중되어야 한다는 사상, 강한 자는 약한 자를 보살펴 주어야 한다는 인본주의적인 사상은 오히려 서양보다 먼저 있었다. 그러나 모든 사람이 법적으로 모두 평등하다고 생각한 적은 없었고, 평등이라는 말은 없었다. 평등이란 말은 프랑스 혁명에서 나온 것이다.

세계화에 반대하는 것은 떡을 키우는 것을 반대하는 것이 아니라, 떡을 너무 키우려다 보니 세계를 대량 생산, 대량 소비, 대량 폐기로 몰아감으로써 환경을 황폐화하고, 사회의 가치관을 흐리게 하는 것에 반대하는 것이다. 소화를 시킬 수도 없는 양의 떡을 만들어서 먹지도 않고 내버려서 집 주위를 더럽히는 것에 반대하는 것이다. 이런 경향은 특히 미국에 많이 나타나고 있다. 나는 세계화를 무조건 반대하는 의견에 찬성하는 것은 아니지만 그 반대의 주장 속에 있는 환경보호라든가 떡 이외의 인간의 가치를 찾아야 한다는 주장에는 일리가 있고, 이런 것에 대해서도 응분의 고려를 해야 한다고 본다. 일찍이 간디는 "불필요한 것을 만드는 것은 도적의 행위이다"라고 말한 적이 있다. 버틀란드 러셀은 "인간은 너무 많이 일을 하는 데 문제가 있다"고 지적하기도 했다. 무조건 떡만 키워서 무엇을 하겠는가.*

◁ 글로벌화는 세계의 추세지만 무조건 좋은 것은 아니다 ▷

지금의 세계가 글로벌화하고 있는 것은 사실이고, 한국은 글로벌화의 추세에 발을 맞추어 나가야 하는 것은 사실이다. 글로벌 스탠더드란 무엇인가. 보통 이것을 아메리칸 스탠더드로 해석한다. 즉, 미국이 내세우는 경쟁의 기준을 말하는 것으로 보는 것이다. 가능한 한 "떡"을 키우는 것이 곧 글로벌 스탠더드라고 하는 것도 결국 미국의 스탠더드를 말하는 것 같다. 이 관념이 나아가서는 시장만능, 競爭至上, 利潤至上이 되며, 이것이 이른바 '新自由主義(Neo-Liberalism)'의 이론을 낳고, 대외 경제정책에 있어서는 미국의 이른바 '워싱턴의 통념(Washington Consensus)'으로 되고, 대외 외교안보 정책에 있어서는 '신-보수주의(Neo-Conservatism)'의 사상에 입각한 미국의 '一方主義

---

* 박스에 있는 글은 인간개발경영자 연구회에서의 논평 후 상당 기간이 지난 후에 추가로 소회를 적은 글임(이하의 박스글도 마찬가지임).

(Unilateralism)'의 정책 기조, 즉 미국의 외교안보 정책은 UN이나 그 밖의 다른 나라들의 의견을 들을 필요 없이 미국이 단독으로 추진한다는 원칙으로 치닫고 있다. 이러한 미국의 사조는 특히 근래에 와서는 강한 자의 논리로 이용되고 있다. 우리는 이러한 미국의 논리를 잘 알고 그 장단점을 알아서 적절히 대처해 나가야 한다.

American Standard의 이러한 기준이 앞으로 세계의 기준으로 확고히 정착될 것인가. 이 기준은 세계 유일의 초강대국의 기준이니 만큼 엄청나게 큰 영향력을 가질 것은 확실하지만, 나의 私見으로는 미국도 이것을 무리하게 다른 나라에 강요해서는 좋지 않을 것으로 본다. 이 사상은 순전한 강자의 논리인데, 강자가 약자를 거느리자면 힘과 아울러 德이 있어야 한다.

◁ 자유란 무엇인가 ▷

존 스튜어트 밀(John Stuart Mill: 1806~1873)은 그의 『自由論』(1848)에서 다음과 같이 썼다. "인류가 그 성원의 어떤 사람이나 또는 어떤 한 사람의 행동의 자유에 대해, 개인적으로나 집단적으로나, 간섭을 하는 것이 정당한 근거를 갖는다고 볼 수 있는 유일의 목적은 자기방위(Self-Protection)의 경우 뿐이다. 또 문명 사회의 어떤 구성원에 대해서든 간에 그의 의사에 반하여 권력을 행사해도 정당하다고 생각할 수 있는 유일의 목적은 다른 구성원에 미치는 해를 방지하는 데 있다."(밀의 『자유론』제1장 참조.)

　자유란 결국 선택의 자유를 말한다. 선택의 여지가 없을 때에는 자유도 없다. 그런데 부유하고 권력이 많은 사람에게는 선택의 여지가 많으나, 가난하고 권력이 없는 사람에게는 선택의 여지가 적다. 그러므로 자유는 선택의 여지가 거의 없는 극빈자에게는 별로 의미가 없다. 자유는 강한 자의 도구이다.

9·11 사태가 불러온 새 세계 : 변화된 기업환경*

　오늘 강연을 해주신 빌 에머트씨는 1956년생이며, 따라서 아직 매우 젊은 사람이다. 이런 젊은 분이 이코노미스트라는 세계 최고수준의 종합주간지의 편집인으로 돼 있다는 것은 놀라운 일이며, 그간의 업적도 대단히 훌륭하다. 나는 이 분이 1989년에 쓴 『The Sun Also Sets』라는 책을 약 10년 전에 읽은 일이 있다. 그 책이 쓰일 당시만 해도 아무도 일본의 경제가 나빠지리라는 예상은 하지 못하고 있었다. 그런데 이 분은 일본경제가 가라앉을 수밖에 없다는 것을 분석해 냈었다. 오늘날 그 책을 읽어보면 모두 수긍할 만한 내용들이다. 나는 오늘 이곳에 나오기 전에 10년 전에 이 책을 읽을 때에 밑줄 쳐 놓았던 것들을 다시 한 번 훑어보았는데, 그의 논지의 탁월함에 다시 한 번 감탄한 바 있다. 좋은 내용이었다. 그 후 이 분은 이코노미스트 지를 통해 많은 글을 발표하였다. 이 분이 이코노미스트에 쓴 것과 오늘의 강연의 내용을 종합하면 이 분의 생각을 알 수 있다.

　오늘의 강연은 英美의 입장에서 볼 때 세계는 낙관적인 미래가 있다는 것이다. 미국의 지도력 하에 세계는 보다 나은 상황으로 갈 것이라는, 즉 팍스 아메리카나(Pax Americana)가 더 좋은 세상을 만들 것이라는 내용이다. 이코노미스트지는 작년 8월이라고 기억하지만, 20

---

* 2002년 5월 23일 제1249회 인간개발경영자 연구회에서 Bill Emmott(The Economist 편집인)의 발표에 대한 논평을 녹취한 글임.

세기는 "자유의 행진(March of Liberty)"으로 특징지어질 수 있다는 특집기사를 냈다. 즉, 20세기에는 전쟁이 많았지만 모두 자유를 방해하는 세력이 꺾이고 자유는 항상 전진했다는 것이 그가 보는 역사의 흐름이라는 것이다. 9·11 이전에는 이라크, 러시아, 공산주의 등 자유를 저해하는 세력이 많았으나, 9·11 테러를 계기로 앞으로는 러시아도 자유의 행진에 동참하게 될 것이고, 이라크의 후세인도 제거될 것이므로 자유는 계속 앞으로 뻗어 나갈 것이라는 것이다. 이러한 내용의 강연을 들으면서 한 가지 마음에 걸리는 것은 9·11 테러가 있었기 때문에 미국이 더욱 힘을 발휘할 수 있었구나 하는 느낌을 갖게 된다는 것이다. 다시 말해서 9·11 테러는 미국이 바라던 것이었다는 것이다.

빌 에머트씨는 아메리칸 리더십이 건전하다고 평가하고 있는 듯하다. 나도 그 부분에 어느 정도 이해는 하면서도 다소의 걱정거리도 있다. 나는 부시의 마인드 자체가 너무나 심플한 것이 아닌가 생각한다. 리더십이라는 것은 단순함에서 나오기도 한다는 것은 나도 안다. 그러나 미국의 리더십이 너무 단순해서도 곤란하다. 세계는 역사와 문화를 달리하는 여러 나라로 구성되어 있다. 아무리 미국식의 자유가 좋다고 해도 그것을 어기는 다른 나라를 모두 자신의 적으로 몰아세우는 것은 옳지 않다고 생각한다.

권력의 오만이라고 느낄 수 있는 상황이 있다. 9·11 이후의 미국의 리더십은 군사력을 앞세운 리더십이었지 미국의 문화적 도덕적 우월성에서 비롯된 리더십은 아니었다. 한 가지의 가치관만으로 세계를 주도하는 것이 아니라, 다른 나라들을 동반자로 바라보고 이해하려는 자세가 필요하다고 생각한다.

　미국은 국제경제의 면에서도 문제를 안고 있다고 생각한다. 90년 대에는 미국이 세계의 번영을 이끌었다. 이 과정에서 나타난 것이 IT 혁명, 신경제였다. 하지만 이제는 '신경제'는 환상이었다는 것이 판명되었다. 미국이 경제가 나아지고 있지만 나는 거기에는 한계가 있다고 생각한다. 미국의 경제는 지탱할 수 없는 요소들에 의존하고 있다. 우선 민간저축률이 매우 낮다. 또한 증권시장에서 주식가격이 지나치게 올라가 있다. 앞으로 더 올라갈 가능성은 별로 없어 보인다. 더군다나 국제수지 적자는 계속 쌓이고 있다. 부시의 덕택으로 재정 적자도 쌓이고 있다. 이러한 불건전한 요소들을 가지고 있는 상황에서 미국경제가 계속 세계경제를 이끌어 가는 것은 어렵지 않을까 생각한다. 나는 전체적으로 볼 때 세계경제는 회복될 것이지만, 큰 활력은 없을 것이라 생각한다.

　세계화의 문제에서는 미국 스스로가 WTO의 룰을 지켜야 할 것이라고 생각한다. 전체적으로 세계화가 진행되기는 하겠지만 미국 스스로가 보호무역을 하고 있다. 레이건과 부시는 같은 맥락에 서 있는 것이다. 부시는 레이건 정부와 너무도 닮은꼴이다. 그 방법으로는 미국 주도의 세계화에 한계가 있을 것이라 생각한다.

◁ 이라크전쟁, 어떻게 봐야 하나 ▷

미국은 이라크에 대한 공격을 감행하여, 군사적으로는 큰 성공을 거두었다. 그러나 그 성공은 세계를 경영하는 미국의 전략이나 위상에 도움이 되었다고 생각할 수는 없다. 이라크가 개발했다는 핵무기는 발견되지 않았고, 이라크의 대량살상무기 보유설은 미국과 영국의 정보조작에서 나왔다는 것이 드러났다. 사담 후세인을 생포한 것도 미국에 큰 도움이 됐다고 볼 수 없다. 오히려 앞으로 그를 어떻게 처리하느냐에 관한 어려운 과제가 남아 있다. 대량살상무기를 개발했다는 증거가 없다면 무슨 죄목으로 그를 전범으로 몰 수 있는가.

覇權을 옳게 행사하는 방법은 옛날이나 지금이나 무력만 가지고는 되지 않는다. 패권을 행사하는 나라는 패권의 지배를 받는 나라에 대해서 어떤 형태이든 德을 베풀어야 한다. 德은 곧 得이다. '得'은 곧 '德'과 통한다. 패권의 지배를 받는 나라가 패권에 승복하기 위해서는 그렇게 하는 것으로부터 어떤 '得'이 있어야 한다. 미국이 패권국가로 그 패권을 행사하자면 무력과 아울러 德을 베풀어야 하는 것이다.

미국은 이라크에 어떤 得을 갖다 줄 것인가. 민주주의를 갖다 준다고 하지만, 이라크가 미국식 민주주의를 원할 것 같지 않은데에 문제가 있다. (2004. 2. 15.)

민심의 현주소와 한국정치의 과제*

　우리의 정치는 지금에 이르기까지 매우 비생산적인 틀을 길러왔다. 그 궁극적 책임은 결국 국민에게 있다. 어떤 나라의 정치의 수준은 그 나라 국민의 수준을 넘을 수 없다는 말이 있다. 궁극적으로는 그 말이 옳다. 그러나 어쨌거나 이 나라의 역대 정권들은 너무나 많이 국민을 실망시키고 괴롭히는 정치를 펼쳐 왔다. 이러한 비생산적인 틀을 우리는 '3金 정치'라고 표현하고 있다. 나는 한나라당 명예총재를 하던 시절, 어떤 일간지에 이런 글을 쓴 적이 있다. "우리나라의 정치의 틀은 모든 대통령을 실패로 이끌고, 모든 정당을 실패로 이끌고, 모든 정치인을 실패로 이끌고, 국민을 괴롭히는 틀이다." 나의 이 글에 반박할 여지가 없다. 성공한 대통령은 거의 하나도 없다. 대통령의 명운을 보면 알 수 있다. 윤보선, 최규하 대통령을 제외하고는 쫓겨났거나, 암살되었거나, 감옥에 갔거나, 혹은 가족이 감옥에 갔거나 했다. 대통령 취임 당시 80~90%의 지지율은 이임 당시에는 항상 10%대를 맴돌았다. 성공한 정당은 하나도 없다. 모든 정당이 이름을 바꾸면서 근근이 살아왔다. 성공한 정치인도 거의 없다. 7, 8선 위원들도 감옥에 가든가 법정에 선 경우가 많았다.

---

* 2002년 6월 5일 제1251회 인간개발경영자 연구회에서 김행 디인포메이션(주) 대표의 「대권주자들의 지지율을 통해 본 민심의 현주소(제1강)」와 오연천 서울대 행정대학원장의 「6 · 13 지방선거로 본 한국정치의 과제(제2강)」라는 두 발표에 대한 논평을 녹취한 글임.

우리 정치의 틀의 기본은 첫째는 지역감정의 틀이다. 우리나라는 이것을 빼고 정치를 논할 수가 없다. 지역감정에 의존하면서 야당총재를 하고, 지역감정에 의존하면서 대통령을 했다. 대통령이나 야당총재나 지역감정을 떠나서는 정치를 할 수가 없었다. 우리나라의 정치의 틀은 국민을 이끌 수 있는 틀이 아니다. 우리나라의 정치의 관심은 누구를 대통령으로 만드느냐에 있는 것이지, 누가 국민을 제대로 이끄느냐에 있지 않은 것 같다. 국회에서 20~30%를 가진 정당이 강력하게 실력행사를 통해 거부권을 행사하면 나머지 60~70%를 가지고도 정상적인 방법으로 법안을 통과시키지 못한다. 의원의 수가 적은 야당이, 다수든 다수가 아니든, 강력히 버티면 여당은 날치기를 할 수밖에 없다. 정상적인 방법이 통하지 않는 체제에서 정상적인 통치는 불가능하다. 이것이 우리 정치의 틀이었다.

그렇다면 우리의 정치가 풀어야 할 과제는 무엇인가? 파괴와 창조를 통한 개혁이 이루어져야 한다. 기존의 정치의 틀은 파괴되어야 한다. 그리고 그 위에 새로운 틀을 창조해 내야 한다. 현재의 틀이 존속하는 한 우리나라 정치는 절대 안 된다. 머지않아 3金이 물러간다고 말을 하지만, 그것은 자연인이 물러가는 것이지 그 틀이 물러가는 것은 아니다. 고목은 물러가도 그 뿌리에서 새로운 싹이 자라난다. 과거의 비생산적인 틀은 철저히 파괴되어야 한다고 생각한다. 그러나 우리의 현실은 그렇지 않다. 넘어가는 것 같지만, 그 비효율의 뿌리는 아마 버틸 것이다. 일부에서 上向式 공천이 이루어졌고, 그것은 우리 정치의 틀을 파괴하는 전조로 보이기도 한다. 국민은 그것을 환영했다. 새로움에 대한 열망이었던 것이다. 상향식 공천을 통해 나온 사람들이 노무현씨이고 이회창씨이다.

그런데 문제는 그 파괴 이후 창조가 뒤따라 나오지 않았다는 것이다. 그렇게 파괴의 조짐이 있은 후에 야당에서 나온 것은 '보수대연합'의 기치였다. 그런 구호는 국민의 가슴에 새겨질 수가 없다. 20년 전에나 하는 구호이다. 또 한 나무에서는 '신민주대연합'의 기치가 나왔다. 이것도 썩어가는 나무에서 나오는 싹일 뿐이다. 이제는 '헌법개정'에 대해 논의하겠다고 한다. 이런 것들은 국민의 여망과는 전혀 관계가 없는 것들이다. 헌법을 개정한다고 해서 정치가 잘될 리가 없다. 다시 말해, 우리 정치는 창조의 가능성을 보여주지 못하고 있다. 기존의 틀이 무너져도 새로운 것이 나오지 않으면 어떻게 될 것인가? 부득불 과거가 되살아 나오지 않을 수 없다. 어떻게 새로운 것을 만들어 내느냐. 이것이 우리 정치의 큰 과제라고 본다. 3김이 물러간다고 해서 그 정치의 틀이 바뀌는 것은 아니다.

◁ 노무현 대통령 ▷

2002년 12월 대선의 결과로 노무현후보가 대통령으로 당선되었다. 무너져 내리는 정치의 틀, 사회의 틀, 이미 무너져내린 경제의 틀을 어떻게 바로 잡느냐가 이 정권, 그리고 절대다수의 의석을 가진 야당이 당면한 큰 과제이다. 새 대통령이 취임한 지 이미 1년 이상이 지났다. 그러나 나라의 모든 문제는 더 어려워져가고만 있다. 정치권은 정쟁에 여념이 없다. 모든 관심은 지금 4월 15일의 총선에 집중되고 있다. 우리가 필요로 하는 것은 (1) 앞으로의 비전(Vision), (2) 그것을 실현하기 위한 국가전략, 그리고 국민의 역량을 집중시킬 수 있는 정치 리더십이라고 할 수 있다.

대한민국은 지금 성쇠의 기로에 서 있다. 지금 이 글을 쓰고 있는 동안, 내 책상 앞에는 노무현 대통령 탄핵안의 기사를 담은 신문이 보인다. 한국의 정치의 틀이 어떤 것인가가 여기에 잘 나타나고 있다. 탄핵은 무너져 내리는 이 나라 정치의 틀의 몸부림이다.

나는 가끔 내가 제 정신인가 의심할 때가 있다. 탄핵에 즈음한 정치권의 행보를 볼 때마다 가끔 모두 제 정신인지 의심하다가도 결국 내 자신이 제정신이 아닐지 모른다고 생각하게 되는 것이다. (2004. 3.)

◁ 노무현 대통령의 '창조'의 사명 ▷

노무현 대통령에 대한 탄핵소추안이 가결된 것을 어떻게 해석해야 하는가. 나는 이것은 우리나라 정치의 틀이 무너져 내리는 데 따른 쾅! 하는 소리라고 보았다. 야 3당은 노대통령을 탄핵한 것이 아니라 정치권을 탄핵한 것이다. 정치권 스스로가 자폭을 한 것으로 나는 보았다. 오래된 틀(Ancient Regime)이 무너져 내린 것이다. 그래서 야당 3당이 자살골을 터뜨려 기존의 시스템을 파괴한 것이다.

매일 같이 촛불시위가 벌어지고 있다. 새로운 정치틀을 갈망하는 것이다. 과연 무엇인가 새로운 것이 창조될 것인가 두고 보아야 하겠지만, 그리 쉬운 일은 아니다. 창조는 파괴보다 훨씬 더 힘들 것이다. (2004. 3.)

한국경제의 기업환경과 기업경쟁력 강화를 위한 제안*

　　최근 세계경제와 기업을 보게 되면 삼성의 지위는 엄청나게 성장했다. 정말로 우리나라가 삼성과 같은 기업을 선두로 내세우게 된 것은 자랑스러운 일이다. 삼성 경영의 선두에 서서 여러 가지 경험과 지식을 거기에 바친 현회장의 오늘 발표는 대단히 좋았다고 생각한다. 발표의 모든 부분에 대해서 십분 이해가 되고 공감한다.

　　한마디로 말하자면, 삼성의 기본방침은 보수와 혁신을 병행한다는 입장이 지금까지 견지되어 왔다고 본다. 삼성은 기본적으로 보수적인 경영철학을 가지고 있다는 평이 가능하다고 본다. 삼성이 지금까지 철저하게 일본을 벤치마킹해 왔다는 것이 그 보수적인 측면을 말해 준다. 성공한 사람을 본받는다는 것은 거의 대부분의 경우 잘하는 일이다. 성공한 기업, 특히 큰 성공을 거둔 일본기업에 아직도 좋은 부분이 있다면 철저하게 벤치마킹하는 것은 당연하고 이해할 만하다. 이렇게 함으로써 삼성은 회사에 대한 신뢰를 얻었다. 이것이 지금까지 삼성을 키우는 데 도움이 됐다. 정말로 기업한테 필요한 소프트웨어적인 주인의식이라든지 애사심을 강조한 것은 좋다고 본다. 현회장은 또 우리나라의 교육제도, 그 중에서도 특히 하향평준화는 좋지 않다는 말을 했다. 이러한 문제의식, 전략품목을 개발해야 한다는 이야

---

* 2002년 6월 12일 제1252회 인간개발경영자 연구회에서 현명관(삼성 일본담당)회장의 발표에 대한 논평을 녹취한 글임.

기 등 모두 공감이 가는 내용이다.

　나 자신의 소감을 잠시 곁들인다면, 일본식에는 문제도 많다는 것이다. 한마디로 말하면 일본은 기업이나 정부나 너무 일본식을 가지고 성공했기 때문에, 또 그것을 너무 극한적으로 해서 성공했기 때문에, 또 일본 체질이 그 방식을 탈피하지 못하기 때문에 문제가 생기고 있다고 생각한다. 일본인의 방식은 무엇인가. 일본인의 기본성격은 어떤 목표가 주어졌을 때, 이를테면 세계 최고의 반도체를 하나 만들어야겠다고 생각했을 때, 일본은 그 목표 달성을 위해 전력투구한다. 세계에서 반도체를 다 모아서 그 장점을 다 흡수하고 거기에다가 한가지의 개선을 덧붙여서 진일보한 반도체를 만든다. 이런 방식으로 일본은 그 목적을 달성한다. 이와 같이 일본인들은 목표가 주어졌을 때에는 엄청난 효율성을 발휘하지만 그 목표 자체가 과연 합리적인가를 따지는 데에는 장기가 없다는 것이다. 일본인들은 세계가 어디로 돌아가고 있느냐를 보는 전략적 사고가 조금 부족한 게 아닌가 싶다. 일본은 세계적인 리더십을 만들기는 부족하다고 본다.

　현재 일본경제가 침체하고 있다. 왜 침체하고 있는지에 대해서 아직도 식자들 간에는 이견이 많다. 따라서 침체를 탈피하는 방법이 확고하게 잡히지 않았다. 이를테면, 일본의 침체 원인은 부실채권을 정리하지 못한 금융부실에 있다고 보는 사람들이 있다. 주로 미국사람들이 그런 주장을 해왔는데, 많은 일본사람들도 공감하고 있다. 고이즈미 총리도 그것이 옳은 것으로 수긍해 왔다. 이에 반해, 경제 침체의 원인은 총수요가 부족하기 때문이라고 보는 사람들도 있다. 미국의 학자들 가운데 이와 같이 생각하는 사람들이 꽤 있다. 어쨌든 일본의 침체 원인에 대해서는 구조론자와 총수요부족론자의 양론이 있다. 아직도 식자들 간에 어떤 컨센서스가 없다.

일본경제가 좋아지기 위해서는 구조조정이 이루어짐으로써가 아니라 총수요가 살아나야 할 것으로 나는 본다. 일본경제는 앞으로 좋아진다고 하더라도 거기에는 한계가 있지 않을까 생각한다. 왜냐하면 일본은 투자할 대상이 많지 않다. 우리나라에서도 전략적 품목이 없다고 말하고 있지만, 일본 역시 지금 그런 상황에 있다. 사회적으로 볼 때도 인구는 노령화, 少子化로 다이내미즘이 상실돼 있다.

둘째, 일본의 문제는 지금 일본 지도층들이 일본경제가 침체하고 있다고 하면서도 사실 不感症에 걸리고 있는 것 같다. 아무일도 없는 것처럼 행동한다. 그 이유는 일본사람들은 지금 일본이 성공한 방향 그 이외의 방법을 잘 발견하지 못하고 있기 때문이다. 그러니까 별로 걱정할 것이 없는 것처럼 보이는 것은 당연한 것이 아닐까. 불황에 대한 불감증은 사실 걱정을 안 하는 것이라기보다는 어떻게 하는 것이 좋은지에 대한 방향을 모르고 있기 때문에 일어나는 현상이 아닐까.

이런 것을 종합해 보면 일본은 과거에는 엄청나게 큰 효율성을 발휘했지만, 이제부터는 이 시대를 정말 리드할만한 글로벌 플레이어가 될 수 없다고 본다. 그렇다면 우리의 문제는 무엇인가? 우리도 넓게 보면 지금 우리 경제는 다소는 성공해 왔고, 그것 때문에 세계적으로 많은 칭찬을 받아 왔다. 과거에도 우리는 칭찬을 받아왔지만 작금처럼 이렇게 칭찬을 받은 적은 없다. 그 칭찬은 받을만한 점도 있지만 지나친 칭찬이 아닌가. 맹자의 말씀대로 "성문과정(聲聞過情)"이 아닐까. 명성이 실상을 넘는다는 말이다. 나는 분명 그렇다고 본다. 아주 크게 보면 우리도 역시 일본식이다. 우리의 사고방식, 왕따 문화 등은 아주 일본식이다. 일본을 벤치마킹한 산업도 일본을 닮았고, 정책도 일본을 닮았다. 아주 크게 보면 거의 모든 것이 일본식이라고 본다. 잘 나갈 때 창조와 파괴 바람이 불어야 한다. 이미 회사가 peak에 도달했을 때는 늦었다. 우리가 조심해야 할 것은 peak에 도달하기 전에 창조와 파괴 바람이 불어야 한다는 것이다.

끝으로, 한중일 경제협력체제에 관해 한마디 하고자 한다. 현회장 말씀에 동감하는 것은 사실 이것이 한국경제의 활로(活路)라고 보기 때문이다. 그래서 중국과 일본의 가운데 서서 우리가 중심 플레이어 역할을 하는 데에 우리의 활로가 있다고 본다. 한중일 세 나라의 경제협력체제에 관해 지금까지 일본사람이 쓴 것이나 간접적으로 영어로 된 것 등을 조사해 보면, 적어도 지금까지 나타나는 문서화된 일본인의 태도는 부정적이고 냉담하다. 현회장은 요즘 들어 일본이 좀 적극적이 되었다고 했는데 분명히 겉으로는 그렇다. 그렇게 보이면서도 문서화가 되는 차원에서는 실제로 중국과의 FTA 결성에는 아직 적극적인 태도가 없다. 그래서 한중일 경제협력체제의 결성은 결국 상당히 어렵다. 특히 일본과 중국 사이에 장애가 있다. 사실 한국도 농산물 등을 고려하면, 중국과의 FTA는 어렵다고 본다.

그리고 현회장의 말씀대로 우리가 앞으로 먹고 살만한 차세대 품목이 뭐냐는 문제는 큰 문제이다. 좀 더 차원이 다른 시각이긴 하나 지금까지는 한국은 재벌을 앞세워 발전해 왔다. 그런데 이제는 재벌중심의 발전 도식은 일단 퇴색된 것만은 사실이다. 그렇다면 어떻게 해서 앞으로 4,700만이 먹고 사느냐가 문제이다. 아직도 한국은 그것을 발견하지 못하고 있다. 전략품목을 발견하지 못하고 있다고 말했다. 현회장은 철저하게 일본회사를 벤치마킹 하는 것이 필요하다고 한다. 그게 사실은 일본식이다. 일본사람이 그랬다. 일본은 미국이나 유럽의 성공적인 품목을 철저하게 벤치마킹 하고 뭔가 일본식을 추가해서 성공한 방식을 따랐는데, 우리는 그러한 방식을 취해서라도 결국은 뭔가 조속하게 우리의 발전방향을 발견해야 할 처지에 있다는 취지의 말씀이었다.

◁ 냉전체제의 수혜국, 한국과 일본 ▷

한국은 정부정책에 있어서나 기업차원에 있어서나, 일본을 벤치마킹함으로써 발전해 왔다. 이 일본방식은 냉전시대에는 일본이나 한국의 실정에 잘 맞았다. 이런 의미에서, 한국과 일본은 냉전시대의 수혜국(受惠國)이라고 할 수 있다. 한마디로 냉전 당시에는 미국이 아시아에서 공산주의에 대항하기 위해 한국과 일본을 적극적으로 지원해줌으로써 두 나라는 경제적으로는 큰 혜택을 받았다.

그러나 시대가 달라져서 이제는 냉전이 물러가고 글로벌화의 시대가 왔다. 앞으로는 지난날의 일본식 정책이나 일본식 기업경영 방식은 곤란하게 됐다. 한국은 그저 일본을 벤치마킹하면 된다는 고식적인 방법을 탈피하여, 보다 대국적으로, 보다 장기적인 관점에서 경제정책이나 기업경영의 방향을 구상해야 할 것으로 본다. 한국이 과연 그런 큰 관점을 가질 수 있는가? 지금까지의 경과를 보면 그리 낙관할 수는 없다. 그러나 그 창조가 없다면 나라는 쇠퇴할 수밖에 없다.

한반도 통일과제와 오늘의 남북관계를 생각해 보며*

통일보다 평화가 중요하다는 말씀은 현실적으로 대단히 옳다. 평화는 공존을 전제로 하고, 공존은 상대방이 나를 해치지 않는다는 믿음이 있을 때 가능하다. 따라서 공존할 수 있다는 믿음을 주기 위해 정부와 국민은 노력해야 한다. 제로섬 게임이 아닌 윈윈(win-win) 게임을 할 수 있는 방안을 내놓아야 하지 않을까 생각한다.

한반도의 통일은 남북 국민들만의 문제가 아니고 주변 열강의 문제이기도 하며, 통일이 이들의 찬성 없이 이루어질 수는 없다고 했다. 민족의 통일이란 당연히 우리가 원하면 이루어져야 한다. 그러나 남북 간에는 의견의 합치가 없다. 이것은 매우 불행한 일이다. 이런 마당에는 통일은 우리가 하려고 한다고 이루어지는 것이 아니다. 미국, 일본, 중국, 러시아 등의 합의, 특히 미국과 중국의 합의가 있어야만 한다.

다만 문제는, 통일이라는 것은 역시 기본적으로 남과 북의 마음이 합해져야 이루어지는 것이다. 남북의 마음이 하나가 되지 않는 한 주변국이 동의해 줄 이유가 없다. 북한을 지원해 줌으로써 이익을 보는 나라가 있고, 남한을 지원해 줌으로써 이익을 보는 나라가 있는 한,

---

* 2002년 6월 27일 제1254회 인간개발경영자 연구회에서 박종화(경동교회 담임) 목사의 발표에 대한 논평을 녹취한 글임.

우리 당사국이 마음을 모으지 않는 한, 통일은 어렵다. 그렇다면 통일을 위한 남북의 노력은 무엇이 있었는가에 대해 객관적으로 바라보아야 할 것이다.

남이나 북이나 통일이라는 말은 많이 해 왔지만 실제로 통일을 할 생각은 남북을 막론하고 별로 없었다고 본다. 북한은 통일을 할 생각이 별로 없다. 체제유지의 차원에서, 국민홍보의 차원에서 회담을 하곤 하는 것이다. 남한은 어떤가? 우리는 분명 북한과는 다르다. 하지만 우리 모습을 냉정히 바라보면 통일의 염원이 정말로 절실했는지는 의문이다. 정부는 통일을 자신들의 독점적인 논의로 생각해 왔고, 야당은 발목만 잡았다. 국민 사이에도 냉소주의가 많다. 통일을 하자는 말만 했지 절실히 그것을 원하는 모습은 보여주지를 못했다. 통일의 전제가 되어야 할 남북의 마음의 합치가 없고, 그것이 없는 한 주변국의 합의도 있을 수가 없다. 따라서 우리가 아무리 통일을 외쳐도 공염불에 지나지 않는다.

동북아시아에서는 중국과 일본의 헤게모니 다툼이 있어 통일이 잘되지 않을 것이고, 따라서 미국이 중재를 하여 NATO와 같은 집단안보체제를 결성함으로써 중국과 일본의 반대를 무마하지 않으면 안 된다고 말씀하셨는데, 이에 대한 나의 견해는 약간 다르다. 동북아시아에서의 대립은 기본적으로 중국과 미국의 대립이지 중국과 일본의 대립은 아니다. 일본은 미국에 동조를 하고 있을 뿐이다. 따라서 미국은 중일 간의 조정을 할 필요가 있는 것이 아니다. 일본은 미국이 오히려 패권을 행사함으로써 중국을 굴복시키는 것을 바라고 있다고 본다. 그러나 미국이 강하긴 하지만 현실적으로 중국은 무력으로 굴복시킬 방법은 별로 없다고 생각한다. NATO식의 집단안보체제는 그런 면에서 현실적이지 않을 것으로 본다.

끝으로 붉은 악마에 대해 많은 의견을 말씀하셨는데, 옛말에 '구슬이 서 말이라도 꿰어야 보배' 라는 말이 있다. 이 구슬이 어떤 것인지 현실을 정확히 보아야 할 것이다. 붉은 악마가 민족의 저력으로 승화되기 위해서는 그 젊은이들의 활력을 민족의 힘으로 승화시킬 리더십이 필요하다. 태극기를 아무리 흔들어도 여야의 입장에 따라 그 의미는 달라진다. 이것을 잘 파악하고 그 에너지를 효과적으로 이용하기 위해서는 굉장한 정치적 리더십이 필요하다. 정치 기술적인 차원이 아니라 정신적인 차원에서 국민을 이끌 정치적 리더십 없이는 붉은 악마의 세대가 가지고 있는 에너지를 생산적으로 활용하지 못할 것이다.

◁ 일본은 정치대국이 아니다. 앞으로도 아닐 것이다 ▷

일본은 세계 제2의 경제대국이지만, 국제정치에 있어서는 지금까지는 대국이라고 볼 수 없다. 미국 University of California 의 Chalmers Johnson교수는 일본과 한국은 미국의 '위성국가' 라고 한 적이 있다. 이 표현은 한국이나 일본 사람들의 자존심을 상하게 하는 점이 있기는 하나, 아무튼 미국인의 시각에 그렇게 비춰지고 있는 것만은 부인할 수 없다. 작년부터 일본에서 국내정치나 국제관계에 있어 2차 대전 후 처음 있는 큰 변화가 일고 있다. 이것은 특히 한국의 입장으로서는 주목할 만하다. 일본은 有事法制를 제정하여, 1997년에 美日間에 합의한 새로운 전략에 따라, 自衛隊를 공식적으로 정규군대로 개편하고, MD 시스템을 구축하는 등 새로운 안보태세를 추진하고 있다.

경제에 있어서는 지금까지보다는 적극적으로 중국에 대한 투자를 늘리고, 동남아제국과는 경제협력체제를 구축하여 중국을 견제하려 하고 있다. 한국에 대해서는 한일 간의 FTA를 추진하여 이것을 2005년까지는 성사시켜, 한국경제와 일본경제를 통합시키는 구상을 구체화하려 하고 있다. 한국정부와 기업은 이것의 의미를 아는지 모르는지, 일본의 주도에 따라 FTA결성에 따라가는 태세를 취하고 있다. 나의 사견으로는, 이것은 경제적으로나 국제정치적으로나 대단히 위험한 일이며, 신중한 검토가 필요한 일이라 생각한다.

한일 FTA에 신중해야 할 이유에는 네 가지가 있다.

첫째, 한국은 준비가 되어 있지 않다.

둘째, 한국은 일본이 왜 적극적으로 나오고 있는지 모르고 있다고 나는 본다. 이에 비하여 일본은 한국에 대하여 잘 알고 있다. 왜 일본의 제스처에 따라오는지도 잘 알고 있다. 일본은 "知彼知己"이고 한국은 "不知彼不知己"이다. 게임이 되지 않는 것이다.

셋째, 단기적으로 한국은 손해를 보겠지만, 장기적으로는 많은 이익을 본다는 것이 한국사람들의 변이다. 그러나 이것은 희망사항(Wishful Thinking)에 불과하다. 희망사항은 언제나 불확실하다. 많은 사람들이 일본의 기술이 한국으로 유치될 것을 바라고 있는데, 이런 것이 희망사항의 표본이다.

넷째, 한일 사이의 FTA는 단순한 통상문제가 아니다. 그것은 한국의 국제적 위상, 국가의 正體性(Identity)과 직결되어 있는 문제이다. 일본은 이 협정이 체결되면 2차대전 이후 최대의 외교적 승리로 볼 것이다. 1884년 甲申政變 때에 일본이 김옥균을 돕는다고 한 것은 한국을 중국으로부터 멀어지게 하기 위함이었다. 그 이후로도 일본이 한국에서 바란 것은, 무엇보다도 한국으로부터 중국을 구축하자는 것이었다. 이번의 한일 FTA의 일본측의 목적도 그것을 통해 한국과 중국 사이를 갈라놓자는 것이 일본의 목표일 것이다.

반대로 한국은 일본으로부터 무엇을 얻자는 것인가. 그것은 매우 불분명하다. 국제정치적으로는 한국은 자칫 일본의 주변국으로 전락할 가능성이 있다. 동북아 중심국가라는 구호는 온데간데 없어질 것이다. 일본은 정치대국이 아니다. 그렇기 때문에 우리에게는 오히려 더 머리가 아픈 것이다.

깨끗한 정부, 부강한 국가를 위하여*

공직자의 윤리강령, 공직자에 대한 격려, 감시, 질책 시스템, 인사청문회 등의 필요성을 강조하고, 정부의 재정권을 축소할 필요가 있다는 것이 강연 요지였다. 대부분 공감하는 내용이다. 몇 가지 정동수 박사가 언급하지 않은 부분을 추가해 말씀드리고 싶다.

첫째는, 정박사는 미국사회의 부정부패가 아니라 주로 공무원의 부정부패, 정부와 행정의 부정부패에 국한해서 말씀해 주었다. 나는 미국행정은 기본적으로 처음부터 비교적 깨끗하게 되어 있다는 점을 강조하고자 한다. 왜냐하면, 미국의 민주주의는 지방자치를 바탕으로 하기 때문이다. 여러분이 알다시피, 미국은 지방자치를 바탕으로 해서 성립된 분권사회의 나라다. 19세기 프랑스 최고의 사회학자 알렉시스 드 토커빌(Alex de Tocqueville)은 1831년 미국 방문에서 미국의 민주주의를 통해 얻은 경험과 연구를 바탕으로 1835년 American Democracy라는 不朽의 名作을 썼다. 이 책에서도 밝히고 있는 바와 같이, 미국의 민주주의는 지방자치를 골자로 하는 민주주의다. 그렇기 때문에 국민에게 주인의식이 생기고 그런 만큼 부패를 용납하기 힘들다. 행정에서는 적어도 그렇다. 반면에 한국은 조선왕조 500년을 통해 지방행정관의 임기는 불과 1년이 채 안 된다. 漢城判尹(오늘의

---

* 2002년 7월 4일 제1255회 인간개발경영자 연구회에서 정동수 박사(前 미상무부 부차관보)의 발표에 대한 논평을 녹취한 글임.

서울시장)의 경우 500년 동안 500명이 넘는다. 따지고 보면 한성판윤의 임기는 불과 1년 미만이었다. 한성판윤뿐 아니라 어떤 府使, 어떤 郡守 자리도 임기가 1년 미만이었다. 이것이 부정부패의 원인이자 결과라고 말할 수 있다. 그러면 왜 지방행정관의 임기를 이렇게 만들었을까?

정치와 행정을 하는 것은 임금이지 지방행정관이 재량을 가지고 하는 것이 아니며, 지방행정관은 임금의 명령을 잘 집행하면 된다는 관념이 있었기 때문에 임기가 이렇게 짧았다고 본다. 즉, 나라는 군수나 도지사 수준에서 이끄는 것이 아니라 중앙에 있는 어진 임금이 직접 이끈다는 이론이었다. 때문에 지방장관이 누구인가는 문제가 되지 않았다. 지방수령은 임금의 명령대로 하면 되는 것이기 때문에 누가 되든지 상관이 없는 것으로 알았기 때문이다.

또 한 가지 지방장관의 임기가 극히 짧았던 이유는 지방장관을 오래 한 군데 두면 둘수록 지방민과 잘 알게 되고 이것이 부정을 낳는 원인이 된다고 생각했기 때문이었다. 빨리 빨리 돌려야 지방수령이 뇌물을 먹을 기회가 적게 된다고 본 것이다. 한편, 중앙에서는 뇌물을 먹은 높은 벼슬아치가 많아서 자꾸 지방 관리의 목을 많이 자르고 지위를 바꾸고 돌려야 그들이 뇌물을 받은 값을 치를 수 있었기 때문에, 지방의 보직을 쉴 새 없이 돌린 것이다. 그래서 모든 지방 행정관의 임기가 1년 미만이 되었다. 이와 같이, 지방장관의 임기가 짧은 이유는 부정부패의 원인인 동시에 결과였던 것이다. 부정부패, 이것이 조선왕조 행정의 역사적인 특성이었다. 退溪와 동갑이었던 南冥 曺植은 조선은 胥吏(서리: 일반 공무원) 때문에 망한다고 말한 적이 있다.

해방 이후도 똑같다. 대통령 임기 5년 동안 각 정부의 장관이 적어도 5명은 보통 넘었다. 우선 역대 대통령 밑의 총리가 보통 5명이 넘었다. 이를테면 교육부장관을 보자. 현재의 대통령 밑에서 7명 째다. 이것은 행정이 잘 안 된다는 증표이다. 장관이 자주 바뀌면서 행정이 일관된 방침에 의해 이루어지기는 힘들다.

부패는 돈을 먹는다는 차원을 넘어서는 것으로 나는 본다. 돈과는 무관하게 부패한 행동을 얼마든지 할 수 있다. 클린턴은 돈을 먹지는 않았지만 행동에 있어서는 여러분도 알다시피 부패한 사람이었다. 이처럼 행정시스템이 미국과 한국은 달랐다. 한국의 경우 賢君이 위에 있고 중앙 정치세력이 부패하지 않는다면 나라가 잘된다. 그렇지 않은 경우는 부패가 만연하기 쉽다. 부패를 방지하기 위해서 다산 정약용의 목민심서를 발췌해서 모든 공무원에게 의무적으로 읽힐 필요가 있다고 생각한다.

둘째, 미국의 엔론(Enron) 사건을 질문하신 분이 계셨는데, 엔론 사건뿐 아니라 글로벌크로싱(Global Crossing), 엔더슨(Anderson) 등 매일매일 우리의 게이트를 무색하게 하는 부정행위가 미국 대기업에서 터져나오고 있다. 이것은 미국행정부의 부패가 아니다. 미국 자본주의의 부패다. 이것이 미국증시에 타격을 입히고 나아가 한국증시까지도 영향을 미친다. 미국이 이것을 극복할 것을 기대하지만, 우리는 미국만큼은 깨끗하고 공정하고 투명한 회계를 하는 나라라고 믿어왔는데 왜 이런 일이 생겨났는가 묻지 않을 수 없다. 미국 사회는 그 나라의 기본이었던 청교도 정신을 대부분 상실했다고 본다. 미국 자본주의의 모델이 탐욕과 무제한의 자유주의를 허용한 결과이다.

　무제한의 자유, 즉 법에 어긋나지 않는 이상 아무리 자기 이익을 추구해도 좋다고 말하는 사람이 있지만, 나는 거기에 문제가 있다고 본다. 어떤 사회를 막론하고 도덕이라는 뼈대 없이는 부패하기 마련이다. 미국은 원래 청교도정신이라는 도덕이 있었는데 요즘 그것이 무너지면서 탐욕과 무제한의 합법적인 부패를 허용하는 자본주의 모델을 만들어냈다. 미국의 자본주의는 주식회사의 경우 합법적으로 주주의 가치를 극대화하는 것이 경영을 잘하는 것으로 되어 있다. 어떠한 분식회계를 하더라도 그것이 합법적인 이상 주주의 이익만 부풀리면 그만큼 경영자는 경영을 잘 하는 것으로 치부된다. 그리고 스톡옵션을 허용함으로써 없는 이윤을 있게 만드는 합법적인 모형을 미국이 만들어냈다. 이런 모형이 계속되는 한 미국 자본주의의 제도적(systemic)인 부패를 방지하기가 어렵다고 본다.

　하지만 미국은 적어도 법률을 만들 때 국회의원이 비교적 잘 만든다. 한국은 그렇지가 못하다. 한국은 법률을 쉽게 엉터리로 만든다. 법률을 엉터리로 만들다 보니 오히려 법을 지켜서는 안 되는 법이 많게 된다. 예를 들어, 도저히 지킬 수 없는 선거법을 만들어 놨다. 그러다 보니 선거법을 위반하지 않을 수 없게 되고, 민선 공직자 상당 부분을 전과자로 만드는 슬픈 현상이 나타났다. 미국은 선거를 할 때 voting record를 보고 선거를 하기 때문에 일관성 있는 정견을 가진 사람이 국회의원이 되지만, 우리는 무조건하고 선거를 하고 국회의원의 정견 여하는 아예 문제시 하지 않는다. 이러한 정당과 국민의 의식이 계속되는 한 법률이 제대로 만들어질 도리가 없다. 법률이 엉터리인 이상 이것이 부정부패를 자동적으로 만들어 낸다. 내가 정치를 그만둔 이후 여러 가지 좋은 점이 많은데, 그 중 한 가지 아주 좋은 점은 이제부터는 거짓말을 안 해도 된다는 점이다.

◁ 부패와 망민(網民) ▷

한국 사람들은 다른 나라들, 이를테면 동남아 나라들이나 중국을 부패한 나라라고 알고 있다. 그러나 그 나라 사람들은 아마도 한국을 그들 나라보다 더 부패한 나라라고 볼 것이다. 짧은 헌정사에 전직 대통령 두 분이 교도소에 갔고, 대통령 두 분의 아들들이 교도소에 가고, 대통령 측근 인사들이 줄줄이 교도소에 간 나라는 세계에 그리 많지 않을 것이다.

그렇다면, 한국의 이 부패상의 원인은 어디에 있는가? 물론 첫째는 감옥에 간사람 자신의 도덕정신의 해이에 있다는 것은 부인할 수 없다. 그러나 한국 사람들이 유독 도덕적인 불감증이 심하다는 말인가. 그렇지는 않을 것이다. 보다 더 큰 원인은 한국의 법규나 관행(이것을 Institution이라고 한다)에 너무나 엉터리가 많아서, 멀쩡한 사람을 범죄자로 만들어 내고, 그러다보니 법 자체의 위신도 떨어지고 있기 때문이다. 예를 들어, 국회의원 선거에 비리가 많다고 해서 선거법을 너무나 비현실적으로 까다롭게 만들어서 선거법위반 소송을 몇 해씩 끄는 과정에서, 당선된 국회의원이 국회의원 노릇을 하도록 해놓고, 그 사람이 100만원의 벌금형을 받아도 당선 무효가 되게 하는 경우가 많은데, 한마디로 웃기는 법이고 법집행이라고 하지 않을 수 없다. 또 선거법 위반으로 당선이 무효가 된 사람을 다시 공천을 하고, 그 사람이 다시 당선되는 경우도 있다. 세상에 이런 법이 있으니 정치가 잘 될 리가 없다.

  국민이 정직해지고 부패가 줄려면 제도(Institution)가 잘 돼 있어야 한다. 법을 잘못 만들어 놓고 사람을 범죄자로 만드는 것을 孟子는 「網民」— 백성을 그물질한다 — 이라고 했다. 한국의 법에는 망민은 물론, 網국회의원, 網지방자치단체장 하는 것들이 많다.

기업 경영자와 선비정신*

出將入相이란 말이 있다. '나가서는 장수요, 들어와서는 재상'이라는 뜻으로, 文武를 겸하여 장수와 재상의 벼슬을 두루 지냄을 말한다. 우리 역사상 그런 분들이 많다. 이것은 동양의 전통이며 우리나라로 말할 것 같으면 節齋 金宗瑞가 출장입상의 표본이 아니었을까? 그 후 이순신 장군은 재상할 기회는 없었으나 만약 기회가 주어졌다면 훌륭한 재상이 되었을 것이다. 이순신 장군은 文武兼全의 인물이었다. 그 후 장군의 자격은 충분했으나 장군으로서도 크게 성공하지도 못하고 더욱 정치의 기회도 없었던 인물로 임경업, 강홍립 등이 있다. 사실 조선왕조 중엽부터는 文武兼全을 할 기회를 주지 않았다. 이동희 박사는 그런 기회가 충분히 주어지지는 않았지만 文武兼全의 인물이다. 젊었을 때도 그렇고 지금도 어떤 의미에서는 노경에 접어들었지만 항상 정열과 의지를 잊지 않고 오늘 강의에서 보듯이 전력투구하는 젊음을 보여준다. 육사 11기의 보석(gem)이 아닌가 나는 생각한다. 이동희 박사에 대해서 나는 경의를 가지고 있다는 것을 다시 한 번 말씀드린다.

어떤 나라든 제대로 된 나라라면 리더십, 즉 선비정신과 같은 정신적인 소양을 가진 사람들이 그 나라를 이끌어 간다는 것이 이동희 장

---

* 2002년 7월 11일 제1256회 인간개발경영자 연구회에서 이동희(오성연구소) 이사장의 발표에 대한 논평을 녹취한 글임.

군의 생각이었다고 보는데, 나는 여기에 몇 가지를 추가하고 싶다.

먼저 선비는 文史哲의 소양을 가진 사람이라고 규정했다. 바로 영국의 지도자들이 이와 비슷하다. 영국에는 PPE(Philosophy, Politics, Economics)라는 말이 있는데, 영국은 能手能爛한 외교수완과 노련한 군사전략을 통하여 큰 제국을 만들어낸 나라이기 때문에 철학과 정치, 경제에 대한 식견 없이는 지도자가 될 수 없었다. 단지 시험만으로 장관이 되지 못한다.

네덜란드에 대한 얘기도 옳은 얘기다. 부총리 시절, 네덜란드를 여행한 적이 있는데 "틴버겐"이란 주한 네덜란드 대사가 나를 수행했다. 나는 이분이 형식적으로 나를 대하는 것이 아니라 진심에서 대하고 있음을 느낄 수 있었다. 그것은 장사를 함으로써 나라를 그만큼 만든 더치(Dutch) 정신이었다. 정말로 사람을 감복시켜 국익을 보호하려는 것을 역력히 볼 수 있었으며, 그 나라의 경제와 문화력은 우연히 이루어진 것이 아니란 것을 알 수 있었다.

영국에 대해서는 점잖고 젠틀맨이라고 말씀했다. 영국은 PPE라는 소양이 있고 넓은 시야에서 사람을 대하다보니 그런 것이 몸에 배 있는 것이다. 한 예로, 어떤 한국 사람이 런던에서 운전 도중 앞차가 너무 천천히 가서 경적을 막 울렸는데 영국인이 그 앞에 차를 세우고 내렸다. 한국인은 겁이 나서 조마조마 했는데 그 영국인이 내려서 하는 말이 "What can I do for you?"였다고 한다. 이러한 행동은 마음이 좋아서가 아니라 바로 소양이 있기 때문에 가능한 것이다. 마음은 모두가 좋을 수 있다. 얼마만큼 그것이 몸에 배어 있느냐가 관건이다.

공산당 치하이지만 중국 간부들도 소양이 있다. 江澤民은 보통사람이 아니다. 공산당의 장관급들도 사람을 편안하게 만들어 주는 소양을 갖추고 있는 사람이 많다. 결국 상대방은 호감을 갖게 되고, 상대방은 공산당이지만 외국인들이 투자하기를 원하게 만드는 능력을 가지고 있다. 그래서 나는 그런 문사철의 소양을 중요하게 생각하게 되었다.

일본의 시부사와 에이이치(澁澤榮一)에 대한 말씀을 했는데 시부사와 에이이치는 일본 자본주의의 아버지다. 나는 열흘 전 교보문고에서 시부사와 에이이치가 쓴 논어책을 발견할 수 있었다. 일본인들은 지금도 논어를 끊임없이 만들어낸다. 우선 이것은 훈고학의 입장에서 문구를 이렇게 해석하고 저렇게 해석하는 차원이 아니라 자신의 입장에서 어떻게 논어를 해석하느냐를 다룬 것이다. 그런 종류의 새로운 논어책들이 항상 교보문고에 배치되어 있다.

시부사와 에이이치는 논어를 자기 나름대로 해석하고 결국 자본주의를 세웠다고 본다. 정말 좋은 일이 아닌가 생각한다. 송나라 초기 趙普라는 재상은 "논어 반을 가지고 태조 황제를 도와서 創業을 했고, 나머지 반으로 태종 황제를 도와 守成을 했다"라고 말했다. 그 사람이 죽은 후 집을 정리하다 보니 家藏之物은 아무 것도 없고 정말로 논어 한 질이 있더라는 것이 역사책에 있다. 결국 그런 것들이 文이고 武고 간에 사람이 제대로 되고 나라를 만드는 바탕이 되는게 아닌가 생각한다.

나는 미국이 저렇게 위대한 나라가 될 수 있었던 바탕이 청교도정신이었다고 본다. 그런데 요즘 미국이 저렇게 어지러워지고 있고, 세계를 이끄는 리더십이 금이 가고 있는 것을 보면, 일전에도 말했듯이, 청교도정신의 절제를 잃고 사회의 지도층이 너무 탐욕을 추구하기 때문이라고 본다. 조선은 망했지만 조선조 27명의 임금 대부분은 다 괜찮은 인물이었다. 하지만 너무 文만 숭상하고 武를 닦지 않았다. 불행히도 조선조는 그 점에서 균형을 잃어서 나라가 망하는 하나의 원인이 됐다.

선비정신을 말하다 보니 한 가지가 또 생각난다. 지난 6월 20일 안동김씨 종회에서 안동에 淸陰 金尙憲 선생의 시비를 세우는데 시비건립위원회 위원장으로 나를 초대했다. 나는 경제학을 하는 사람이고 안동에는 선비 후예들이 많은데 괜히 저를 웃음거리로 만들지 말라고 하면서 거절했다. 하지만 결국 그분들의 요청에 못 이겨 시비건립위원장이 되어 안동에 내려가서 강연을 하게 됐다. 나는 강연을 통하여 청음 김상헌 선생의 일생은 한자 다섯 자로 요약할 수 있는데 直, 勇, 淸, 廉, 儉이 그것이라고 하는 내용의 강연을 했다. 이 정신을 오늘날 우리가 살려야 한다고 나는 강연에서 강조했다. 이동희 박사가 말한 孝와 敬도 선비정신으로 중요하지만, 김상헌 선생은 孝, 敬과 아울러, 直, 勇, 淸, 廉, 儉이 돋보이는 일생을 가지지 않았나 싶다.

안중근 의사가 옥중에서 돌아가시기 전 마지막 며칠 동안 많은 고민을 했는데, 그 고민은 "내 죄가 무엇인가" 하는 것이었다. 일본인들은 죄를 저질렀는데도 벌을 받지 않고 있는데 나는 사실 죄를 짓지 않았는데 왜 이런 벌을 받아야 하는가가 안의사에게는 납득이 가지 않았던 것이다. 일본사람이 전하는 말에 의하면, 안의사는 그가 죄를 받는 이유가 우리나라에 '仁'이 부족했기 때문이라고 말했다고 한다. 안의사의 이 말씀의 뜻은 무엇이었을까? 해석하기 나름이지만 우리 나라 사람들이 자기 직분을 충분히 수행하지 못하고 있다는 의미로 일본인들은 해석을 한 것을 보았다. 나는 안중근 의사의 가치관에 두 가지가 있었다고 본다. 안중근 의사는 국가경영이란 면에서는 철저하 게 유교적이었고 자기 일신을 관리하는 면에서는 철저하게 천주교적 인 가치관을 가지고 있었다고 본다. 천주교와 유교를 똑같이 가진 분 이었다고 생각한다.

이동희 박사는 마지막으로 우리가 무엇을 해야 될 것인지에 대해서 脫냉전, 脫근대화, 脫식민관을 들었다. 다 좋은 이야기이다. 그렇게 하자면 우리 선조들의 정신생활을 가르쳐야 한다는 것이다. 이를테면 李栗谷의 『擊蒙要訣』 같은 것을 가르쳐야 한다. 전체가 어렵다면 적 어도 핵심은 가르쳐야 한다. 가르치지 않고 어떻게 선비정신이 계승 되고 이해되겠는가? 일전에 나는 茶山이 일생동안 쌓은 경험과 학문 을 바탕으로 쓴 『牧民心書』도 가르쳐야 한다고 주장한 적이 있다. 그 런 것을 살려야 우리의 문화관이 설 수 있다. 또 논어, 대학 등 동양 사상을 가르쳐야 한다. 이런 것을 떠나서는 우리가 세계화에서 우리 의 비교우위를 살릴 길이 없다. 서양나라를 이길 방법이 없다. 서양 에서 개발된 이론으로 세계화를 하는 것도 필요하다. 하지만 그것만 가지고는 부족하다. 우리가 아무리 서양 것을 알아도 서양인에는 따 를 수는 없는 노릇이다. 자기의 정신, 동양의 문화를 알아야 세계화 에서 우리가 뭔가 내세울 것이 있는 것이다. 우리나라에 있어서는 한 자 없이는 수준 높은 문화가 창출되지 않는다. 나라 전체가 한자 없 이는 중학교 3학년 수준의 문화를 벗어나기 어려울 것이다. 아무리 정열과 애국심이 있어도, 문화 수준을 높일 수 없다. PPE의 소양을 기르기 위해서는 우리나라에서는 한자의 도움 없이는 안 될 것으로 나는 본다.

◁ 영화 「실미도」에 나타난 우리 문화의 현실 ▷

우리나라의 문화의 흐름은 '선비'와는 딴 판으로 전개되고 있다. 영자신문 Financial Times에서 「실미도」라는 영화의 내용이 비교적 자세하게 소개돼 있었다. 그 영화가 대단한 인기가 있다는 기사를 읽고, 오랜만에 영화관을 찾았다. 그 영화가 우리나라에서 공전의 대 인기를 얻고 있는 이유를 생각하니, 솔직히 머리가 무거웠다. 만일 나에게 이 영화의 副題를 달라고 한다면, 나는 "폭력과 증오와 불신(Violence, Hatred and Suspicion)"이라고 하는 것이 어떨까 하는 생각이 들었다.

최근 우리나라에서 벌어지고 있는 여러 형태의 드라마는 실화나 픽션을 막론하고 모두 폭력이나 증오나 모종의 의혹이 아니면 재미가 없는 것으로 돼 있는 것 같다. 실미도는 매우 강력한 사람들이 펼치는 엄청난 폭력, 그리고 그 사람들이 내비치는 증오와 불신으로 충만해 있다. 2시간 20분에 처음부터 끝까지 폭력과 증오와 불신 이외에는 다른 요소는 없었다. 거기에는 인정이나 사랑, 용서와 양보 따위는 없는, 어떻게 보면 지루한 내용이었다. 이것이 이 나라에서 공전의 인기를 얻고 있는 것은 역시 그것이 우리의 젊은 층의 "정서"에 맞기 때문일 것이다. 우리의 문화가 이런 방향으로 흘러가고 있다고 생각하니, 마음이 유쾌하지 않았다.

한국경제의 환경변화와 향후 주요 정책과제*

田부총리는 월드컵, 히딩크와 관련된 얘기를 많이 했다. 그것을 요약해보면 결국 중요한 것은 정신이 아닌가 하는 생각이 든다. 물론 방법도 중요하다. 방법은 정신으로부터 나오는 것이다. 히딩크의 정신이 프로페셔널한 방법과 결합되어 우리 팀으로 하여금 그런 실력을 발휘하게 하지 않았나 싶다. 인간에게는 정신과 동기가 중요하다. 경제학은 동기와 정신에 관해서 말하지는 않는다. 아담 스미스는 정신적인 요소를 말했지만 그 후로는 정신문제는 경제학에서는 찾을 수 없는 것이 유감이다. 사실은 세상을 움직이고 경제를 움직이는 것도 움직이는 사람의 동기, 희망, 정열, 즉 정신이 아닌가 생각한다. 동기와 정신이 부족한 나라와 가난하지만 동기와 정신이 아주 확실한 나라를 비교해 보면, 동기와 정신이 확실한 나라가 더 살만한 좋은 나라이다. 개인도 마찬가지다. 지금 지위와 돈을 다소 가지기보다는 동기가 확실하고 정신상태가 확실한 사람이 좋은 사람이라고 본다.

부총리는 전 세계가 팍스 아메리카나 밑에서 아주 평화롭고 질서 있게 움직여갈 것이라고 기대했다. 하지만, 10여년 지났는데 어떤 면으로 보든지 전 세계는 혼란이 가중되고 있다. 그 이유는 세계 자본주의, 미국 자본주의의 문제가 드러나고 있기 때문이라고 본다. 국내

---

* 2002년 7월 18일 제1257회 인간개발경영자 연구회에서 전윤철 장관(재경부 장관 겸 부총리)의 발표에 대한 논평을 녹취한 글임.

적으로도 그렇고 국제적으로도 그렇다. 미국자본주의라고 하면 신자유주의를 말한다. 신자유주의는 자유 지상, 시장 지상, 경쟁 지상, 이윤 지상을 극단적으로 내세우는 이론이다. 물론 시장도 좋고 경쟁도 좋지만 그것만으로 세상을 잘 만들 수는 없다. 이기는 사람은 100을 갖고 지는 사람에게는 아무것도 안 돌아가는 사회는 좋은 사회가 아니다. 미국 국민은 청교도 정신을 잃어버리고 이윤 지상으로 가다보니 그것이 회계부정으로 이어지고 그것이 지금 만연되어 있다. 지금 보이는 것은 빙산의 일각이다. 대외적으로도 미국은 〈워싱턴 컨센서스〉로 세계질서를 제대로 주름잡아 갈 수 있을지 상당히 의문스럽다. 미국의 리더십이 정말로 좋아야 전 세계가 편할 텐데 현실은 이와는 반대로 가고 있다. 미국은 다른 나라를 무시하고 자꾸 일방적으로 나가고 있다. 상대방이야 어떻든 내가 제일이라는 관념을 가지고 행동하는 것은 아무리 힘으로 다스린다고 해도, 무리를 만들어 낸다.

일본의 문제는 심각하다. 경제뿐 아니라 정신을 볼 때 더 심각함을 알 수 있다. 일본인은 지난 반세기 동안 경제밖에 몰랐다. 경제를 위해 모든 것을 희생해 왔다. 거기에 일본의 문제가 있다고 본다. 이번 『文藝春秋』 8월호에는 「中國不信」이란 특집이 실렸다. 내용을 보니 한 마디로 중국에 대한 욕설이다. 오히려 중국은 더 나아지고 있고 일본은 못해지고 있는 것을 반성을 해야지, 왜 중국불신이라는 특집이 월간잡지의 반을 차지하게 만들었는가. 이것은 한마디로 말해서 중국에 대한 시기가 아닐까 생각된다. 그 정신상태가 일본을 망치고 있는 것이 아닌가. 일본경제가 설사 숫자상으로 호전된다고 하더라도 이런 정신상태로는 일본이 제대로 될 수 없다는 생각이 든다.

부총리는 통계숫자를 IMF 기준에 따라야 한다고 했는데, 한국의 통계숫자는 많은 문제점을 가지고 있다. 이를테면 한국의 공무원의 숫자, 이것은 믿을 수 없다고 본다. 첫째, 공무원의 정의가 다르다. 이렇기 때문에 아무리 IMF식으로 공무원 숫자를 통계로 잡아도 공무원 숫자는 굉장히 적게 나타난다. 나는 그것을 경제기획원 장관 때도 봤고 서울시장, 한국은행 총재 시절에도 경험했다. 이를테면 정부가 100% 투자해서 유지하는 기관이 있다면 기관의 명칭이야 어떻든 그 기관에서 근무하는 직원은 공무원이다. 100% 정부가 설립해서 정부의 지시대로 행동하고 일하는 기관은 정부기관이다. 그런데 그것은 한국에서는 정부라는 명칭이 붙어 있지 않기 때문에 정부가 아니다. 이런 것들이 엄청나게 많기 때문에 정부지출 자체의 규모가 작게 나오고 숫자가 적게 나온다. 이것을 찾아내게 되면 정부지출은 엄청난 숫자가 나올 것이라고 본다.

나는 우리나라가 동북아의 중심국가가 될 수는 있다고 보지만, 준비가 덜된 상태에서 말을 먼저 하는 것은 좋지 않다. 결코 이웃국가가 좋아하지 않는다. 그리고 FTA를 결성한다는 데 대해서 한마디만 하겠다. 한국에 대한 일본의 여러 학술논문을 보면 그들은 한국인에 대한 불신을 가지고 있다는 것을 알 수 있다. 여기에는 일리가 있다. 오늘은 이 나라와 FTA를 한다고 하다가 내일은 저 나라와 FTA를 한다고 한다. 한중일 FTA를 한다고 하다가 한·칠레 FTA를 한다고 한다. 이렇게 왔다 갔다 하니 어떻게 믿겠는가. 이런 것은 옳지 않다. 얼마 전 서울에서 한일 FTA결성을 위한 산학연의 공동조사연구위원회가 열렸다. 왜 한국 신문은 이런 것을 크게 보도하지 않는지 모르겠다. 이런 것은 적당히 넘어갈 문제가 아니다. 이것은 국가의 장래에 대한 중요한 문제이기 때문에 검토를 해야 하고 이런 연구 모임을 개최한다면 어떤 성과를 얻을 수 있는지 제대로 알고 이행해야지 철저한 준비 없이 하다보면 자기도 모르게 덫에 걸리는 결과가 온다. 일본사람들은 이런 일을 할 때, 검토에 검토를 거치고 조사에 조사를 거쳐 아주 조심스럽게 나온다. 여기에 비해 한국인은 기초조사, 연구도 없이 덜컥 추진해서 덜컥 덫에 걸린다.

오마에 켄이치(大前研一) 가 쓴 「한국경제위기의 진짜 이유」란 것이 있다. "한국 사람의 행동은 믿을 수가 없다. 어떤 노사 대립이 있는 경우, 서로 싸울 때는 대화는 아주 완전히 결렬되는 것처럼 보이다가도 마지막에 극적으로 타협을 한다. 이것이 매번 되풀이된다. 그동안의 주장과 대립은 모두 어디로 가는가. 남한과 북한이 서로 대립하고 총을 겨누다가도 만나기만 하면 서로 얼싸안고 춤을 춘다. 다시 대화가 끝나면 서로 싸움하고 하는데 이것을 어떻게 우리가 믿을 수가 있느냐." 다시 말해서 정책수행에 있어서도 일관성이 없다는 것이다.

FTA 추진에서도 그렇게 행동하지 않았으면 좋겠다. 왜 많고 많은 나라 중에서 하필이면 칠레와 FTA를 해야 되는지 납득할 수가 없다. 이웃나라와 하는 것은 당연하지만 왜 칠레와 해야 하는지 모르겠다. 문화적 유대관계가 있는 것도 아니고 경제적으로 깊은 관계가 있는 것도 아니다. 누구든 좋으니까 하고 보자는 식이면 모르겠지만 누가 보든지 간에 웃음거리에 불과하다.

◁ 일본 모방의 한계 ▷

한·칠레 FTA는 이 강의가 끝난 후, 이 강연을 한 분에 의하여 협정이 체결되어, 이 비준을 위해 신정부와 국회가 많이 노력한 끝에, 2004년 2월 16일 "극적으로" 국회 비준을 받았다. 일단 체결된 협정이고, 앞으로의 유사한 협정을 위해서도 잘 된 일이다.

한국은 지금까지 여러 가지 면에서 일본을 벤치마킹해 왔다. 그러나 한국과 일본은 여러 가지 면에서, 사정이 다르다. 한국이 동북아시아 중심국이 되겠다면, 한국은 일본을 본받을 것이 아니라 유럽의 벨기에나 스위스의 정책이나 사상을 참고로 하는 것이 좋을 것이다. 이 두 나라에서는 독일어, 프랑스어가 다 잘 통하고, 문화적으로도 개방적이다.

2002년 한일월드컵을 통한 한일관계 및 향후 전망*

강연 내내 안타까움이 전체적으로 흐르는 것을 느낄 수 있었다. 왜냐하면 일본과 우리나라는 서로 잘 알고 이해해야 하는데 하지 않아도 좋을 오해를 하고 있어, 최상용 대사처럼 두 나라를 다 잘 아는 사람의 입장으로 보면 안타까웠을 것이다. 나 자신은 일본에 가서 공부한 적도 없고 일본사람과 특히 친한 적도 없다. 다만 책을 통해서 일본을 이해할 때, 최대사와 똑같은 의미는 아니지만, 나도 굉장히 안타깝게 생각한다. 우리는 일본을 잘 모르고 있고 따라서 우리의 대응도 미흡하다고 생각하기 때문에 대단히 안타까운 것이다. 우리나라에는 일본말을 잘하는 사람이 많다. 일본역사를 아는 사람도 많다. 그러나 내가 보기에는 일본 자체를 잘 아는 사람은 의외로 드물다는 생각이 든다.

최대사는 우리나라와 일본의 관계를 네 단계로 나눠서 설명했다. 황실의 교류, 통신사의 교류, 식민지 시대의 교류, 전체적인 국민시대의 교류가 그것이다. 우리가 사실 일본에게 전수한 것이 많다. 최대사가 지적하지 않은 것이 있어서 한 가지 말씀드리고자 한다. 일본의 도쿠가와 시대 이데올로기가 있었다면 그것은 한국에서 건너간 주자학이다. 李退溪의 저서를 통해 일본이 그것을 배웠다. 야마자키 안

---

* 2002년 8월 1일 제1259회 인간개발경영자 연구회에서 최상용 대사(前 주일본국 특명전권대사)의 발표에 대한 논평을 녹취한 글임.

사이(山崎闇齋) 얘기를 했는데, 하야시 라산(林羅山), 후지하라 세이가(藤原惺窩)는 일본유학을 이끈 사람들인데 이들이 이퇴계로부터 많은 것을 배웠다. 이들은 퇴계집을 적당히 읽어서 고개를 끄덕이는 차원이 아니라 한자 한자 새겨가면서 다 터득해서 배웠다. 양국 간에는 그런 관계가 있었다.

일본이라는 섬나라가 어떻게 해서 2차대전 전에는 군사대국이 되었고 또 2차대전 후에는 경제대국이 되었는가? 뭔가 장점이 있지 않을까? 우리는 그것을 배워야 한다. 이를테면 어떤 일을 진행함에 있어서 진지함, 성실성, 능력, 독창성, 인내성 등이 그들의 장점이다. 그냥 적당히 근대화를 해서 우리를 점령한 나쁜놈들이라고 이해해서는 안 된다. 그러나 다른 한편으로는 일본은 장점에 맞먹는 약점이 있다. 그들은 일본 사람 본래의 좁은 사고와 행동의 테두리를 벗어나지 못하는 것 같다. 일본 정통의 관념을 뛰어넘지 못한다. 역사의 연구는 많지만 역사의식은 내가 보기에는 부족하다. 구체적으로 일본은 1868년 이후로 얼마 안 되어 군사대국이 되었다. 그런 대국이 되었음에도 불구하고 동양의 평화와 나아가서는 세계의 평화에 긍정적인 공헌을 하지 못했다. 그것이 일본인이 뛰어넘지 못하는 좁은 시야 때문이다. 2차대전 후에 세계 제2의 경제대국이 되었음에도 세계경제 흐름에 대해 능동적으로 기여하지 못하고 있다. 스스로 나서서 세계를 위해서, 또는 동양을 위해서 뭔가를 한다는 정신은 없다. 이것이 일본의 한계이다.

일본은 상대하기 힘든, 우리로서는 버거운 존재다. 우리는 일본과 반쯤은 파트너가 돼야 하고 반쯤은 경쟁자가 돼야 한다. 일본은 능력도 있고 우리가 가지지 않은 장점도 있다. 지금 두 나라에는 서로에 대해 어느 정도의 연구가 있다. 일본은 한국에 관한 소수지만 깊이 있는 연구를 한, 정예학자가 있다. 이에 비해 우리는 일본에 관하여 넓고 깊은 연구를 한 학자가 드물다. 우리는 일본, 중국과 가까워지려고 애쓰고 있으면서도 남을 비방하고 비판을 많이 한다. 원만한 대일관계, 대중관계를 위해서는 꾸준히 노력해야 한다. 상대가 가만히 있는데도 불구하고 우리가 가까워지려고 추파를 던지면서 접근하는 식의 태도는 버렸으면 한다. 진지한 노력이 필요하다.

◁ 일본의 변모와 그 의미 ▷

일본은 최근 들어 드디어 내가 보기에는 2차대전 전의 의식을 회복하기 시작했다. 공개적으로 무력을 증강하고, 有事時法案을 제정하여, 유사시에는 주변나라들에 군대를 파견할 수 있는 법적 근거를 마련했다. 한국사람들은 이것을 아는지 모르는지 이 점에 관해서는 이렇다 할 논의도 없고, 국론에도 초점이 없다. 역사는 되풀이되는 경향이 있다. 최대사가 말한 것을 부연하자면, 한일관계는 또 하나의 단계를 맞이하고 있다.

세계의 大帝國의 역사를 보면, 모두 주변국에 대해 이익을 주었다. 아시아에 있어서는 漢, 唐, 宋, 明, 淸 등의 중화제국은 모두 주변나라들에 대해서는 문화적인 면에서 기여를 했다. 서양에 있어서도 로마나, 영국 등의 제국은 모두 높은 문화를 주변국가, 내지 피지배국에 전파했다. 이에 반해, 대일본제국은 주변의 나라에 대해, 문화발전에 기여한 것이 없고 군사침략으로 엄청난 고통만 갖다 주었다. 일본이 이제 다시 "보통나라"로 되돌아가는 것은 좋으나, 그 나라 의식이 2차대전 이전으로 되돌아가지 않기를 바란다.

일본 고대문화 융성과 한일문화 교류사,
그리고 한일관계*

일본 고대사에서 한일 관계를 중심으로 일본은 물론 한국에 대해서도 많은 것을 알려주셔서 감사를 드린다. "渡來人"들이 일본 京都를 중심으로, 특히 秦씨 가문을 통해, 어떤 공헌을 했느냐를 보자. 첫째, 농업기술을 전수했다. 그 안에는 누에 키우는 기술도 포함된다. 둘째, 불교 전수에 기여했다. 셋째, 도래인들은 정치적으로 직접적인 큰 영향은 미치지 않았다고 했지만 사실 말씀을 들어보면 聖德太子를 통해 상당한 영향을 미쳤다고 하였다. 넷째, 토속신앙을 정착시키는 데에도 기여했다. 이나리신사(稻荷神社), 마쓰오신사(松尾神社)를 창설했다. 도래인들은 이런 여러 가지 문화를 일본에 중층적으로 정착시켰기 때문에 기존 세력과 큰 마찰 없이 일본 재래문화와 결합했다는 말씀이었다.

지금까지 최고 1,500년 전, 약 1,300년 전 이야기다. 그것이 아득한 옛날 같지만 그렇게 오래된 것은 아니다. 나는 해방 당시의 기억이 생생하다. 그때는 사실 우리나라에는 조선왕조시대의 풍습이 그대로 남아 있었다. 그때는 지금부터 60년도 안 된 것이다. 사람이 백년을 산다고 볼 때 조선왕조 500년이 길다고 해도 그 5배에 불과하다.

---

* 2002년 8월 8일 제1260회 인간개발경영자 연구회에서 이노우에 미쓰오(교토(京都) 산업대 일본고대사) 교수의 발표에 대한 논평을 녹취한 글임.

1,300년 전 이야기가 아득한 얘기가 아니다. 다만 해방 당시의 일은 시간적으로는 오래되지 않지만 문화적으로는 많은 변화가 있다. 조선 왕조 시대 때의 문화는 이제 영원히 재연될 수 없다. 그렇기 때문에 과거의 여러 가지 기록이나 잃어버린 기억을 존중해서 자기 민족의 문화를 이해해야 한다.

일본 속담에 "다른 사람의 모양을 보고 내 모양을 고쳐라(人の振り 見て我が振り直せ)"라는 말이 있다. 우리는 일본이 하는 것을 보고 내가 하는 것을 고쳐야 할 것이다. 첫째, 일본은 명치유신 이후로 역사를 왜곡했지만 아직도 여러 가지 유적들이 많이 남아 있다. 보존하는 풍습은 사실 우리보다 월등히 낫다. 그런 성향에 대해 경의를 표하지 않을 수 없다. 우리는 1,300년 전의 유물이 별로 없다. 500년 전의 것도 사실 많지 않다. 얼마 전 우리나라 경북 울진시에서 국보가 하나 발견됐다. 그것은 고려시대의 발령장이다. 700년 정도 된 발령장이 그것 하나밖에 없는 실정이다. 둘째, 고대 연구를 하는 데 있어 우리는 너무 감정적으로 한다. 감정이 학문에 섞여 있으면 안 된다. 실증적으로 파고들어야 하는데 우리는 이노우에 교수를 통해서 냉정하게 감정없이 역사연구를 해야 한다는 것을 느낄 수 있었다.

◁ 한국의 기록과 보존 ▷

한국사람들은 보존에는 약하나 기록은 잘하는 셈이다. 사실, 『조선왕조실록』이나 『승정원일기』 같은 문헌은 왕실에서 임금이 시시각각으로 한 말이나 행동, 신하와의 대화 등이 아주 상세하게 기록되어 있다. 이런 것은 세계 어느 곳에서도 찾기 어려울 것이다. 내가 회장으로 있는 "민족문화추진회"에서 승정원일기를 번역하고 있는데, 상당히 잘하고 있지만, 지금의 속도로 하자면 앞으로 60~70년이 걸릴 것이라 한다.

중국출신 일본의 역사소설가 陳舜臣은 일본인은 보관을 잘 하는데, 중국인은 보관은 잘 못하고 만들어낸 책들의 목록(List)은 잘 만든다고 한 적이 있다. 그래서 어떤 책이 어느 때에 쓰인 것은 알 수 있으나, 보존된 것은 없는 경우가 많은데, 간혹 중국에는 남아 있지 않은 중국책이 일본에 보관되어 있는 경우가 있다고 한다. 나는 중국인들의 보존 정신이 적은 것은 아니라고 본다. 중국은 옛날부터 너무나 처절한 전쟁이 많았고, 또 천재지변이 많았기 때문에, 엄청난 양의 典籍을 너무나 많이 잃은 것이다.

◁ 고구려사 분쟁 ▷

근래, 갑자기 한국과 중국 사이에는 고구려사를 둘러싸고 "분쟁"이 일고 있다. 보도에 의하면, 중국 사회과학원에서는 고구려는 중국의 하나의 변방국가라고 주장하고 있다고 한다. 한국은 신라·백제·고구려는 엄연히 한국의 민족국가이며, 중국의 주변 국가는 아니라는 주장을 한다.

나는 중국의 주장이 과연 무엇인지 모르고 있으나, 우리에게 필요한 것은 우선 고구려에 대해, 그리고 중국의 주장에 대해 정확히 잘 알아야 한다는 것이다. 우리는 지금까지 고구려 사람들을 한국민의 선조라고 알고 있고, 물론 그것이 옳다고 본다. 다만 "주변국가"가 중국인에게 어떤 의미를 가지는 것인지에 대해서는 냉정한 이해와 평가가 있어야 한다고 본다. 상대방이 나름대로 오랫동안 연구한 결과에 대해서는 이 쪽도 신문에서만 논의할 것이 아니라 학문적으로 대해야 한다.

여기서 한 가지 느끼는 사실이 있다. 우리는 왜 광개토대왕의 비가 있는 輯安을 '지안'이라고 부르고, 吉林省을 '지린'성으로 중국식으로 발음해야 하는가. 고구려 사람들은 분명히 漢字를 썼고, 그 한자어는 고구려식 발음, 즉 한국식 발음으로 발음했을 것이 아닌가. 다시 말해서, 輯安은 '집안'이라고 했을까 아니면 '지안'이라고 했을까. 만일 '지안'이라고 발음했다면, 고구려는 중국의 주변국이었다는 중국의 주장을 어떻게 반박할 수 있는가. 한자어가 우리나라 말이 아니고 중국어라고 한다면, 고구려는 그 역사를 통해 외국어를 쓰면서 살았다는 말이 된다. 우리가 고구려를 우리의 조상이라고 주장하고 싶으면, '지안'이라고 읽지 말고 '집안'이라고 읽고, '지린성'이라고 읽지 말고 '길림성'이라고 읽어야 하지 않을까. '지안', '지린성'으로

밖에 발음을 못 하면서 고구려는 우리 조상이라고 하니, 조상 대접이 제대로 되기 어렵다. 한자가 중국 글자라고 고집하고 중국식대로 발음하기를 고집한다면, 이제부터는 '고구려'라고 하지 말고 '카오쿠리'라고 해야 할 것이 아닌가.

선진국, 마음먹기에 달렸다 - e-Korea에 대한 구상*

이용태 회장의 지금까지의 업적과 활동, 인품에 대해서 여러분들이 다 잘 아시기 때문에 내가 새삼 말씀드릴 것이 없고, 다만 몇 가지 보충해서 말씀드리고자 한다. 첫째, 아일랜드와 인도에 관한 말씀이 있었다. 나라의 흥망성쇠의 속도는 사실 지금은 더 페이스가 빨라졌지만 옛날에도 빨리 흥하고 빨리 망했다.

1946년 2차 대전이 끝났을 때 아르헨티나의 1인당 소득이 당시 미국의 1인당 소득의 40%였다. 그 당시는 GDP를 계산하는 방법이 없었기 때문에 대전 후 로렌스 클라인(Lawrence Klein — 노벨 경제학상 수상자)이 통계적 방법을 써서 도출한 숫자다. 이것을 보면 아르헨티나는 그 당시에는 아주 일류국이었고 완전한 선진국이었다. 그 당시 일본의 1인당 소득은 로렌스 클라인의 연구에 의하면 미국의 1인당 소득의 17%였다. 일본은 아르헨티나에 비해 형편없이 낮았고 실질적으로 개도국의 수준을 벗어나지 못한 경제였다. 그러던 것이 불과 30~40년 후에는 일본과 아르헨티나는 완전한 역전이 되었다. 사실 한 50년만 지나면 아주 못사는 나라들이 일류국이 될 수 있고 일류국이 후진국으로 떨어질 수도 있다. 동양에 있어서도 청국의 康熙, 乾隆 시대의 중국은 정말 큰 경제대국이었지만, 불과 100년이 안 되어

---

* 2002년 8월 22일 제1262회 인간개발경영자 연구회에서 이용태(삼보컴퓨터) 회장의 발표에 대한 논평을 녹취한 글임.

중국은 완전히 몰락하여 후진국이 되었다.

그런 것을 막기 위해서 리더의 중요성, 대통령의 마음가짐이 중요하다고 이용태 회장은 지적했다. 리더 한 사람이 얼마나 중요한지 정말 잘 깨달아야 한다고 생각한다. 그런데 약간 사족을 달 것이 있다. 인도와 아일랜드가 소프트웨어로 눈부시게 발전을 하고 있는데 그냥 無에서 有가 나온 것이 아니라 그만큼 뒤에 문화적인 백그라운드가 있었다. 이용태 박사는 한국이 지금까지 멸시를 받아왔지만 사실은 조선왕조 시대의 여러 가지 관리 등용의 방법, 교육의 보급 등 문화국이었기 때문에 지금 그것이 되살아나고 있다고 하였는데, 인도와 아일랜드 역시 마찬가지다. 인도라는 나라는 가난했지만 정신적, 문화적인 백그라운드는 보통나라가 아니다. 정말로 엄청난 문화국이다. 아일랜드도 보면, 비록 남의 식민지가 되었지만, 많은 사상가와 문학가를 배출했다.

둘째, 미국에서 교육받고 있는 손자와 한국에서 교육받고 있는 외손녀를 비교해서 한국의 교육의 문제점을 제시했다. 건전하게 체력을 단련하는 것이 중요하다고 강조했는데, 나도 상당히 공감하는 바다. "나폴레옹을 워털루에서 이긴 것은 이튼고등학교의 교정에서 그 원천이 나왔다"는 말이 있다. 내가 한은총재 시절 이튼고등학교 앞을 지난 적이 있다. 2월 초였는데 아주 추운 날씨 속에서도 고등학교 학생들이 흙투성이가 되어 팬티 바람으로 게임을 하고 있었다. 우리나라 같으면 부모들이 가만 있지 않는다. '이튼고등학교에서 나폴레옹을 깨는 실력이 나왔다고 하더니 과연 이것이구나' 하는 생각을 했다. 그렇다면 이튼고등학교의 전통은 어디서 나왔는가. 영국의 철학자이자 정치학자인 존 로크(John Locke)는 지금까지도 정치학자의 최고봉이다. 존 로크의 저서 중에 1693년에 쓰인 『교육에 관한 몇 가지 고찰』(Some Thoughts Concerning Education)이라는 책이 있다. 우리나라 교육의 순서는 우선 먼저 책으로 배우고, 다음으로 행동을 배우고, 마지막으로 신체의 건강을 강조한다. "知, 德, 體"의 순서이다. 존 로크가 말한 것은 이와는 정반대이다. "體, 德, 知"다. "건전한 정신은 건전한 신체에 있다." 이것이 그 책의 첫 문장이다. 그 내용을 보면 "아이를 기를 때에 맛있는 것을 많이 먹이지 말고, 당분이 많은 과일을 많이 먹이지 말고 맛없는 것을 먹여야 한다. 따뜻한 침대에 재우지 말고 딱딱한 침대에 재워야 한다. 어리광피우는 것은 금지하고……" 아주 스파르타식이다. 몸을 단련시키는 것이 최고다. 그리고 나서 德을 가르치고 마지막으로 공부를 시켜야 한다고 했다. 즉, 어렸을 때부터 몸을 튼튼하게 하고, 인내성을 기르고, 어리광을 부리지 못하게 하고, 성숙하게 행동하도록 가르친다. 그리고 나서 공부를 가르치라고 했다. 그래서 이튼고등학교는 바로 그 전통에 의해서 교육을 하기 때문에 영국이 나폴레옹을 물리칠 수 있었구나 하는 생각이 들었다.

그렇다면 영국은 공부를 소홀히 했는가. 천만에, 그렇지 않다. 학문에 있어서도 내가 보기에는 영국이 최고이다. 세계를 리드할 수 있는 최고 지식들의 50%는 영국에서 나왔다. 물리학의 뉴턴, 생물학의 다윈, 경제학의 아담스미스, 역사학의 에드워드 기번, 언어와 폭넓은 식견의 사무엘 존슨 등 유럽 전체가 달려들어도 못 당할 사람들이 영국에서 나왔다. 교육의 기본은 우선 건전한 육체, 그리고 건전한 정신이 있은 후에 공부를 해야 한다는 것을 영국이 보여주고 있다.

이용태 회장은 한국이 인구 당 대학생 수가 세계 최고로 많다고 했다. 사실은 그것이 자랑거리가 아니다. 한국교육의 문제는 바로 거기에 있다. 나는 우리나라 교육이 잘 되자면 대학생 수를 반 이상 줄여야 된다고 생각한다. 지금 세상은 양도 중요하지만 결국은 질이 중요하다. 대학교육도 모든 사람들이 조금씩 아는 것이 중요한 것이 아니라 지적인 사회의 리더가 나와야 한다. 과학자면 과학을 리드할 수 있는 몇 사람이 나오면 된다. 약간씩 배워서 보급되는 지식보다 뉴턴이나 아인슈타인이 나오는 것이 더 중요하다고 본다. 지성이라고 하는 것은 자기관리를 할 수 있고, 미래를 관리할 수 있고, 나라의 장래를 알 수 있는 철학적인 소양을 말하는데, 우리나라는 그런 능력의 소유자를 기르지 못하고 있다. 우리나라 대학은 양은 팽창했지만 질적으로는 실패했다. 교육 전체가 완벽하게 실패하고 있다.

공부를 하는 것도 중요하지만, 공부가 나라와 사회에 대해 공헌을 해야 한다. 이용태 회장은 수학을 배우는 것은 완전히 시간의 낭비였다고 하였다. 한 번 배운 것은 다 잊어버리는 교육이라면 배울 필요가 없다고까지 했다. 우리나라 교육은 그런 것이 많았다. 조선왕조시대에도 그랬다. 다시 말해, 교육과 실천이 연계가 안 된 지적 관리의 방법이 있었다. 교육을 뜯어고쳐야 한다는 기본정신은 이용태 회장의 말씀에 공감한다.

그리고 우리나라는 브로드밴드 인터넷의 보급률이 압도적으로 세계 최고라고 했다. 나는 사실 여기에 문제가 있다고 본다. 인삼이 사람 몸에 좋다고 해서 인삼만 많이 먹으면 되는가? 우리나라 사람이 세계에서 가장 인삼을 많이 먹는다. 그렇다고 해서 우리나라 사람들의 건강이 세계에서 가장 좋은가. 그런 것은 아니다. 인터넷이 아무리 좋아도, 컴퓨터가 아무리 필요해도, 그것이 다른 것과 다 같이 균형적으로 보급돼야 하는 것이다. 우리나라의 인터넷 보급은 사실 일종의 맹목성을 가진 결과가 아닐까. 다시 말해, 대학에 왜 가야 하는지도 모르면서 내 자식은 무조건 대학에 가야 한다는 생각과 맥을 같이 한다. 내가 보기에는 우리나라는 정말로 보다 더 합리적인 균형이 잡힌 사고가 필요하다고 생각한다.

FTA와 관련해서 추가로 말씀드리겠다. 나는 앞으로 가장 중요한 문제는 나라의 방향을 어떻게 잡느냐의 문제라고 생각한다. 밖으로 볼 때, 한반도를 대외적으로 어떻게 만들겠다는 구상과, 거기에 대한 국민적인 공감이 성립되어 있는 것이 중요하다고 생각한다. 우리가 지난 수십 년 동안의 우리 역사를 보면, 동아시아의 모든 전쟁과 열강의 각축은 한반도를 도화선으로 해서 이루어졌다. 청일전쟁, 러일전쟁, 해방 후의 6·25전쟁 등이 그렇고, 지금도 한반도는 아직 휴전상태여서 역시 화약고 비슷한 처지에 있다. 그렇다면 한반도는 바야흐로 동양의 발칸반도다. 그러면 그 신세를 면하는 것이 한반도에 사는 우리 한민족의 역사적인 사명이 아니겠는가. 다시 말해, 평화를 완전히 구축하는 것이 우리 민족의 일이다. 그래야만 우리 스스로가 편할 뿐 아니라 사실 이웃나라에게도 면목이 선다.

우리나라 대외정책의 목표는 평화의 정착에 두어야 한다. 이렇게 한다면 대외 경제정책도 마찬가지가 아니겠는가. 구체적으로, 우리는 일본과 중국을 사실 똑같이 대해야 한다. 지금 일본과 중국은 서로 FTA를 할 생각이 없다. 특히 없는 나라가 일본이다. 일본은 여러 가지로 중국을 부담스러워 한다. 한편으로는 멸시하고 다른 한편으로는 굉장히 위협을 느끼고 있는 것 같다. 그런데 경제관계는 그렇지 않다. 일본 재계에서도 가속적으로 중국으로 진출을 하고 있다. 그러면서도 정치는 반대방향으로 가고 있다. 마치 몸은 앞으로 가는데 고개는 뒤로 하고 있는 것과 같다. 우리 한국의 장래가 일본에 있느냐 중국에 있느냐를 볼 때, 중국에 있지 일본에 있지는 않다. 그렇다고 하더라도 일본 역시 중요한 나라다. 그렇다면 우리가 한반도에서 일본과 중국의 편을 들어서 어떤 진영에 밀착하는 것은 역사에 대한 사명과는 어긋나는 일이고 경제정책도 역시 마찬가지다.

최근에 FTA 이야기가 나왔는데, 한중일 FTA가 되어야만 동양에 있어서 평화가 정착되고 우리 모두가 이익이라고 본다. 이렇게 되면 세계 최고의 지역으로 되는데, 불행하게도 특히 일본이 꺼리고 있기 때문에 안 되고 있다. 그렇다면 우리는 어떻게 해야 하는가. 한일 FTA를 추진해야 한다면, 동시에 한중 FTA를 해야 한다. 이렇게 되면 우리는 사실 양측이 가지고 있는 장점을 다 가질 수가 있고 평화를 정착시키고 외교적으로 이 지역에서 주도권을 가질 수 있는 계기가 된다. 그러므로 중국이나 일본의 어느 한 쪽과 덜컥 먼저 FTA를 한다는 것은 절대적으로 위험한 일이라고 본다. 일본과 중국이 서로 문제가 있어 한중일 FTA를 못한다면, 우리는 한일 FTA, 한중 FTA를 동시에 해야 한다. 이래야 한국이 한국의 역할을 할 수 있지, 어느한쪽에 덜컥 붙어버리면 결국 또 반도는 일종의 발칸반도의 신세를 면하지 못할 것이다.

한국경제 어떻게 되고 있는가*

　박승 총재는 우리나라가 구조조정을 잘하고 공적자금을 잘 활용해서 IMF를 극복할 수 있었다고 강조하고 금융시스템의 정비, 기업의 개혁 그리고 외환 축적으로 올해부터 경기회복 국면에 진입했다고 설명했다. 그리고 우리경제는 미국과 일본의 영향으로부터 점차 벗어나서 오히려 중국측으로 많이 가까워지고 있으며, 우리경제는 우등생이지만 설비투자 부진, 부동산 가격의 상승으로 인해 진정한 의미의 안정이 이루어지지 않았고, 끝으로 정신적인 개선이 필요하다고 강조하였다.

　몇 가지 사족을 붙이는 의미에서 말씀을 드리자면, 박총재의 말씀대로 한국은 IMF를 잘 넘겼다. 인도네시아, 태국, 러시아, 남미 등의 경제사정은 여전히 좋지 않다. 최근 브라질이 IMF로부터 300억불을 지원받았다. 우리나라가 그나마 제일 성적이 좋고 이 점에서는 칭찬받을 만하다. 그런데 지금 경제가 회복되고 있다고는 하지만, 그 이면에는 거품이 생기고 있다는 것을 염두에 두어야 한다. 특히 경상수지 흑자폭의 급격한 감소, 부동산 가격의 폭등은 우리나라의 전통적인 거품이 일고 있다는 징조다. 그 점을 경제당국은 예의 주시해야 할 것이다. 거품이 있으면 반드시 인프레 압력이 오고, 그 다음에는

---

* 2002년 8월 30일 제1263회 인간개발경영자 연구회에서 박승(한국은행) 총재의 발표에 대한 논평을 녹취한 글임.

디플레이션이 따라오기 때문이다. 이 가능성에 미리 대비해야 한다.

우리나라의 문제는 무엇인가. 과연 경쟁력이 회복되고 있느냐가 문제이다. 앞으로 외국기업과 경쟁해서 이길 수 있는 상품이 과연 있는가. 우리 중소기업들이 정말로 회복되고 있는가. 우리 경제의 중국의 존도가 높아가고 있다. 한국은행이 발표한 2001년도 자료를 참고로한·중·일의 무역관계를 보자. 한국의 對日 무역은 작년에 101억불의 적자를 기록했다. 그런데 대중무역은 50억불의 흑자를 기록했다. 무역 면에서는 우리는 중국의 덕을 보고 있는 셈이다. 박 총재 말씀대로 금년의 경상수지가 35억불 정도의 흑자를 보인다면 그것은 대중국의 흑자 덕분일 것이다.

앞으로 어떻게 될 것인가. 우리나라가 중국에 수출하는 품목과 중국으로부터 수입하는 품목은 거의 같다. 중국의 마늘, 양파를 수입하는 것은 아주 작은 부분에 불과하다. 우리가 중국에 수출하는 품목은 전기, 기계 등이며 중국으로부터 수입하는 것도 전기, 기계 등이다. 결국은 한 경제권으로 두 나라가 접어들고 있다. 말하자면 수직무역이 아니라 수평무역이 이루어지기 시작하고 있다. 중국은 많은 문제를 가지고 있지만 박총재가 강조한 대로 앞으로도 많은 발전을 할 것이다. 중국의 발전은 우리에게 좋은 기회가 된다. 우리는 그 기회를 잘 살려서 우리의 발전의 발판으로 삼아야 한다.

앞으로도 미국 경제는 어려운 상황을 면치 못할 것이다. 유럽경제도 상당히 어렵다. 지금 독일도 성장률의 저하현상이 뚜렷하게 나타나고 있고, 일본도 나아지고 있다고는 하지만 여전히 어둡다. 결국 유럽 최고의 경제국 독일도 어둡고, 아시아 최고의 경제국인 일본도 어둡고, 세계 최고의 경제국인 미국도 별로 밝지 않다. 그러나 중국은 많은 문제를 안고는 있지만 내수시장 확대를 통해서 전망이 나은 편인데, 우리가 이웃하고 있다는 것은 대단히 중요하다. 특히 대중국 무역수지 흑자 50억불은 엄청난 결과다. 그리고 박총재가 강조한 바와 같이, 정신적인 면이 대단히 중요하다. 교육이 붕괴되고 있다는 것은 우리나라의 가장 큰 문제다. 또 우리 대외정책의 기본 방향이 제대로 설정되어 있는지도 살펴야 한다. 많은 사람들이 우리의 장래는 낙관하지만 당장 단기적으로 많은 문제가 있다고 보고 있다. 나는 반대로 생각한다. 현재의 문제도 있지만, 그것보다는 오히려 장래의 문제가 더 걱정이 된다.

◁ 한국은 정말로 IMF를 극복했는가 ▷

한국은 IMF를 "극복"했다고들 말한다. 나도 한국경제는 IMF를 잘 넘겼다고 생각한다. 그러나 이 말은 IMF의 지원을 받은 다른 나라에 비해서는 빠른 회복세를 보였다는 뜻이다. 우선 발등의 불은 껐지만 IMF를 말끔하게 졸업했다는 뜻은 아니다. 사실 한국은 아직도 IMF의 그림자 밑에서 살고 있다. 나는 일찍이 한국경제가 IMF를 '克服'했다고 본 적이 없다.

1999년에 성장률이 뜻밖으로 높은 것을 보고, 또 해외의 여러 평가기관이 한국경제를 좋게 평가하는 것을 보고 한국 정부는 재빨리 IMF를 극복했다고 선언했으나, 이것은 옳지 않은 성급한 판단이었다. IMF를 극복한 것이 아니라 발등의 불을 끈 데 불과했다. 지금의 상황을 한마디로 요약하면, IMF의 위기는 慢性化되고 있는 것이다. IMF를 몰고 온 요인은 아직도 그대로 살아 있다. 이 인식은 대단히 중요하다.

한국경제에 IMF가 오게 된 이면에는 지난 20년에 걸쳐 정부가 행한 節制없는 경제정책, 은행이 행한 절제 없는 대출, 기업이 행한 절제 없는 투자 때문이었다. 수십 년에 걸쳐 쌓인 要因이 하루아침에 치유되기는 어렵다. 그러나 내가 보기에는 IMF극복의 노력 또한 절제가 부족했다. 무리한 수단으로 방만하게 추진된 이른바 4대 부문(금융부문, 기업부문, 노사부문, 공공부문)의 구조조정은 당장에는 금융이나 기업의 부실을 털어 줌으로 써 경제 활성화에 도움이 됐으나, 그것은 일과성의 성과에 불과했다. 금융기관에 대해서 적용된 BIS 자기자본비율 8%, 기업의 부채비율 200% 등의 기준은 우리 경제에 있어서는 별 의미 없는 무리한 기준이었다. 이런 기준이 엄격하게 적용됨으로써 은행이나 기업의 해외매각이 촉진되는 결과를 가지고 왔다. 그동안 맹위를 떨친 금융감독위원회는 지금 있는지 없는지 모를 정도로 그 기능이 쇠퇴되었다. 기업의 구조조정에 있어서도 이른바 빅 딜(Big Deal)이라는 5대 재벌에 적용된 강제적인 기업교환 정책은 너무나 무리한 정책이었다. 워크아웃(Workout)이라는 부실털기 프로그램도 부분적으로 밖에 성공을 거두지 못했다. 노사정위원회도 처음에는 뭔가 성과를 거두는 듯했으나 지금은 그 기능이 별로 발휘되지 못하고 있다. 공공부문의 구조조정도, 정부조직의 개혁은 고사하고 한국전력, 한국통신, 포항제철 등의 주식이 매각된 이외에 경영이 개선되었다는 징후는 없다.

결론적으로, IMF 이후로 한국경제는 많은 자산을 외국의 투자가 내지 투기꾼에게 넘긴 채 성장동력을 회복하지 못하고 저성장의 길을 걷고 있다.

21세기는 창업의 세기 — 50대 창업과 60대 기업가론*

박은태 박사는 영원한 젊은이다. 비단 그 행동과 말이 젊다는 것뿐 아니라 생각이 항상 참신하다. 오늘도 그런 기대를 하고 왔는데 그 기대가 다시 한 번 충족되었다. 이 분은 우리 사회의 통념에 젖지 않는 생각과 행동을 많이 하는 분이다. 말하자면, 사회통념에 반하는 '틀에 박히지 않은(unconventional)' 분이다.

어떻게 보면, 사람은 사회통념에 따라 지내는 것이, 다시 말해서 conventional하게 사는 것이 가장 편하다. 박은태 박사처럼 unconventional한 생각을 하고 행동을 하다 보면 손해를 본다. 예컨대, 서울대를 나오면 곤란하다고 말하는 것은 한두 번은 괜찮더라도 반복하다 보면 피해를 입게 된다. 왜냐하면, 이것은 사회통념과 맞지 않기 때문이다. 이런 것이 지난날 박은태 박사를 곤란하게 만든 것이 아닐까 생각한다. 고생을 한 원인이 무엇인지는 모르지만 확실한 것은 사회가 박 박사를 오해했다고 나는 본다. 말하자면, 통념적인 것을 좋아하는 사회에서 통념에 어긋나는 생각을 하는 사람에 대한 일종의 '왕따'였다고 본다. 우리 사회는 너무 통념을 벗어나지 못한다. 아주 conventional한 사회다. 이것은 문제다.

---

* 2002년 9월 5일 제1264회 인간개발경영자 연구회에서 박은태 박사(인구문제연구소 이사장)의 발표에 대한 논평을 녹취한 글임.

박은태 박사는 우리 사회의 少子化 현상을 분석했다. 여기에 대해 부연하면, 소자화 현상은 단순히 노동력이 부족하기 때문에 문제인 것은 아니다. 물론 그것이 문제로 될 수도 있지만, 그것보다는 오히려 왜 그렇게 되었는지가 더 큰 문제다. 소자화 현상이 오게 된 이유는 크게 두 가지로 볼 수 있다.

하나는 사회 가치관의 급격한 변화에 따른 가족의 붕괴 현상이다. 요즘은 가족의 중요성이 많이 낮아졌다. 진부한 말일지 모르지만, 우리 전통가족 관념에 행복한 가정을 말하는 세 가지 한문의 문구가 있다. 가족이 행복하려면 세 가지 소리가 끊어지지 말아야 한다는 것인데, 첫째는 兒啼聲(아이 우는 소리)이다. 어린애 우는 소리가 끊이지 않아야 한다. 즉, 자손이 끊어지지 말아야 한다는 것이다. 둘째는 織機聲(즉, 베 짜는 소리)이다. 베 짜는 소리가 끊어지지 말아야 집안의 살림이 유지된다는 것이다. 셋째는 讀書聲(즉, 글 읽는 소리)이다. 글 읽는 소리가 끊어지지 말아야 그 집안의 지식수준이 유지되고 예의염치가 지켜진다는 것이다. 이러한 가족제도의 붕괴, 다시 말해 가족이 덜 중요시된 현상이 소자화의 근본 원인 중 하나이다.

다른 하나는 경제적 표현으로 어린이에 대한 수요가 급격히 줄어든 것이다. 어린이를 갖고 싶지 않다는 말이다. 왜냐하면 자녀 양육에 너무 많은 비용이 든다. 특히 교육비용이 그렇다. 이것도 크게 보면 우리나라 가치관의 불건전 경향과 관련이 있다. 아무튼 자녀에 대한 수요의 급격한 감소가 원인이다. 가치관을 바로잡고 자녀 양육에 대한 건전한 기준이 절실히 필요하다.

창업의 의미를 조금 더 넓게 보자. 創業이 무엇인가. '創'은 '시작하다'는 의미를 갖고 있다. '業'은 아주 크게 보면 기업뿐 아니라 사람이 하는 모든 것을 의미한다고 볼 수 있다. 창업은 인생을 다시 산다는 의미까지 내포한다. 인생에는 매일매일 새로운 역할이 있다고 봐야 한다. 항상 향상할 여지가 있다. 어제의 내가 오늘의 내가 아니고, 오늘의 내가 내일의 내가 아니다. 매일매일 사진을 찍으면 매일 조금씩 달라질 것이다. 어린애가 80세가 되고 90세가 되어 어릴 적의 사진을 보면 하루아침에 그렇게 달라진 것이 아니라 매일매일 달라져 90세의 늙은 얼굴이 된 것이다. 매일매일 다시 태어나고 조금씩 죽어가고, 죽어가면서 다시 태어나는 것이 인생이다. 창업이라고 할 때 '業'은 인생을 말한다. 이렇게 보면, 70세에도 창업이 가능하다. 이와 관련해서 히틀러 시대 독일 중앙은행인 Bundesbank의 총재를 지낸 할마르 샤흐트(Hialmar Schacht)는 종전 후 전범으로 4년간의 감옥 생활을 하다가 석방된 후, 자서전을 썼다. 이 희대의 중앙은행총재의 자서전의 타이틀은 『*My First Seventy-Six Years*(1955)』였다. 앞으로 또 한 번의 76세가 있다는 것이다.

끝으로 박은태 박사가 경제학자의 말은 종잡을 수 없다고 했는데, 그것은 당연하다. 경제라는 것이 원래 괴물과 같이 큰 코끼리이기 때문이다. 어디를 만지느냐에 따라서 장님에게는 그 괴물의 모양이 사뭇 달라지는 것이다. 외환보유만 보면, 지난 번 발표했던 박승 한은총재의 말이 지당한 것처럼 들리지만, 외채 총액을 보면 박은태 박사의 말이 옳다. 우리는 코끼리 전체를 보는 안목을 가질 필요가 있다. 내가 일전에 "제대로 정치를 하고 외교를 하려면 영국인의 PPE의 소양이 있어야 한다"고 말한 적이 있다. 철학(Philosophy), 정치(Politics), 경제

(Economics)에 대한 전체적인 안목이 있어야 경제도 바로 보게 되는 것이다.

◁ 少子化 현상의 진정한 의미 ▷

소자화 현상은 한마디로 우리나라 사람들의 생활에 가정과 가족이 덜 중요한 세상이 되었다는 것을 의미한다. 한마디로 가정을 가지는 의미도 적어지고, 또 가정에서 자녀를 가지는 코스트가 너무나 크기 때문에 그것을 감당하기 어려워졌다는 것을 의미한다.

가정의 의미가 적어진 이유는 무엇인가. 자녀를 가지는 코스트가 너무나 크게 되었기 때문이다. 왜 그 코스트가 그다지도 크게 되었는가. 교육비가 너무나 많이 들기 때문이다. 그러나 교육비는 다른 나라에도 들 터인데 왜 우리나라에서만 그 부담이 많게 되었는가. 다른 나라에서는 거의 볼 수 없는 '사교육비'가 우리나라에서 유독 크기 때문이다. 왜 사교육비가 이렇게 크게 되었는가. 교육에 대한 우리의 가치관이 잘못돼 있기 때문이다. 우리나라에서는 교육의 목적은 대학에 가는 것으로 보고 있기 때문이다. 왜 그런 가치관이 국민의 마음속에 자리 잡게 되었는가. 그 이유는 잘 모르겠다. 우리의 정서에 맹목적인 면이 있다고 할 수밖에 없다. 그 맹목성은 어떻게 고칠 수 있는가. 교육을 잘 해야 고칠 수 있다.

환경 측면에서 바라본 한국 교통체계의 평가[*]

나는 서울시장으로 있을 때 신부용 박사를 모셔다 여러 번 교통문제에 관해 협의를 하고 부분적으로는 채택한 것도 있고 하지 못한 것도 있다. 나는 신박사를 교통문제에 관해 가장 中庸을 얻은 전문가로 기억한다.

오늘 신박사가 말한 것을 몇 가지로 요약하면, 첫째 교통은 구석에 있는 문제가 아니라 우리나라 국정의 중추 부분을 차지하는 문제다. 둘째, 교통문제를 해결하기 위해서는 교통행정이 제대로 되어 있어야 하는데, 한 마디로 우리나라에서는 교통행정이 거의 부재 상태다. 그것은 교통에 관한 종합조정 기능이 없고 업무분담이 불합리하게 되어 있고 전문가도 부족하기 때문이다. 셋째, 조금 후면 우리나라가 세계에서 도로가 가장 많은 나라가 된다. 도로가 많아지면서 그 효율은 오히려 더 떨어지고 있는 것이 현실이고, 특히 운수업이 많이 떨어져 있다. 넷째, 우리나라는 교통공해가 해마다 늘어가고 있다. 가장 많은 문제를 만들어내고 있는데도 불구하고 우리가 京都議定書에 참여를 하지 않았기 때문에 그 문제를 잘 모르고 있는데, 90년대 말 수준으로 공해배출을 낮추어야 한다면 큰 문제가 아닐 수 없다. 다섯째, 우리나라의 교통행정은 목표가 없다. 지금 프로젝트 식으로 하고 있

---

[*] 2002년 9월 19일 제1266회 인간개발경영자 연구회에서 신부용(교통환경연구원) 박사의 발표에 대한 논평을 녹취한 글임.

고 맹목적이다. 여섯째, 교통문제를 해결하기 위해서는 정치 이슈화
가 되어야 한다. 이것은 행정부만으로는 되지 않고 정치가가 나서야
하고, 국민의 경각성이 정치가로 하여금 움직이게 만들어야 한다. 마
지막으로 전문가 양성의 필요성을 강조하였다.

교통은 구석의 문제가 아니라고 했다. 우리나라는 다른 모든 문제
가 그렇듯이 교통문제에 관한 대책 수립에도 때는 한참 늦었다. 지금
대책을 강구한다는 것은 아주 병이 깊은데 이제 진단이 조금씩 이뤄
지는 단계에 불과하나, 그것도 진지한 진단은 이뤄지지 않고 있다.
거기에 비해 대만은 50년대에 경제개발계획을 시작을 했는데 그때부
터 衣食住行의 네 가지를 국정 목표로 삼았다. 먹는 것, 입는 것, 사
는 것, 그리고 교통을 국정의 4대 주요 항목으로 설정한 것이다. 여러
부분에서 개도국의 정책의 이노베이션을 잘 연구해 보면 대만인들이
정말로 잘한 면이 많다. 농업, 금융, 중앙은행의 역할, 교통, 도시계
획의 문제 등 많은데, 그들은 교통이 의식주에 못지 않다는 것을 개
발 초기에 이미 느낀 것이다. 그리고 신박사는 교통행정에 관한 여러
가지 개탄의 말씀을 했다. 많은 것이 일정시대부터 그대로 내려오고
있다. 교통신호를 경찰이 담당하는 것이 일제부터 내려온 제도이다.
정부조직이 바뀌었지만 기본은 일제시대의 것을 답습하고 있다. 우리
나라는 행정을 포함하여 나라의 질을 바꾸지 않고는 어렵다. 교통문
제도 나쁜 질이 그대로 내려와서 이미 한참 늦었다.

전문가가 없는 이유는 수요가 없기 때문이다. 수요만 있다면 당장
양성이 된다. 신박사처럼 교통에 관한 어떤 일을 하려고 해도 그런
일을 구하는 데가 없으니까 전문가가 양성되지 않는다. 전문가가 정

말로 쓰여질 수 있고 응분의 대우가 있어야 그 양성이 가능하다.

고속도로가 많다는 것은 꼭 좋은 일이라고 생각할 수 없다. 우리나라는 고속도로 때문에 국토가 엉망이 되고 있다. 우리나라 고속도로가 세계에서 최고라는 것은 피부로 느낄 수 있다. 동해안 고속도로의 상태를 보면 특히 더 그렇다. 전국적으로 국토는 망했고, 특히 강원도와 동해안은 더 그렇다. 태백산맥이 내려가고 해안과의 사이의 평야가 얼마 안 되지만, 그래도 거기에 문화가 발달되고 역사가 있는 곳이다. 송강 정철이 강원도를 내려가면서 경치에 감탄해서 관동팔경이라는 역사에 남는 시를 지었다. 그런데 지금 강원도 동해안은 아주 형편이 없게 됐다. 내가 사는 고장이 강릉에서 제일 좋다는 '학산'이라는 마을이다. 신라부터 내려오는 유서 있는 마을로 굴산사라는 신라의 9대 명찰이 그곳에 있었다. 그런데 그 위쪽으로 고속도로가 나고 아래쪽에는 철도가 난다고 한다. 강원도 대관령에서 내려가면 북쪽, 남쪽으로도 살기 좋은 유서 있는 마을은 거의 다 고속도로 때문에 망했다. 4차선 고속도로는 파괴가 엄청나다. 거기다 새로 고속도로를 만들 때에는 기존의 것을 잘 이용하는 것이 아니라 옆에 다시 고속도로를 새로 만든다. 그리고 조금만 넓은 지역이 있으면 인터체인지를 만든다. 강원도 동해안을 아는 분들은 다 알 것이다.

동해뿐 아니라 내륙지방도 마찬가지다. 도로를 만들 때도 지형을 생각해야 한다. 老子는「治大國 若烹小鮮」이라 하여 나라를 다스리는 일을 생선을 삶는 것과 같다고 하였다. 조그마한 생선을 삶을 때 함부로 뒤적이면 물고기가 다 부서져서 먹을 것이 없어지듯이, 큰 나라를 다스릴 때에도 살살 조심스럽게 해야 한다는 말이다. 그런데 우리는 그저 불도저로 무자비하게 막 들이댄다. 이번에 동해안이 그렇게 수해를 많이 입은 것은 물론 80%가 비가 많이 와서 그런 것이지만 20%는 산천을 훼손했기 때문이라고 생각한다.

나는 한나라당 총재 시절 강원도 주요 산업에 관한 어떤 보고를 받은 적이 있는데, 10대 주요 사업의 거의 대부분이 도로의 건설이었다. 그래서 도의 간부한테 "도로건설을 이렇게 많이 해서 무엇 하려고 하는가?" 하고 물은 적이 있다. 도의 간부는 "강원도에 있기 때문에 강원도 산업이라 했지, 제가 하는 일이 아니다"고 했다. 도로건설은 우리나라에 책임지는 사람조차 없다. 신박사가 얘기한 업무조정 기능이 없다는 것이 바로 그것이다. 국회의원은 건설교통부로 가기를 제일 열망한다. 거기서 돈이 나오기 때문에 그렇다. 또 자기 선거구에 가서 도로를 건설해 주고 잘했다는 소리를 듣기 위해서 그렇게 한다. 우리나라의 도로건설은 국민생활과는 관계가 없는 맹목적인 측면이 있다.

서울시에 관련된 교통문제에 대해 나는 많은 노력을 경주했다. 교통관리특별본부, 안전관리특별본부, 환경관리특별본부 등 세 개의 본부를 만들어 일을 했다. 그런데 서울시의 교통문제는 국토개발이라는 전체의 종합개발계획 없이는 해결되지 않는다. 알다시피 서울시 주변에는 신도시가 자꾸만 생기고 있다. 서울시장을 맡고 있을 때는 서울시 주변에 신도시가 16개였는데 지금은 20여 개가 되었다. 30층짜리 아파트가 자꾸 들어서고 있고, 서쪽으로는 인천공항에서부터 서남쪽으로는 김포공항, 경부고속도로 주변, 동쪽으로는 용인, 북쪽으로는 의정부, 동두천 등 모두 신도시가 들어서고 있다. 서울시가 그 중앙에 있는데, 서울시는 주변도시 사람들이 낮에 와서 일을 하는 곳이고 밤에는 집으로 돌아간다. 서울시 주변의 신도시들은 모두 bed town이다. 인구 2천만 이상이 되는 메트로폴리탄이 국토개발에 대한 종합계획도 없이 자꾸 개발만 되고 있다. 단순히 불도저를 들이대는 식의 계획이 아니라 좀 더 미래를 내다보는 지속 가능한 발전의 차원에서 발전계획이 이뤄지지 않으면 우리나라 교통문제는 해결될 방법이 없어 보인다.

◁ 고속도로, 인터넷, 그리고 신용카드 − 過猶不及 ▷

한국 사람들은 선진국이 되어야 한다는 구호를 좋아한다. 적어도 세 가지는 이미 선진국이 됐고, 세계의 첨단을 걷고 있다. 첫째는 고속도로이고, 둘째는 컴퓨터 사용 및 인터넷의 보급이고, 셋째는 신용카드의 보급이다. 이것들은 모두 선진국의 징표로 여겨지고 있다. 그러나 여기에 過猶不及이라는 공자의 말씀이 잘 들어 맞는다. 이것이 많아지면 질수록 한국의 삶의 질은 열악해지고 선진국으로 가는 길은 멀어지고 있다.

고속도로
한국은 신박사가 지적한대로 세계 제일의 고속도로의 나라가 됐다. 그러나 한국이 선진국이 됐다고 믿는 사람은 없다. 편리하고 좋기는 하나, 지나치면 국토를 헐벗게 만들고 환경을 해친다.

컴퓨터

분명히 현대생활의 필수품이다. 그러나 이것에 너무 의존하면 우리가 차분히 생각할 여유를 잃고, 인터넷에 지나치게 의존하면 정보의 홍수에 휘말려 정신을 차릴 겨를이 없어진다.

신용카드

이것이 한국경제를 망치고 있다. 나는 위에서도 節制의 중요성을 강조했다. 이 세 가지에 대해서도 절제가 필요하다. 이 세 가지의 절제 없는 보급이 나라를 멍들게 하고 있다.

12 · 19 대선정국의 전망과 한국정치의 향후 과제*

남시욱 교수의 강연을 요약하면, 첫째, 우리는 지금 三金시대를 벗어나는 찰나에 있다. 민주화 10년 후 내실 있는 제2의 민주화를 맞이하여야 하는 시기이므로 이번의 선거는 매우 중요하다.

둘째, 김대중 정권의 치적에 비추어 국제적으로도 특히 남북관계가 앞으로 어떻게 진전될지가 대단한 관심을 끌고 있다. 여기에 대한 각 후보의 다른 입장을 우리가 어떻게 선택하느냐에 대해 국제적인 관심이 모아지고 있다.

셋째, 우리사회는 엄청난 변화를 겪고 있고 유권자들도 달라지고 있다. 옛날처럼 노인들의 유권자는 점점 줄어가고, 심지어 386세대보다도 젊어지고 있는 유권자들이 이번의 선거에 참여할 것이다.

넷째, 후보들도 민주화 시대가 시작된 이후에 정치에 입문한 사람들이 많기 때문에 우리 선거가 지난날과 다른 양상을 띨 것으로 보인다. 그리고 현실적으로 2강 1중 후보의 세력을 볼 수 있다. 앞으로 민주당 내의 분열싸움이 어떻게 수습되는가, 그리고 정계가 어떤 離合集散의 과정을 겪을 것인지가 관심의 초점이 되고 있다. 10월 초순까

---

* 2002년 9월 26일 제1267회 인간개발경영자 연구회에서 남시욱 교수(언론인 겸 성균관대 교수)의 발표에 대한 논평을 녹취한 글임.

지 가닥이 잡힐 것이고 11월 초에는 민주당의 후보 단일화의 여러 가지 움직임이 결정될 것으로 전망한다. 결국 양자구도로 갈 가능성이 높을 것이라고 남 교수는 보고 있다.

다섯째, 이념적으로 분화되고 있다. 그 전에는 좌우의 이념으로 분화되었지만 이제는 민족주의 대 반민족주의의 차이로 후보가 평가되고도 있고, 연령별로 후보에 대한 지지도가 달라지고 있다. 이른바 "兵風"은 영향을 미칠 수도 있고 못 미칠 수도 있다. 北風은 신의주 등을 봤을 때 어떻게 북한이 대응하느냐에 따라 호재나 악재가 될 수 있다. 끝으로 대통령이 누가 되든지 간에 권력구조, 국회운영 방식은 달라져야 하며 정치보복은 없어져야 한다고 남 교수는 강조했다.

최근에 나는 80년대 이후의 일본경제의 발전을 살펴보았는데, 일본은 대미관계에서 엄청난 손해를 봤다는 것을 알 수 있었다. 그리고 일본이 오늘날까지 경제가 침체하게 된 것도 대미관계의 전략에 큰 차질이 몇 번 빚어졌기 때문이라는 것을 알았다. 일본의 정치를 봐도 1955년 이후 지금까지 자민당 일당 지배가 계속되고 있는데 도저히 어떤 기준으로라도 민주주의라고 볼 수 없는 상태를 빚고 있다. 일본 국민들의 의식수준이 우리보다는 나을지는 모르지만, 여전히 낮은 것을 느낄 수 있다. 결국 우리가 지금 대통령 선거를 치르고 정치가 나쁘다고 말하지만 정치의 수준이 낮다는 것은 국민의 수준이 따라가지 못하기 때문이다. "國家興亡, 匹夫有責"이라는 말이 있다. 즉, 국가가 잘못되어 간다면 일반 개인에게도 책임이 있다는 것이다.

신의주 특구에 관해서 말하자면, 그 승패는 김정일에게 달렸다.

김정일이 정말로 추진하려고 하면 그것은 성공할 것이다. 아무리 약한 국가지만 국가적인 모든 자원을 투입하고 성공시키려고 한다면 이것을 막을 방법은 없다. 사실, 그렇게 되면 중국도 상당히 지원을 할 것이라고 본다. 유럽도 북한에 관심을 두고 있다. 양빈이 어떻게 하느냐에 따라 달라지겠지만, 궁극적으로는 김정일이 무엇을 생각하고 북한을 경제적으로 부흥시킬 의욕이 있느냐가 관건이다.

이념은 전 세계적으로 아주 약화된 상태에 있다. 대통령을 뽑는 것도 이제는 전부 기능적인 입장에서 뽑지 志士型의 인물을 뽑는 예는 별로 없다. 세계적으로 전개되고 있는 이러한 상황에 비추어, 세계는 앞으로 엄청난 혼란의 시대를 맞이할 것으로 본다. 만약에 미국이 이라크를 공격한다면 이것은 다른 지역에서의 많은 전쟁을 야기할 가능성이 있다. 왜냐하면, 강한 나라가 자기 나라에 대해서 도전을 하지 않는 나라를 先制的으로 공격할 권리를 행사한다면, 그 행사는 미국에만 국한된 것은 아닐 것이다. 중국도 新疆省에 있는 분리주의자의 무리에 대해 무력을 행사할 수 있고, 이스라엘은 더더욱 강하게 팔레스타인을 탄압하기 위해 무력을 행사할 수 있을 것이며, 러시아도 주변의 약소국에 무력을 행사할 수 있는 명분을 가질 것이다. 부시는 전쟁을 하겠다고 이미 선포했기 때문에 전쟁을 안 할 수가 없는 딜레마에 빠져 있다. 전 세계가 대부분 전쟁을 반대하고 있지만, 전쟁은 거의 불가피한 상태에 있다.

그전에도 말했지만, 韓民族의 사명은 한반도가 다시는 발칸반도처럼 동양의 화약고가 되지 않도록 하는 데 있다. 이것을 못한다면 다시 전쟁이 터질지도 모른다. 그런 사태가 일어난다면 우리 민족은 가치 없는 민족이 될 것이다. 이번 대통령선거에 있어서도 평화를 한반도에 가지고 올 수 있는 대통령을 뽑아야 한다는 점을 우리 국민은 심각하게 받아들여야 한다. 안보를 튼튼히 하면서 평화를 가져오고 한반도의 발칸반도化를 막아야 한다는 것을 국민들도 확고하게 생각해야 한다. 과감한 경제자유화를 추진하고 규제완화를 함으로써 앞으로의 발전 동력을 부추겨야 한다.

三金 시대의 후유는 불행하게도 앞으로도 쉽게 가시지 않을 것으로 본다. 三金 시대의 특징은 모든 정당들이 지역감정의 기초 위에 선 一人支配 하에 있는 구조라는 데 있다. 지역감정은 불행하게도 앞으로도 청산하기가 어려울 것으로 본다. 그것은 현재 경상도에서 이회창 후보에 대한 지지율이 50%가 넘는 것으로 알 수 있다. 이것이 전라도에 주는 메시지는, 전라도에서도 이렇게 하라는 것과 마찬가지인 셈이다. 그리고 한나라당을 지지하던 많은 사람들이 처음에 이인제 후보를 지지하다가 정몽준 의원으로 지지를 바꾸고 있는 것은 정몽준 후보를 지지한다기보다 이회창 후보를 지지하기 싫기 때문이 아닌가 생각한다. 경상도에서는 김대중, 전라도에서는 이회창이 싫다는 것이다. 결국 한 지역에서 굳건한 비토세력에 의해서 정당이 움직여진다면 그 지역과 반대 입장에 있는 지역도 이에 대항할만한 비토세력을 만들어내지 않을 수 없는 것이다.

◁ 한국의 왕따 문화와 대통령 탄핵 ▷

대선이 끝나고 제16대 대통령에 노무현 후보가 당선된 지 벌써 1년 이상이 지났다. 지금 이 글을 쓰고 있는 바로 이 시각에 국회에서는 노무현 대통령의 탄핵 발의가 표결에 부쳐질 것이라고 한다. 앞으로 두 시간 후면, 한국에서는 대통령이 탄핵 대상이 되느냐 안 되느냐가 판가름이 날 것이라 한다. 그것이 판가름 난 후에 또 하나의 나의 소감을 추가하는 한이 있더라도, 이 시점에서 나는 지금 국회에서 이루어고 있는 탄핵사태에 관하여 의견을 개진하지 않을 수 없다.

이 나라 정치의 틀이 기능장애를 일으킴으로써 국민에게 봉사하고 나라의 발전에 기여하지 못하게 된 지가 이미 오래다. 그 기능장애는 드디어 대통령탄핵이라는 엄청난 재해를 일으키는 지경에 이르렀다. 80년대 이후 민주화가 되었다고는 하나 그 내실은 극히 빈약했다. 정당은 마치 이익집단처럼 행동하여 국가나 민생은 돌보지 않고 오직 스스로의 이익을 챙기는 데 급급해왔다. 이러한 정치체제는 붕괴될 수밖에 없었다. 이것은 90년대에 접어들면서 더욱 뚜렷해지고 있었다. 정치의 틀이 무너져 내리고 있는 것이 그 동안에는 가려져 있다가 이제 들어나고 있다. 경제의 틀은 이미 무너진 지 오래다. 사회의 틀도, 교육의 틀도 다 무너져 내리고 있다. 실질적으로는 이러한 틀은 다 무너진 지 오래됐다고 보아야 한다. 모든 틀이 기능장애 상태에 빠지고 있다.

모든 것을 한꺼번에 거론할 수 없기 때문에 정치에 관해서만 논평하고자 한다. 三金의 政治 틀은 사실 일종의 '왕따 문화'의 다른 표현에 불과했다. 왕따 문화라는 것은 무엇인가. 그것은 어떤 그룹의 사람들이 패거리를 짜서 외부의 사람들을 배척하는 '組暴'과 같은 문화를 말한다. 경상도에서는 호남을 왕따 하고, 반대로 호남에서는 경상도를 왕따 한다. 이제 三金이 물러나니 왕따 문화가 더욱 기승을 부리고 있다. 한국처럼 왕따가 심한 나라는 세계적으로도 드물다. 왕따는 하나의 사회적 '암'이며, 이것이 퍼져 있는 곳에는 건전한 아무 것도 자랄 수 없다.

노무현 대통령만 물러가면 좋은 세상이 올 것으로 생각하는 사람들이 있다. 나는 그 기대에는 현실성이 없다고 본다. 지금 정계를 한 번 훑어보면 누구나 쉽사리 알 수 있다. 노대통령을 강제로 퇴진시키면 이 나라에 '카오스' 밖에 올 것이 없을 것이다. 많은 사람이 노무현 대통령은 '포퓰리스트'라고 한다. 그럴지도 모른다. 그러나 내 눈에는 우리나라에는 여야를 불문하고 대부분 다 포퓰리스트이다.

노무현 대통령이 지금까지 잘 했다는 말이 아니다. 그러나 어쨌든 국민은 불과 一年 전에 그에게 국정을 책임지라는 위임을 했다. 그래 놓고 이제 와서 大罪가 없는 마당에 강제로 물러가라고 한다면, 이런 민주주의가 어디에 있는가. 이제는 보기 싫으니 물러가라고 한다. 이런 법이 어디 있는가. 이런 요구를 할 권한은 부패한 국회는 물론 국민에게도 없다고 나는 본다. 국민도 무엇이든 할 수 있는 권한은 없다. 국민도 신의와 법을 존중할 의무가 있다. 참을 것은 참아야 한다. 만일 대통령을 정말 잘못

뽑았다고 생각한다면, 다음 선거 때에 그 판단을 반영하면 된다. 이것을 가지고 민주주의라고 한다.

오늘날 대한민국의 정치혼란에 대해, 누가 누구를 탄핵할 수 있는가. 탄핵소추라는 것은 깨끗한 국회가 죄진 대통령을 강제로 물러 나라고 요구하는 행위이다. 국회, 야당은 여당이나 대통령보다 깨끗하단 말인가. 이른바 '차떼기'를 하고, 많은 중진들이 불출마를 선언하고, 공천도 받지 못했다. 어느 정당이 국민이 믿고 따를 수 있는 비전을 보여주었는가. 누가 보아도 그렇지 못한 것이 현실이 아닌가. 국회의 2/3를 가진 야당이 오늘의 사태에 대하여 책임이 없다고 할 수 있는가. 야당은 무슨 염치로 대통령을 물러나라고 말할 수 있는가.

그래도 굳이 대통령을 탄핵하고자 한다면, 국회의원들도 일괄 사직하기를 결의하고 나서야 대통령을 탄핵할 명분이 있다고 보아야 하지 않을까. 단순히 국회의원의 수가 많다고 탄핵의 칼을 휘두른다면 국민이 납득할 수 없을 것이다.

지금 한국정치가 필요로 하는 것이 있다면 무엇인가. 그것은 정치인이 일말의 良心, 그리고 일말의 信義가 아닐까 생각된다.

(2004. 3.)

통합적 접근에 의한 암치료 방법과 장수비결*

오늘 발표를 들으면서 경제학과 의학, 경제와 인체의 사이에는 비슷한 면이 있다는 것을 새삼 느꼈다. 사람의 건강 그리고 나라와 사회의 건강은 비슷한 면이 있다. 물론 나라는 사람과 같은 유기체가 아니다. 하지만 나라의 장래를 전망하는 경제학자나 역사학자들은 대체적으로 의학을 하는 분들과 태도가 비슷하다고 생각한다. 경제학자는 경제분석을 한다. 국제수지가 어떻고, 땅값이 어떻고, 물가가 어떻게 될 것이냐를 두고 연구를 한다. 이런 것이 인체의 병을 진단하고 처방하는 것과 비슷하다고 볼 수 있다.

역사학자들은 분석이라기보다 종합적으로 나라 전체를 보고 그 나라의 성격이나 전통 전체를 보고 그 나라의 건강상태를 점치는 경우가 많다. 아놀드 토인비는 유사 이래 가장 위대한 역사학자 중의 한 사람이 아닌가 생각한다. 특히 20세기에 와서는 단연코 최고라고 생각한다. 아놀드 토인비의 종합적인 사고는 가끔 경탄해 마지않는 면이 있다. 그의 나이가 80세가 가까웠음에도 불구하고 1960년대 월남전을 전망하고 월남전에는 미국이 실패한다고 예견했다. 그리고 말하기를 "월남전은 미국 건국 이래 10번째 전쟁이다. 2차 대전이 8번째 전쟁이고, 한국전쟁이 9번째, 월남전이 10번째 전쟁이다"라고 했다.

---

* 2002년 10월 2일 제1268회 인간개발경영자 연구회에서 Rodrigo Rodriguez, MD의 발표에 대한 논평을 녹취한 글임.

10번 동안 전쟁을 하는 과정에서 미국은 지금까지 한 번도 패전을 해 본 적이 없다. 그래서 미국은 점점 더 오만해지고 걸핏하면 군사력으로 세계문제를 해결하려는 태도를 보이고 있는데, 월남전에서는 실패한다고 예언했다. 그 당시는 미국의 실패를 말하기가 어려운 상황이었는데 그는 그렇게 예견했다. 그의 말은 적중했다.

토인비는 동양과 서양의 문명을 비교해서 앞으로의 세계에 대해 자기 소견을 밝힌 적이 있다. 1970년대 초 월남전이 한창 진행되고 있을 무렵, 그는 점차 서양의 산업주의와 공업화로부터의 좌절감, 절망감을 느껴서 공업화가 가져오는 환경오염, 자연의 파괴가 지속될 경우 서양문명은 쇠망한다고 했다. 공해나 자연파괴가 불러일으키는 공업화, 산업화가 이 세상을 망하게 하기 때문에 앞으로 기대할 수 있는 문명은 동아시아의 문명이라고 했다. 그는 일본 사람들과의 대담을 여러 번 했는데, 동아시아 특히 중국에 많은 기대를 했다. 70년대 초 모택동이 문화대혁명으로 중국의 문화전통을 파괴하고 있을 때도 아주 넓은 시각으로 문명사적인 차원에서 볼 때 중국은 앞으로 세계의 주도권을 가질 것이라고 예견했다. 그의 의견에 의하면, 중국은 아직도 산업화, 공업화에 병들지 않고, 그 나라가 가지고 있는 정치역량, 文化力量을 가지고 세계의 지도국이 된다고 했다. 오늘날 중국이 전력을 다하여 공업화의 길을 달리고 있는 모습을 보고 토인비는 무엇이라 말하겠는가.

나는 아놀드 토인비의 의견이 옳은지 그른지 자세히는 모르지만, 공업화된 사회를 보거나 그 사회 속의 개인의 건강을 보는 경우, 완전히 분석으로 치닫는 서양의 연구방법으로는 옳은 결론을 도출할 수 없다고 본다. 앞으로의 세계의 방향을 점치기 위하여서는 분석적인 방법과 아울러 종합적인 방법이 중요시되어야 하지 않을까 생각한다. 사람의 몸의 건강상태를 볼 때도 종합적으로 보고, 암의 예방을 위해서도 종합적인 방법, 적당한 운동, 음식, 휴식을 다 고려하는 종합적인 방법을 써서 건강을 유지하는 것이 좋다고 생각한다. 그런 방법으로 노화를 방지해서 120세까지 살 수 있다는 것이 오늘의 주제 강연의 내용이었다.

나라의 복지문제에 관해서도 복지를 어떻게 하고 어린이 집을 얼마나 짓느냐 등의 미시적 차원에서가 아니라 도덕적이고 종합적인 차원에서 복지문제를 다스려야 한다. 『大學』에 정치의 길은 첫째, 덕을 더욱 밝게 하는 데 있고(明明德), 둘째, 백성을 새롭게 만드는 데 있고(新民), 셋째, 지극히 착한 데를 떠나지 않는 데 있다(止於至善)는 말이 있다. 그런 입장에서 사회를 종합적으로 보고 다루는 동양적인 경세관(經世觀)이 필요한 시대가 되었다고 생각한다. 시대가 "글로벌"化 하면 할수록 동양적인 가치관이 필요하게 되는 것이다.

나라도 오래 살아야 한다. 나라도 노화를 방지해야 한다. 그렇기 위해서는 교만해져서는 안 된다. 개인이 교만해서는 안 되는 것과 같이 문명과 나라도 교만해서는 망한다. 부패해서는 안 되고, 지나친 탐욕을 추구하지 말고, 균형과 조화를 이루어야 나라도 잘 될 것이다. 최근에 「지속 가능한 경제발전의 길(Sustainable Growth)」이라는 개념이 유행하고 있다. 경제발전이 지속 가능하려면 그 경제에 조화와 균형이 있어야 한다는 것이다. 따라서 경제운영도 종합적인 입장에서 어느 한 쪽으로 치우치는 경향을 막아야 한다는 것이다. 오늘의 발표의 내용은 노화방지를 위해, 독을 제거하는 것보다 독이 발생하지 않도록 미연에 예방하는 방법이 필요하다는 것이었다. 인간의 문명도 마찬가지다. 서양은 분석에 능하고, 동양은 조화와 종합에 능하다. 동양과 서양이 종합을 해서 장단점을 보완하는 것이 필요하다고 본다.

◁ 개인의 건강과 나라의 건강은 공통된 면이 있다 ▷

선천적으로 弱骨로 타고난 사람도 있고, 무쇠와 같이 튼튼하게 타고난 사람도 있다. 이들의 수명은 정해져 있다고 생각할 수도 있다. 그러나 보통의 경우는 건강은 관리 여하에 따라 잘 유지되기도 하고 안 그렇게 되기도 한다. 나라도 마찬가지다. 스위스나 벨기에 같은 작은 나라가 있는가 하면, 미국과 같은 크고 강한 나라도 있다. 이 나라들은 타고난 강약의 차이는 있지만, 스위스나 벨기에는 미국을 부러워 할 필요가 없을 정도로 건강한 나라를 유지하고 있다. 인체의 건강과 나라의 건강과는 공통되는 면이 있다. 약골로 태어난 사람도 건강한 일생을 살 수 있다. 모두 장단점을 가지고 있다. 서로가 서로를 배워야 한다고 생각한다.

개인의 건강과 나라의 건강 사이의 어떤 점이 공통되는 점인가. 마음과 행동에 균형과 절제를 유지해야 한다는 것이다. 마음의 균형을 恒心이라고 한다. 항심을 가지고 몸과 마음을 다스리면 건강하게 되는 것이 아닐까. 억지로 오래 살려고 해도 잘 되지 않는다.

◁ 작은 나라일수록 항심이 필요하다 ▷

나라에 있어서도 같다. 건강한 나라에는 항심이 있고, 균형과 절제가 있다. 스위스는 작은 나라이지만, 그 지형과 특성으로부터 물려받은 문화를 잘 활용하여 평화롭고 부유한 나라를 만들었다. 이를테면 언어, 산업 등에 주변 강대국의 영향을 잘 소화하여 세계금융의 중심을 만들어 냈다. 벨기에 역시 그 지정학적인 이점과 역사로부터 물려받은 문화유산(이를테면 언어)을 이용하여 유럽의 수도가 됨으로써, 일종의 중심국가가 됐다. 이 나라들에는 테러가 없다. 이렇게 좋은 나라를 만드는 이면에서는 이 나라들은 엄청난 노력을 지속적으로 해왔다. 결코 쉽게 만들어진 것이 아니다. 미국은 타고난 부강한 나라지만, 9·11 같은 테러를 맞고 항상 공포에 시달리는 모습을 보이고 있다. 역시 그 나라가 가지는 패권의 행사에 균형과 절제가 부족한 탓이라고 나는 본다.

우리나라는 동북아 중심국가가 된다고 하면서 좌충우돌하고 있다. 그러면서 한편으로는 다른 나라를 배척하면서 다른 한편으로는 다른 나라에 대해 당연히 가져야 할 경계심도 없다. 아직도 중국과 미국(그리고 일본)의 틈에서 잘 사는 방법을 터득하지 못하고 있다. 일부 사람들은 무조건 미국을 배척하고 또 일부 사람들은 무조건 미국에 추종한다. 한자를 쓰는 동북아시아의 중심국가가 되겠다고 하면서 한자를 배우는 것은 기를 쓰고 반대한다.

우리는 스스로 근면하다고 하지만, 사실 그리 근면하고 노력하는 버릇이 없다. 모두 좋은 태도가 아니며, 작은 나라가 가져야 하는 마음이 아니다. 좀 더 항심을 가지고, 평정한 마음으로 우리의 생각과 행동에 균형과 조화 및 절제를 유지해야 하지 않을까 생각한다.

미 기업개혁법안을 통해본 기업윤리와 투명성의 문제*

  박성일 회장은 그동안 미국에 있었던 부정회계, 부정감사의 유형과 내용, 개선책, 법적인 조치를 소상히 설명해 주고 결과에 대한 전망, 한국에 미치는 영향을 잘 밝혀 주었다. 나는 미국자본주의가 지금 상당한 어려움에 처해 있다는 것을 느꼈다. 위기를 모면하기 위해서 미국 국회에서는 법을 제정해서 일단 문제를 해결해야 한다. 그러나 그 위기의 깊은 뿌리는 남아 있는 것이 아닌가 생각한다.

  우선 부정회계의 원천은 미국 자본주의에 뿌리 깊이 박혀 있는 기본원리에 있다고 본다. 그 전에도 이런 말을 여러 번 한 적이 있다. 그것 때문에 많은 부정부패가 생기고, 부정에 대한 대처도 법으로 조정하려고 한다. 그러나 그렇게 해봤자 한계가 있다. 미국자본주의의 기본정신이 어떤 것인가? 市場至上, 利潤至上, 競爭至上이다. 주가가 상승하고 하락하는 것이 그 기업의 성패를 가늠하는 기준이 된다고 하는 기본적인 관념이 팽배해서 전 사회에 뿌리 깊이 박혀 있다. 거기에 문제가 있다고 본다. 기업의 성패가 주가의 움직임에 따라 판가름 나기 때문에 기업의 CEO들은 어떠한 수단을 동원해서라도 주가를 올리는 데 전력을 기울이고 있다. 이윤을 부풀리기 위해 외형을 늘리고 기업합병, 스톡옵션을 광범위하게 도입함으로써 비용을 부정한 수단으로 줄이고 부정한 수단으로 M&A를 강행한다. M&A를 하면 보통

---

* 2002년 10월 31일 제1272회 인간개발경영자 연구회에서 박성일(딜로이트컨설팅코리아) 회장의 발표에 대한 논평을 녹취한 글임.

주가가 오르기 때문에 모든 수단을 써서 악의적인 M&A를 감행한다. 주가가 오르는 데 따라서 CEO의 평가가 내려지고 CEO의 연봉이 결정된다. 말하자면, 제도 자체가 너무 탐욕을 부풀리고 부도덕하다고 볼 수 있다.

예전의 미국은 이렇지 않았다. 그때도 부패는 많았고 재벌의 횡포가 많았지만 자본주의는 국민한테 겉으로나마 봉사를 한다는 정신이 있었다. GE를 만들어낸 토마스 에디슨은 전기의 발명을 통해 사람의 삶을 좋게 만든다는 나름대로의 미국식 이상이 있었다. 강철 왕이라고 하는 카네기는 강철의 생산으로 큰 재벌이 되고, 그 대신에 재벌의 돈을 세습시키지 않는다는 생각에서 자선사업을 했다. 헨리 포드는 싼 좋은 자동차를 만들어서 미국 국민이 편리하게 생활하게 한다는 이상을 가지고 있었다. 이에 비해 요즘 미국의 자본주의는 이러한 이상을 다 상실하고, 경영자는 그저 주가를 올리기에만 급급하고 있다. 어떤 의미에서 국민을 선동하고 거품을 만들고 이렇게 해서 90년대 번영을 이루다가 그 거품이 터져 오늘날처럼 경제가 멍들게 되었다. 신자유주의적인 이념이 이러한 부도덕한 제도를 뒷받침하고 있다.

엔론, 글로벌크로싱, 월드컴 등 미국의 대기업들은 부정회계로 법망에 걸린 회사지만, 걸리지 않고 합법적으로 주가를 많이 올린 회사도 많은 것이다. 경영의 귀재인 잭 웰치는 이러한 방식을 구사하는 경영자의 대표이다. 그는 GE의 CEO, 천 년에 한 명 나온다는 위대한 경영자로 평가받고 있다. 그러나 그도 결국 합법적이지만 근본적으로는 부도덕한, 미국자본주의를 잘못 만드는 업적을 남길 장본인이

라고 본다. 그는 토마스 에디슨이 만든 GE를 인수해서 본업인 전기
업을 떠나서 별별 수단을 동원해 주가를 올려 GE의 업무 내용이 전
기로부터 반 이상이 금융으로 가게 만들었다. 그렇게 해서 GE의 주
가가 올라감에 따라 그의 연봉은 한국 돈으로 천억 원 이상이 되었
다. 주가를 올린 것 이외에 그가 성공한 것이 무엇인가? 그는 수십만
고용인을 해고시켰다. 그가 미국의 자본주의를 도왔는가? 국민의 생
활을 도왔는가? 결국 거품으로 주가를 높여 이익을 챙겼다. 잭 웰치
를 닮으면 엔론이 되거나 타이코가 되거나 글로벌 크로싱이 된다. 그
것이 바로 미국 경제를 만성적인 위기상황으로 몰고 가고 있다. 이상
이나 정신적 바탕 없이 경쟁지상, 이윤지상, 시장지상을 추구하면,
경영자의 연봉은 당장 올라가지만, 국민이나 기업의 정신은 멍들게
된다고 나는 본다.

그런데 그것을 법으로 고친다는 것은 한계가 있다고 본다. 물론 회
계의 정확성, 투명성을 강화함으로써 부분적으로는 좋아질 것이다.
그러나 법이 많아지면 많아질수록 루프 홀(빠져나갈 구멍)도 그만큼 많
아진다. 이를테면 박회장 말씀대로 미국증권거래위원회(SEC, U. S.
Securities and Exchange Commission)의 권한을 강화하고 인원을 강화하
고 요구조건을 강화하게 되면 결과적으로는 미국 정부의 크기를 크게
만든다. 미국의 이상은 작은 정부인데 큰 정부가 되는 것이다. 내가
보기에는 이번 사건을 처리하기 위한 미국 국회의 입법조치도 너무
서두른 감이 있다. 문제가 터지자마자 상원에서 문제를 제기해서 덜
컹 법적 조치를 취했는데, 그것이 과연 옳은 것일까? 자본주의 사회
에서 회사가 투명하면 얼마나 투명하겠는가? 회사는 어느 정도 내부
거래도 존재한다. 사실 내부거래가 전혀 없다면 대기업계열이란 있을

수도 없다. 중국에서 몇 퍼센트는 부정이라고 하지만 미국도 마찬가지다. 나는 미국이 한국을 닮아오고 있다는 것을 느꼈다. 이런 방식이 미국식이고, 결국 법률가 수가 많아지고, 회계사가 많아지고, 법은 법대로 점점 더 복잡해지고, 기업하기도 어렵고, 외국 사람이 발붙이기 어려운 부자유한 나라가 된다. 미국 자본주의가 깊은 의미에서 하나의 큰 문제를 갖게 된 것이 아닌가 하는 생각을 했다.

사외이사를 임명함으로써 기업의 투명성을 제고한다고 하지만, 미국식으로 한다면, 사외이사제도도 그 기능에는 한계가 있다고 본다. 미국의 사외이사는 엄청난 돈을 받고 있다. 그렇게 기업에서 엄청난 돈을 받고 있으면서 그 기업의 일을 공정하게 평가할 수 있겠는가? 몇 달에 한 번씩 참가하는 이사회에서 그 기업의 업무를 파헤칠 수 있는가? 대단히 어려운 일이다. 결국 필요한 것은 정신적인 재생, 재개발이며, 이런 르네상스 없이 그저 탐욕으로 자본주의가 되는 것은 아니다. 어디까지나 옳은 방법에 의해 자제를 해가면서 이윤도 옳은 방법으로 추구해야 자본주의의 꽃이 피는 것이지 주가를 올리는 방식으로 자본주의를 하다가는 힘들 것이다.

◁ 적대적 M&A에 관하여 ▷

미국자본주의에 있어서의 기업의 목표는 주주의 이익을 극단적으로 중요시하고, 기업의 지배구조는 경영자로 하여금 주주의 이익을 극대화하도록 하게 하는 것을 목표로 하고 있다. 최근 들어, 한국주식시장에 있어서의 외국인의 지분이 주가총액의 43%를 차지하게 됨에 따라, 일부 대기업들은 자기도 모르는 사이에 정체도 불명한 외국의 펀드의 적대적 M&A에 걸려 경영권 상실에 직면하기 시작했다. IMF 이후 한국정부는 IMF가 요구하는 이상으로 급격하게 자본시장을 개방함으로써 불과 4~5년 만에 주가총액의 43%에 달하는 주식이 외국인의 수중에 들어갔다. 주식뿐 아니라 많은 기업이 외국기업에 인수되고 있다. 이러한 경향에 대하여, 한국 학자나 금융 "전문가"들은 이것이 국제화를 촉진하는 방법이라고 보고, 외국인의 주식취득을 "적극" 권장해야 한다고 주장한다. 그것이 한국의 낙후한 금융기법의 수준을 올리는 방법이라는 것이다. 최근 들어 외국인의 금융수법은 결국 한국기업을 악의적 M&A를 통해 접수하는 것으로 나타나고 있다. 이것이 환영할 만한 일일 리가 없는데도 한국의 금융정책가, 금융전문가들의 말은 항상 이것이 Globalization시대에서는 권장할 만한 일이라는 것이다. 이것을 가지고 외국인의 직접투자라고 강변하는 사람도 있다. 그러나 이것은 외국인의 투기지, 직접투자는 아니다.

여기에 한 가지 의문이 생긴다. 우리의 은행이나 기업이 그동안 외국의 은행이나 기업을 얼마나 접수하였는가. 한국인이 외국기업이나 은행을 접수했다는 말은 별로 없다. 그동안 그저 일방적으로 재물을 팔았을 뿐이다. 이것이 한국식 Globalization의 결과라고 한다면, 황당하다고밖에 할 수 없다.

21세기의 기술혁명과 삼성그룹의 신기술 기업화전략*

임관 회장의 유익한 발표에 감사를 드린다. 오늘 발표를 들으면서 과학기술이 곧 세계화의 선구자라는 인식을 새롭게 했다. 과학기술이 인간사회에 어떤 영향을 미칠까? 임 회장의 발표 내용에 따라 요약해 보면, 첫째 활동영역을 확대한다. 옛날 농경사회에서는 토지를 상대로 하던 것이 이제는 인간사회의 영역이 사이버공간까지 확대되었다. 인간 활동영역의 확대뿐만 아니라 인간능력의 확대를 가져온다.

둘째, 소득의 격차, 승자와 패자간의 격차, 세대 간의 격차 등 여러 가지 격차가 심화된다. 과학기술의 결과로 오는 세대 간 격차의 확대를 메우기는 대단히 어렵다. 과학기술의 시대에는 젊은이의 시대다. 젊은이가 유리하고 나이 많은 사람은 불리하다. 나 자신도 컴퓨터를 활용하고 있지만 그 이용의 속도가 느리다. 열성과 능력이 부족해서가 아니라 나이가 먹으면 새로운 것을 배우기가 힘들게 되는 것이다.

이번에 중국에서 단행된 인사의 결과를 보면 중국공산당 정치국의 상임위원 9명 중 8명이 물러나고 한 사람만 남았다. 중국공산당의 중앙위원은 실질적으로 일선에서 지휘하는 사람들인데, 이번에 182명이

---

* 2002년 11월 28일 제1276회 인간개발경영자 연구회에서 임관(삼성종합기술원) 회장의 발표에 대한 논평을 녹취한 글임.

교체되어서 중앙위원회의 평균연령이 55세가 되었다. 그것은 무엇을 뜻하는가? 늙은 사람은 이제 중국을 이끌 수 없다는 것이다. 다시 말해 새로운 기술, 새로운 관리가 이루어져야 하는데, 옛날식에 매달려서는 중국은 발전할 수 없다는 것이다. 그리고 공산주의 사상에 젖은, 모택동의 기억이 아직도 많이 남아 있는, 60대 이상의 사람은 물러나야 활력이 생기게 된다는 것이다. 나이를 먹은 사람은 이 의미를 알고 처신해야 한다.

셋째, 동질화 속에서의 이질화다. 비슷해지는 동질화 속에서 어떻게 자기 자신의 정체성을 유지하고 찾아가느냐 하는 과제를 안고 있다.

과학기술이 인간사회에 미치는 이러한 영향이 우리 경제와 경제정책에 어떤 문제를 안겨 주고 있는가? 어떻게 우리 정책을 세워야 하고 방향을 정립해야 하는가. 구체적으로 우리 경제정책의 목표를 본다면, 크게 보아 세 가지가 있다. 첫째, 경제안정과 물가안정을 들 수 있다. 둘째, 경제성장이다. 셋째, 형평의 달성이다. 이것이 재래식의 경제정책의 목표다. 그런데 세계화가 진행되고 외국자본이 들어오고 우리 자본이 외국으로 나가는 시대가 되면서 이 세 개의 목표를 달성하기가 어려워졌다. 그러나 그 세 개의 목표에 대해 국민들이 요구하는 것은 전에 비해 줄어든 것이 없다. 다시 말해 정부의 능력과 정부의 당위 사이에 큰 차이가 벌어지고 있는데, 이것을 어떤 정부, 어떤 정책 담당자가 메울 수 있는가가 문제이다. 거기에 대한 대답은 우리의 생각 자체를 많이 바꿔야 한다는 것이다. 이를테면 "안정"이라는 말은 지금까지는 오직 물가안정만 달성하면 되는 것으로 알았지만,

이제부터는 안정이라는 개념을 훨씬 더 넓은 의미로 해석하는 것이 필요하다. 물가뿐 아니라 주식가격, 금리, 사람 심리의 안정 등 여러 가지 넓은 의미의 안정이 필요하다. 경제성장도 지금까지는 정부가 나서서 어떤 영역에 투자하라 또는 하지 말라고 했는데, 이제 그런 성장정책은 할 수도 없고 효과도 없다. 이것도 역시 좀 더 발본적으로 생각을 넓혀야 한다.

앞서 삼성의 준비경영으로 임회장은 미래기술의 확보, 우수인력의 확보, 새로운 산업의 발견에 관해 언급했다. 용어를 조금만 고치면, 이것은 국가 전체의 발전정책으로 원용될 수 있다. 국가적인 차원에서 보면, 우리경제가 필요한 것도 미래기술의 육성, 우수인력의 육성, 새로운 산업의 발견 등이다. 이러한 방향으로 전략을 넓게 짜서 국가발전, 경제성장의 정책의 기조로 삼아야 한다. 경제정책의 세 번째 목표인 형평은 소득만이 아니라 이제는 남녀 간의 형평, 정신상태의 형평도 포함된다.

임 회장은 과학기술발전 장기비전 2025에 관해 언급했다. 2025년이 되려면 앞으로 20여 년 남았다. 경제학자 케인즈는 1928년에 "우리 손자들의 시대에 있어서 경제적인 가능성"이란 논문을 발표했다. 그는 "인간은 앞으로 100년만 되면(즉, 2028년이 되면) 경제문제의 대부분을 해결한 상태에 있을 것이기 때문에, 경제학자들은 그들이 하는 일에 너무 치중해서 경제 이상으로 훨씬 더 중요한 일들을 잊어서는 안 된다"라고 했다. 나는 이 말이 아주 옳다고 본다. 우리나라만 해도 이제 먹고 입는 문제와 평소 살아가는 문제는 거의 해결된 상태이다. 물론 지금도 가난한 사람이 많고 구제를 필요로 하는 계층도

많다. 그러나 이것을 어떻게 하느냐 하는 것은 경제학자들의 문제만
이 아니라 정치의 문제인 것이다.

경쟁력 강화를 위해 과학기술의 발전은 필수적으로 중요한 일이다.
그런데 경쟁력 강화에는 과학기술만이 필요한 것은 아니다. 앞으로의
경쟁력은 과학기술과 아울러 보다 광범위한 문화, 예술, 가치관, 정
신생활 등에도 의존한다. 어떤 특수한 과학의 영역을 잘하는 것도 중
요하지만 문화, 정신생활이 전부 합쳐져서 그 나라의 문화의 질을 높
이고 그것이 그 나라의 경쟁력의 수준을 결정한다. 또 이것에 대한
요구가 많이 늘고 있다.

지하철에서 어떤 스님을 만났다. 그는 버클리 대학에서 나를 봤다
고 했다. 그는 그곳에서 종교를 공부하고 있었다고 했다. 나는 그에
게 불교가 미국에 어떤 영향을 미치느냐고 물었다. 그는 굉장히 낙관
적으로 말했다. 과학기술이 발전하고 인간영역이 확대되고 정책의 기
조가 달라지고 이러한 격변의 시대에 사람들이 궁극적으로 찾는 것은
정신의 안정이다. 그래서 불교는 미국에서 점점 더 환영을 받고 있다
고 했다. 이 스님의 말씀대로, 우리는 앞으로 정신의 안정을 더욱 더
많이 요구하게 된다. 우리가 경쟁력을 생각하는 데 있어서도 어떤 한
가지 일, 이를테면, 어떤 분야의 기술 하나만 더 하게 되면 경쟁력이
달성된다고 생각해서는 안 된다.

천연가스산업과 한국가스공사의 비전[*]

　명쾌하게 에너지 문제에 대해서 설명해 주신 김명규 사장께 감사를 드린다. 그리고 그동안에 구조조정을 훌륭하게 수행한 노력에 대해서도 박수를 보낸다. 가스공사를 비롯해서 한전에 관한 언급도 있었는데 결국에는 민영화가 가장 큰 이슈가 될 것이라고 생각한다.

　민영화냐 공기업을 그대로 유지하느냐 하는 것은 결국 이론적으로 본다면 이노베이션을 어느 쪽이 더 잘할 수 있겠는가 하는 문제다. 개인 기업의 입장에서 이노베이션을 하느냐, 그렇지 않으면 국가적인 입장에서 이노베이션을 하느냐의 차이가 있는 것 같다.

　1921년 케인즈는 "자유 방임의 종언(The End of Laissez-Faire)"이라는 글을 통해 결국 회사도 일정 규모 이상으로 성장하게 되면 공적인 성격을 띠지 않을 수 없다고 말하였다. 사기업도 일정 규모 이상이 되면 공적인 입장이 강화되는 것이고, 반면에 아무리 큰 공기업도 역시 효율을 생각하여야 하기 때문에 부분적으로는 사기업의 원칙이 준용되는 경우가 많다. 그래서 공기업과 사기업은 궁극적으로는 어느 정도의 동질화가 이루어지지 않을까 생각한다. 단순히 민영화를 하면 모든 것이 잘 된다는 관념에도 역시 문제가 있고, 민영화에 전적으로

---

[*]　2002년 12월 12일 제1278회 인간개발경영자 연구회에서 김명규(한국가스공사) 사장의 발표에 대한 논평을 녹취한 글임.

반대하는 것에도 문제가 있다고 본다. 오늘 강연에 다시 한 번 대단히 감사를 드린다.

◁ 公共財를 생산하는 공기업의 민영화에는 신중해야 한다 ▷

옛날, 복지국가(Welfare State)의 이론이 강했을 때에는 중요 산업은 공영화 내지 국유화해야 한다는 이론이 판을 쳤다. 1980년대 초, 영국과 미국에서 신자유주의의 이론이 득세한 이후로는 전기, 가스, 수도 등은 물론 철도나 우체사업 등에 이르기까지 민영화해야 효율이 올라간다는 이론이 득세하게 되었다. 그리고 심지어는 군대도 징병제도가 아니라 傭兵制度를 도입해서 상업적인 원칙에 따르는 것이 좋다는 이론이 나와서, 미국을 비롯하여 국방산업도 민영화되고 있는 나라가 많아졌다.

그러나 전기, 가스, 수도 등의 공공재가 민영화되어야 한다는 주장에는 효율성이라는 측면에서 보면 일리가 있는 것 같기도 하지만, 공공재 공급물량의 확보라는 측면에서 보면, 민영화에는 문제가 많다. 미국 캘리포니아주의 전기산업의 민영화가 전기 공급의 부족, 가격의 상승 등의 심각한 문제를 야기했던 경험이 있다. 한국에 있어서도 한국전력, 한국통신 등의 민영화가 이루어짐으로써 이들 회사의 주식이 많이 민간에 매도되었다. 그 결과 무엇이 좋아졌는가. 경영이 쇄신된 것도 있는 것 같지 않고, 이노베이션이 많이 이루어지고 있는 것 같지도 않다. 오히려 주인이 없는 거대회사를 만들어 비효율적인 사업을 추진하여도 아무도 제동을 걸 사람이나 기관이 없어지는 경우가 많은 것 같다. 민영화를 하면 효율이 나아진다는 이론은 국민이나 시민을 위하는 것이 아니라 일부 관련 있는 사람들을 위하는 것으로서, 가볍게 도입할 성격의 것이 아니다.

일류국가의 비전과 정부의 신인사정책*

　　나라에는 방향과 목표가 있어야 한다. 다시 말해 비전과 전략, 그
것은 한 번 결정하면 되는 것이 아니라 시대가 달라지고 상황이 달라
지면 이것을 항상 재평가하고 필요한 개혁을 해야 한다. 조창현 위원
장은 비전에 대해 소상히 말씀해 주었다. 그리고 피터 드러커의 말을
인용하면서 세계는 노령화, 지식기반 사회로 변화하고 있다고 지적했
다. 결론적으로 국가 전체로 봐서 많은 혁신이 필요하다. 정부기능의
재조정, 행정수행능력의 향상, 투명성, 도덕성의 향상, 민주성을 제
고시켜야 한다.

　　약 2,500년 전 중국의 遽伯玉이라는 학자는 "五十而知四十九年之
非"라고 했다. 나이가 50이 되니까 지난 49년 동안 한 것이 틀린 것
임을 알겠다는 뜻이다. 이 사람은 공자도 칭찬했을 정도로 훌륭한 사
람이었으니 겸사의 뜻도 있었겠지만, 아무튼, 이 말의 이면에는 사람
은 누구나 지난날을 돌이켜 보면 잘못이 있음을 깨닫게 된다는 뜻을
함축하고 있다. 나는 50이 지난 지가 이미 25년 가까이 되었고, 지금
생각해 보니 "七十四而知七十三年之非", 즉 74세가 되니 73년이 틀
렸다고 해야 하지 않을까 한다. 앞으로 몇 해가 더 있을지 모르지만,
세상을 떠날 때까지 그런 생각을 항상 가지게 되지 않을까 싶다.

---

* 2002년 12월 22일 제1279회 인간개발경영자 연구회에서 조창현(중앙인사위원회) 위
　원장의 발표에 대한 논평을 녹취한 글임.

　선거는 국민이 하는 인사다. 어제 우리 국민이 우리나라 인사를 했다. 그래서 새 대통령이 뽑혔다. '어떤 나라의 정치도 그 국민의 수준을 넘을 수 없다' 라는 말은 그 국민이 훌륭해야 훌륭한 인사를 할 수 있다는 말이다. 그런 의미에서 어제 투표한 사람들이 무엇을 생각하고 그러한 인사를 했겠는가. 결국 당선자는 비전을 가져야 한다. 대통령 당선자는 국민이 바라는 바가 무엇인지를 알고 실천해야 할 것이다.

　첫째, 우리경제는 굉장한 어려움에 직면하고 있다. 유독 우리만이 못해서가 아니라 지금 전 세계가 어려워지고 있다. 세계경제를 이끌고 있는 것이 미국인데, 미국조차도 이 상태를 계속해서 이끌 수 없는 벽에 부딪치고 있다. 일본도 아주 어렵다. 신년에도 전망이 좋아 보이지 않는다. 유럽 경제의 3분의 1을 담당하고 있는 독일조차도 점점 더 어려워지고 있다. 중국은 7~8%의 성장을 이룩하고 있으나 아직은 세계경제를 이끌어 가는 데에는 한계가 있을 것이다. 우리나라가 상당히 잘한다고 해도 지금과 같은 내수와 소비에 의존하는 성장은 머지않아 상당히 어려운 처지에 직면할 것이다. 그렇기 때문에 경제를 이끌어 가는 비전을 당선자는 제시해야 할 필요가 있다. 경제는 경제인이 하는 것이고 국민이 하는 것이기 때문에 대통령 당선자가 말 한 마디 잘 하면 되는 것은 아니다. 다만 확실한 방향을 제시하고 그 방향을 따라야 할 필요가 있다고 본다. 한 마디로 말해, 기업을 중요시해야 한다. 이제는 기업으로 하여금 잘 하도록 하여 경제를 이끌어 가도록 확실한 방향을 제시하는 것이 필요하다.

　둘째, 대외관계다. 대북한 관계, 대미관계, 대일관계, 대중관계가 중요하다. 대북한 관계를 보면 우리 국민은 입만 열면 통일을 말한다. 하지만 통일은 쉽게 되는 것이 아니다. 이제는 대북관계에 있어서 우리가 중심을 더 확실하게 잡을 필요가 있다. 대미관계에서도 역시 마찬가지다. 이 관계를 확실하게 해서 균형과 조화를 도모하고 중심을 잡는 확고한 비전을 보여야 한다.

셋째, 도덕과 기강을 바로 잡을 것을 바란다. 우리 정치가 너무 부패하고 있다. 도덕성이 문란하고 기강이 서지 않는 것이 지금의 현실이다. 도덕성을 가지고 국민을 이끈다는 방향이 천명되어야 한다. 중국 고전에 『大學』이라는 책이 있다. 이 책은 "大學之道", 즉 정치하는 길을 밝히는 책이다. 이 책의 첫머리에 「大學의 도는 덕을 밝히는 데(明德) 있고, 백성을 새롭게 하는 것(新民)에 있다」고 천명하고 있다. 이미 3,000년 전에 다 말했다. 이 책에서 말하는 덕을 밝히는 것은 확실히 도덕성을 밝히는 것이고, 백성을 새롭게 만든다는 것은 항상 정신 쇄신을 시켜 가치관을 바로잡고 기강을 세운다는 의미다. 이러한 것을 확실히 해야 이 시대를 이끌 수 있다.

끝으로, 사람을 기르고 기른 사람을 잘 써야 한다. 교육을 확실히 해야 한다. 지금까지 자꾸 무작정 대학만 많이 설립하였다. 앞으로 우리나라는 대학수가 너무 많아져서 큰 어려움에 봉착할 것이다. 양보다 질로 가야 한다. 앞으로의 교육의 기본방침은 교육은 교육자에게 맡기는 것, 즉 교육의 자유화라고 본다. 우리나라는 왜 산업은 민영화하면서 교육은 민영화를 하지 않는가. 대학, 고등학교, 심지어 초등학교의 교육도 교육자에게 맡겨서 자유화를 하고, "민영화"의 이점을 살려야 한다. 해방 후 이미 50~60년이 되었다. 앞으로의 5년이 정말로 중대한 시기다. 당선자는 그러한 비전과 전략을 가지고 국민을 이끌어 주기 바란다.

◁ 정치에 있어서나 경제에 있어서나 기적은 없다 ▷

2002년 12월 당선된 새 대통령은 엄청난 어려운 유산을 받고 나라를 맡았다. 뭔가 기적 같은 리더십을 기대했으나, 역시 그런 것은 일어나지 않고 있다. 이 강연의 주제인 인사에 관해서 보아도 새로운 것은 없고 오히려 옛날식으로 되돌아가는 감이 있다. 인사뿐 아니라 모든 것이 옛날식으로 되돌아가고 있다. 변동은 있지만 변화는 없다.

나라의 성쇠를 결정하는 데에는 두 가지 요소가 있다. 하나는 사람이고, 다른 하나는 제도(Institution —成文의 법령, 규칙과 아울러, 不文의 사회 관례, 통념, 전통 등을 包括하는 넓은 의미)이다. 여기에 대해서는 앞으로도 언급할 기회가 많이 있을 것이기 때문에 여기에서는 그 중요성만 지적하고자 한다. 지금 이 나라에서는 대통령을 비롯한 모든 사람이 선거에 몰두하고 있는데, 선거가 끝나서 각 당의 세력분포가 달라지면 이 나라에 무슨 큰 변화가 있으리라고 기대되는가. 나도 기대는 많이 하지만, 기대가 지나치면 실망도 클 것이기 때문에 아예 지나친 기대는 하지 않으려 하고 있다.

교육이 잘못돼 있기 때문에 인재가 나오지 않는다. 교육의 문제는 모든 사람이 그저 사교육비의 부담을 줄이는 문제로 치부하고 있다. 교육문제의 핵심은 사교육비의 문제가 아니다. 교육의 내용이 나쁜 것이다. 대통령은 무엇보다 교육을 바로 잡는 데에 국정의 중점을 두기 바란다.

세상에 기적은 없다. 『서경(書經)』에 "천난심, 명미상(天難諶, 命靡常)", 즉, "하늘은 믿기 어렵고, 운명이라는 것도 일정한 것이 아니다"라는 말이 있다. 즉, 국정에 임한 사람의 운명은 그가 제대로 하느냐 못 하느냐에 달려 있는 것이지, 하늘이 갖다 주는 것도 아니고 미리 운명이 주어져 있는 것도 아니라는 것이다.

◁ 노무현 대통령의 탄핵발의 ▷

오늘 저녁 6시가 되면, 대통령의 탄핵 발의가 되느냐 못되느냐가 결정된다고 한다. 노대통령은 어제 아침 10시에 국민에게 담화를 발표하고 기자회견을 했다. 나는 이 전체의 광경을 보면서, 한마디로 한국은 아직도 민주주의가 멀었다는 느낌을 받았다. 노대통령은 국민이 5년 동안 이 나라를 통치하라는 위임을 받은 사람이다. 말하자면 국민이 인사를 한 것이다. 지금 일 년이 지났다. 노대통령의 집권 일 년은 국민에게 만족을 주지 못했다. 그러나 지금 그의 업적이 만족스럽지 못하다고 물러나라고 하는 것은 민주주의가 아니다. 마음에 들지 않는다고 멋대로 대통령을 갈아 치울 권한은 아무에게도 없다. 국민에게도 이 권한은 없다. 인사를 잘못한 것은 국민이다. 국민은 5년을 기다려야 한다.

(2004. 3. 12. 11:30)

◁ 노무현 대통령의 탄핵 가결 ▷

바로 어제 대통령 탄핵소추안이 가결되었다. 물은 엎질러졌다. 이 나라는 카오스로 치닫고 있다. 세계의 웃음거리가 됐다. 노무현 대통령만 물러가면 좋은 세상이 오리라고 기대한다면, 천만의 말씀이다. 그것은 착각이고 환상이다. 이제는 민주주의고, 정치도덕이고, 정도고, 원칙이고, 다 무너졌다. 이 나라를 바로잡을 사람이 어디에 있는가. 지금은 아무데도 없다. 앞으로도 아마 상당기간 동안 없을 것이다. 가장 큰 희생물은 무엇인가. '열린우리당'인가? 아니다. 경제인가? 그것도 아니다. 가장 큰 희생물은 바로 민주주의다. 민주주의란 아무 나라나 할 수 있는 것이 아닌 것 같다. 반세기 이상 민주주의를 배운다던 나라가 이 모양이 됐으니, 이 나라를 어찌하면 좋단 말인가.

도대체 민주주의의 핵심은 무엇인가. 그것은 투표인가? 그것이 아니다. 다수면 무엇이든지 할 수 있는 제도인가? 그것도 아니다. 국민이 뽑는 대통령은 무조건 탁월한 인물이어야 한다는 제도인가? 그것도 아니다. 국민이 뽑은 대통령도 시원치 않은 경우가 많다. 민주주의란 모든 사람이 룰에 따라 행동하고, 월권을 하지 않는 것이 그 핵심이다. 대통령이 사과를 하지 않았다고 한다. 그것은 칭찬할 만한 행위는 아니었을지는 몰라도 범죄는 아니었다. 범죄를 저지르지 않은 대통령을 탄핵할 수는 없다. 그런 권한은 누구에게도 없다. 사실 국민에게도 없다. 이 나라 국회는 민주주의의 기본을 모르고 큰일을 저지르고 말았다.

대통령의 임기는 아직도 4년이나 남아 있다. 미국 대통령의 임기만큼이나 남아 있는 것이다. 투표 당시 야당이고 여당이고 다시는 입후보하지 않겠다는 의원이 많았다. 공천이 배제될 정도로 자당에 의해서도 지탄을 받는 의원들도 상당수 있었다. 어차피 임기가 한 달 밖에 남지 않은 국회의원들이었다. 그런 국회가 무슨 면목으로 죄도 없는 대통령을 내쫓겠다는 것인지 이해할 수 없다. 삼류국에나 있을 수 있는 코미디와 같은 일이었다.

도대체 대통령이 자기의 당, 또는 나라를 다스리는 데 필요하다고 느끼는 정당에 대한 지지를 호소하는 것이 무엇이 잘못인가. 나라를 통치하기 위해 여당이 좀 더 강화되어야 하겠다는데, 이것이 위법이라니, 참으로 납득하기 어려운 법이다.

(2004. 3. 12. 1:00 p.m.)

◁ 대통령탄핵과 국회 및 언론 ▷

대통령 탄핵 가결 이후, 국민이 보인 여론은 70% 이상이 야당이 잘못했다고 하고, 지금까지 대통령을 반대하던 사람들도 많이 여당 지지로 돌아섰다고 한다. 이 나라 국민에게는 아직도 양식이 살아 있다는 증좌이다. 여당 지지로 돌아선 사람들은 갑자기 노대통령에 대한 기대를 더하게 됐다고 볼 수는 없다. 탄핵거리가 안 된다는 국민의 판단을 표시할 방법이 이것밖에 없었기 때문이다.

한 가지 의아스러운 점이 있다. 국회, 신문 등은 누구보다도 국민과 가까운 기관인데, 이렇게도 끝까지 국민의 마음을 읽지 못했단 말인가. 이 점이 가장 실망스러운 점이다. 사실 탄핵이 잘못이라는 여론은 소추안 가결 이전에도 많이 있었다. 국회는 가결만 하면 여론이 따라올 줄 알았을 것이다. 국민 대부분의 국회에 대한 불신은 대통령에 대한 불신보다도 더 높았던 것이다. 그것을 국회는 모르고 있었으니, 스스로에 대한 과신, 일반 국민에 대한 무시, 이렇게 무서운 것이다.

(2004. 3. 14. 4:00 P.M.)

◁ 촛불시위의 의의 ▷

한국의 촛불시위는 이제 세계적인 명물이 되고 있다. 그동안 촛불시위는 매우 평화적으로 질서 있게 이루어졌다. 내일에 대규모 시위를 한다고 한다. 당국은 4월 2일 이후로는 이것을 금지하고 주동자를 처벌한다고 한다.

촛불시위의 의미는 무엇인가. 그것은 민주당이나 한나라당이 퇴색했다는 데에 그 의의가 있는 것이 아니라, 지금까지의 우리 정치의 틀이 무너져 내리고 있다는 데에 그 의의가 있다고 본다. 민주당의 내분과 한나라당 당사의 천막으로의 이동이 이것을 웅변으로 보여준다. 이렇게 된 이유, 기존의 틀이 무너진 이유는 무엇인가. 그 이유는 기득권층이 자기의 기득권에만 집착하여 최소한의 自淨 노력도 하지 않았기 때문이다. 自業自得이다. 개혁정신이 없으면 진정한 보수를 할 수 없다. 개혁정신이 전혀 없는 보수주의자의 이름은 수구주의자이다.

이번 17대 국회는 새로운 틀을 만들어 낼 수 있겠는가. 그것이 가장 큰 관심거리이다. 새로운 틀은 촛불시위로 만들어지지는 않는다. 그것은 기존의 틀의 廢墟에 새로운 틀을 창조하는 것이니, 대단히 어려운 과제이다. 새로운 창조는 무엇을 필요로 하는가. 첫째, 현실성 있는 비전, 둘째, 그 비전으로부터 나오는 전략, 그리고 셋째, 그것을 추진할 수 있는 정치세력이다. 여기서 주의를 환기하고자 하는 것은 개혁을 하자면 보수정신이 있어야 한다는 것이다. 왜 그런가. 보수정신이 있어야 개혁의 기준이 있을 수 있기 때문이다. 보수정신이 전혀 없는 개혁주의자의 이름은 포퓰리스트이다. 낙관할 수 없다.

(2004. 3. 26.)

한국의 미래와 서울대학교의 비전*

　　많은 사람들이 내가 정운찬 총장의 선생이라고 말한다. 분명히 내가 학교에 봉직했을 때 정 총장이 학생이었고, 따라서 내가 선생인 것도 사실이다. 그러나 배움에는 노소가 없다고 생각한다. 지금 내가 읽고 있는 상당히 많은 책들이 나보다 나이가 적은 사람들이 쓴 것이다. 나는 나보다 나이가 적은 사람으로부터 매일 배우고 있다. 사람에 대해서도 마찬가지다. 나는 정운찬 총장이나 학교에서 가르친 제자들로부터 많은 것을 배운다. 그리고 실제로 자신의 문제에 관해서도 많이 상의를 한다. 사실 선생이라고 하면 선생이지만, 다 같이 서로 배우고 있고 따뜻한 동료의식을 가지고 있다.

　　나는 이것을 옛날 분들로부터 배웠다. 이퇴계가 이율곡보다 35년 위다. 두 분은 사제간은 아니지만, 퇴계가 율곡한테 준 편지를 보면 35년 아래인 사람에게 아주 정중하게 예의와 존중을 다 베푼 데 대해 나는 깊은 감명을 받았다. 高峯 奇大升선생도 퇴계에 비해 27년 아래다. 그는 율곡과는 달리 퇴계의 제자였다. 그렇지만 퇴계가 高峯 선생에게 준 편지는 율곡에게 준 편지와 마찬가지로 겸손하고 제자인 상대방을 존중했다. 나는 후배나 제자들에게 그와 같은 태도를 가지기 위해 노력하고 있다.

---

* 2002년 12월 26일 제1280회 인간개발경영자 연구회에서 정운찬(서울대학교) 총장의 발표에 대한 논평을 녹취한 글임.

나는 서울대의 위기론을 가끔 듣는다. 그 위기를 만들어 낸 것은 서울대의 몸집이 너무 커졌기 때문이다. 사실 서울대는 인플레에 시달리고 있다. 학생도 너무 많고(즉, 인플레이고), 학과도 너무 많고, 단과대학도 너무 많다. 우리 기업이 인플레 때문에 망해서 IMF를 초래했듯이, 우리 학계도 인플레 때문에 질적으로 좋게 될 수 없다. 학생수도 너무 많고 학과수도 너무 많고 그래서 질이 나빠졌다. 그것을 만들어낸 사람이 나 같은 지난날의 교수들이다. 오늘날 서울대가 사회의 비판을 받게 된 것은 나 같은 서울대 선배 간부들이 제대로 못했기 때문이다. 나는 초대 서울대 사회과학대 학장을 지낸 사람이다. 그때 그런 경향을 저지하지 못하고 서울대의 문제를 지금 정 총장에게 물려준 것에 대해 자책감을 갖는다.

정운찬교수가 총장이 되기 전에 사회과학대 학장직을 맡고 있었다. 사회과학대 학장이 됐을 때, 그는 무투표로 당선되었다. 총장 선거에서도 정 총장은 운동 한 번 하지 않고 당선됐다. 그것은 놀라운 일이었다. 지난번에 나는 이 모임에서 "선거는 국민이나 학교가 하는 인사"라고 말한 적이 있다. 서울대라는 단체가 인사를 했다. 그 인사에서 정운찬 총장이 뽑혔다. 굉장히 잘된 인사라고 본다. 비단 안면이 있기 때문이 아니라 정말 겸손하고 사리를 다 아는 사람이다. 그렇다고 용기가 없느냐하면, 그렇지 않다. 누구에 못지않게 용기가 있고 남의 눈치를 보지 않는다.

서울대를 세계 Top 10에 들게 해놓고 정 총장은 그 기초만 닦아놓고 나갈 예정이라고 했다. Top 10은 좋은데 기초만 닦아놓고 나갈 것이라는 말은 앞으로 하지 않기를 바란다. 총장 임기 4년으로 기초를 잘 닦을 수 있을까 의문을 갖는다. 미국의 경우 과거의 대학총장은 거의 종신직이었다. 총장은 훌륭한 사람을 뽑아놓고 종신토록 자리를 지키도록 했다. 정 총장도 종신은 힘들어도 적어도 10년은 하면 좋겠다. 정 총장이 총장 자리에 욕심이 없다는 것은 세상이 다 알고 있다. 마치 일생동안 하는 것처럼 총장을 해도 뭐랄 사람 없을 것이다. 안심하고 일을 하기 바란다.

나는 인플레라고 표현했고 정 총장은 과밀, 양적 팽창이라는 표현을 썼다. 그리고 글쓰기 훈련 프로그램은 대단히 좋은 프로그램이라고 생각한다. 한국에 관련된 연구에 대해서는 우리가 비교우위가 있으니 적극 육성하겠다는 것과 통일연구도 좋은 생각이라고 본다. 글쓰기 훈련은 절대 필요하다. 나는 요즘 대학교수의 글을 읽어도 시작과 끝을 알기가 힘들다. 글을 잘 쓴다는 것은 책을 더 많이 써서 팔기 위해 필요한 것이 아니라 사고를 확실하게 하기 위한 것이기 때문에 굉장히 중요하다.

한국 사람들이 특히 잘할 수 있는 프로그램, 한국학을 개발하겠다고 하는 것도 굉장히 중요하다. 어떤 나라든지 뿌리가 있다. 한국의 상고사를 잘하는 사람이 나와야 한다. 그런데 일본이나 중국은 꽤 연구하고 있는데 한국인은 일본으로부터 배운 것이 역사학의 주류다. 한국에 관련된 연구, 우리가 비교우위를 가질 수 있는 분야의 연구도 중요하지만 상고사, 우리나라의 사상, 문화 등도 중요하며, 그런 의미에서 한자 공부도 중요하다고 본다. 서울대에서 한자를 많이 가르치는 일에 앞장 서주기 바란다.

입시제도에서 지역 배려제가 필요하다고 하였는데, 아주 좋은 생각 같다. 사실 이것은 서울대가 유명하기 때문에 이 제도가 필요한 것은

아니다. 서울에서 중류인 학교도, 아니 모든 학교가 이것을 필요로
한다. 교육은 다양한 지역에서 나온 사람들에게서 배우는 것이다. 시
험을 잘 치는 사람만이 훌륭한 사람이 아닌 이상, 서울대가 훌륭하기
때문에 "지역할당제"를 함으로써 다른 지역의 사람을 봐주는 것이
아니라, 서울대 학생을 위해서 여러 지역의 학생이 들어오는 것이 필
요하다. 학생을 위해 필요한 것이지 지방을 위해 필요한 것이 아니
다. 미국의 작은 명문대로 평가받는 보든 대학(나의 모교)은 전교생이
2천 명에 불과한 조그만 학교임에도 불구하고 그 학교의 학생은 미국
전역에 분포되어 있다. 외국학생도 꽤 많이 뽑는다. 나는 그 학교에
돈 한 푼 내지 않고 1학년부터 다녀서 졸업했다. 그 학교는 나를 위
해 장학금을 주었다. 그러나 그 장학금은 나만을 위한 것이 아니다.
그 대학의 학생을 위해 나에게 장학금을 준 것이다. 나를 통해 동아
시아를 알고 한국을 알라는 뜻이다. 조그만 학교가 이런 정신을 갖고
있다. 우리도 훌륭한 교수만 외국에서 초빙할 것이 아니라 외국학생
도 뽑으면 좋겠다. 영어로 교육하는 프로그램이 많기 때문에 외국학
생을 들여와도 괜찮을 것이다. 미국, 영국 등에서만 뽑을 것이 아니
라 필리핀, 인도 등지에서도 뽑아야 한다. 중국 학생도 필요하다. 광
범위하게 서울대의 문을 활짝 여는 것이 필요하다.

고교평준화는 큰 문제이다. 정 총장은 고교입시의 부활을 언급했는
데, 적극적으로 동감한다. 어차피 지금은 경쟁의 시대다. 어떠한 형
식으로든 평준화는 하향으로 가는 길밖에 안 된다. 이것은 사회주의
의 사상이다. 이 경쟁시대에 학교는 경쟁을 하지 말아야 한다고 하
니, 나라가 발전할 수 없는 것은 당연하다.

◁ 정총장은 서울대학교에 모든 것을 바치시오 ▷

서울대학교는 우리나라 학생이면 누구나 다니고 싶어 하는 학교이다. 모든 학부모가 이 학교에 자녀를 보내고 싶어 한다. 모든 학자가 이 학교의 교수가 되고 싶어 한다. 이런 학교의 총장이 됐으니, 정운찬 총장에게는 얼마나 큰 영광인가. 그러나 모든 영광에는 부담이 따른다. 그 부담을 감당 못한다면 영광은 질곡으로 변한다. 불행하게도 정총장이 물려받은 유산에는 부실의 씨가 많다. 부실기업이 부실의 씨를 털어버리기가 어렵듯이, 서울대학이 가지는 부실의 원천을 제거하는 것은 매우 힘들 것이다. 새로운 학교를 잘 만들기는 쉬워도 부실화된 학교를 옳게 만들기는 매우 어렵다. 그러나 그러면 그럴수록 정총장의 역할은 더욱 크고 빛날 수 있기 때문에 사명감을 가지고 앞으로 나아가기를 바란다. 다행하게도 지금까지는 비교적 성공적이다. 이 시점에서 정총장에게 몇 가지 당부를 하고 싶다.

○ 마치 종신토록 총장직에 있을 듯이, 다른 모든 생각을 버리고, 총장직을 수행하시오. 언제라도 그만둘 수 있으니 담담한 심정을 항상 유지하시오.
○ 정총장이 지금까지 구상하고 추진하려 하는 사업은 다 좋은 것이니, 신념을 가지고 추진하시오.
○ 학교를 국내외에 가급적 개방하시오. 경쟁시스템을 도입하시

오. 학생들이 글 잘 쓰고 말 잘하는 능력을 기르도록 하십시오. 이것은 巧言令色과는 다릅니다.

○ 학과나 학생 모집인원을 가급적 줄이시오.

○ 지식이나 기술을 가르치는 일도 물론 중요하지만, 德性과 感性은 그것보다 더 중요합니다. 가급적 동서양의 고전을 많이 가르치십시오.

○ 서울대 학생들은 머리가 좋은 반면 참을성이 적고, 심지가 꿋꿋하지 못하다는 평이 있습니다. 志士型 인물이 아쉽습니다. 학생들에게 인내심을 가르치는 훈련프로그램을 개발하십시오.

○ 한국이 비교우위를 가질 수 있는 분야를 놓치지 말고 개발하십시오. 동양학, 한국학, 한문 등을 말하는 것입니다. 학생들이 이런 과목을 선택할 수 있는 기회를 많이 마련해 주십시오.

○ 학생에게 학문의 要諦는 다섯 가지라는 것을 가르쳐 주십시오. ① 넓게 지식을 배워야 하고, ② 자세하게 의문을 제기해야 하고, ③ 신중하게 생각해야 하고, ④ 자기의 생각을 명확하게 辯論할 수 있어야 하고, ⑤ 독실하게 실행해야 한다는 것입니다. 이것은 『중용』에 나오는 말입니다(博學之, 審問之, 愼思之, 明辯之, 篤行之 — 『中庸』 제20장).

| 제 2 부 |

인간개발경영자 연구회 종합정리

2003년

21C 문명전략 - 한민족 르네상스*

광범위하고 복잡한 문제를 김용운 박사가 잘 말씀해 주었다. 김박사는 설명을 하면서 문명전략이라는 표현을 썼다. 그러면서 弘益人間의 중요성을 강조하고, 르네상스를 이룩하려면 일종의 공존화, 어떤 의미에서 종합이 필요하며, 홍익인간과 관련해서 人乃天, 즉 인심이 천심이라는 사상의 중요성을 강조했다. 지금과 같은 카오스의 세계에서는 어떤 설정된 방향을 추종하는 것으로는 문제가 해결되지 않으며 아시아 공동체를 이룩하자면 한국이 중심이 되어야 한다고 강조하셨다.

대체로 비슷한 생각을 가졌을지도 모르지만, 나는 서울시민들이 지난 연말연시를 보내면서 아주 무던히 차분하게 보냈다는 인상을 받았다. 말하자면 들뜨고 감격스러운 것이 별로 없었다고 생각한다. 그것에는 우리가 본능적으로 느끼고 있는 몇 가지 이유가 있다고 본다. 첫째, 우리 경제가 신년에 와서 심상치 않을 것이라는 느낌이 팽배되어 있기 때문이다. 소비심리가 위축되고 시장에서의 활황도 없어서 전체적으로 들뜬 기분이 억제되었다. 둘째, 대선의 결과다. 대선에서 패배한 측은 경악을 하고 엄청난 충격을 받았다. 승리한 측 역시 자기들의 승리를 어리둥절하게 받아들이고 있다. 셋째, 때를 같이 해서

---

* 2003년 1월 3일 제1281회 인간개발경영자 연구회에서 김용운(방송문화진흥회) 이사장의 발표에 대한 논평을 녹취한 글임.

나온 북한의 태도와 이것에 대한 대응이 어려울 것이라는 것을 우리 국민이 느꼈기 때문에 축제분위기를 만들어낼 심리적인 여유가 적었다고 본다.

이렇게 본다면 우리는 지금 중요한 역사적인 고비에 처해 있다. 우리가 이것을 어떻게 처리해 나가느냐가 우리나라와 민족에 부과된 과제라고 본다. 분명히 우리에게는 변화를 요구하는 목소리가 큰 것이 사실이다. 어떤 변화인지는 모르지만 뭔가 변화를 해보자는 요망이 팽배해 있다. 모든 변화는 갈등을 가져오기 때문에 변화의 목소리가 크면 클수록 갈등의 범위도 증폭된다. 갈등을 해소하면서 안정을 되찾고 국민 각계각층의 방향이 비교적 평화롭게 수렴될 수 있느냐 하는 것이 문제라고 생각한다. 그래서 김용운 박사의 표현을 빌리자면, 우리에게는 분명히 르네상스가 필요한데, 그것이 이루어지기 위해서는 새로운 비전이 나와서 국민의 진로를 밝히고 이에 따라 갈등과 분열이 해소되고 화합과 종합이 이루어져야 한다.

이러한 당위를 염두에 두고 우리의 모습을 되돌아 볼 때, 참으로 난제가 많다고 느낀다. 우리에게는 많은 벽이 쌓여 있다. 남북의 벽, 동서의 벽이 아주 두텁다. 노소의 벽이 새로 생기고 있다. 왕따의 문화가 자리를 확고히 잡았다. 역사의 단절로 여러 가지 벽과 단절이 생겼다. 김 박사가 강조한 화합과 종합을 기반으로 하는 르네상스가 이런 상황 속에서 일어나기는 불행히도 당장에는 어렵다. 그래서 우리는 준비를 해야 한다. 경제문제는 그나마 비교적 쉬우리라고 본다. 당장 큰 문제는 역시 북한문제라고 생각한다. 결국 몇 달 후가 되면 가닥이 잡힐 것으로 보이지만, 북한의 핵은 곤란하다는 대전제가 있고 전쟁 또한 곤란하다고 생각한다. 미국은 북한이 경제적으로 붕괴할 것을 원하는 것 같다. 북한이 경제적으로 붕괴하는 것이 우리에게 어떤 의미를 가지겠는가. 북한이 붕괴한다면 남한도 엄청난 부담을 짊어지게 될 것이다. 남한의 장래도 절대 밝을 수가 없다. 성급히 북한의 붕괴를 바라는 것도 문제가 있다. 이런 몇 개의 인식 속에서 대북관계가 추진되어야 한다. 대통령 당선자가 미국과 함께 중국, 러시아, 일본과 접근을 하고 있는데 타당한 방향이라고 생각된다. 그렇게 되어야만 어느 정도 우리의 목소리를 내면서 방향을 설정할 수 있다.

그리고 아시아 공동체의 중요성을 강조했다. 우리가 중심이 된다고 자꾸 말하지만 뭔가 확실한 역할을 할 수 있어야 한다. 그 역할도 시기가 있다. 지금 이 시기를 놓치면 우리는 다시는 그런 역할을 수행할 능력과 시간적인 여유를 상실하게 된다. 결국 이 시기를 놓치면 중국의 하나의 주변국으로 인식되거나 아니면 미국의 위성국이 되어 우리에게는 그러한 역할밖에 주어지지 않을 것이다. 지금 이 시기야말로 한국에게는 가장 중요하다. 이 나라는 역사적인 기로에 서 있다. 전 국민이 새해를 맞이해서 심기일전해서 지혜와 능력을 한데 모아 이 문제를 해결하는 데 보탬이 되도록 노력해야 한다.

◁ 한국의 르네상스는 우리 마음속에 있다 ▷

또 한 번의 새해가 오고, 신정부가 들어선 지 일 년이 지났다. 그러나 르네상스의 조짐은 아직은 보이지 않는다. 장래에 대한 비전은 어디로부터도 나오지 않고 있다. IMF의 위기가 아직도 만성화되어 우리 경제를 짓누르고 있다. 정치는 날이 갈수록 혼돈의 정도를 더해가고 있다. 외교의 방향은 무엇인지 알 수 없다. 남북 간의 관계에 있어서도 당사국으로서의 방향은 나오지 않고 있다. 거의 모든 문제에 있어 국론이 분열되어 있다. 교육 ─ 가장 중요한 기간산업 ─ 에서 우선 르네상스가 나와야 할 터인데, 거기에서 무엇인가 나올 가능성은 거의 없다. 아직 우리의 시련은 끝이 보이지 않는다.

그러나 희망이 영영 없어졌느냐 하면, 그런 것은 물론 아니다. 우리의 이 어두운 시기는 불가피한 시련의 시기이다. 이 나라에는 착하고 똑똑한 사람들이 많은데 왜 이다지도 전망이 흐린가. 동서양의 경험을 아는 사람도 있는데 왜 이런가. 과거의 그 암울한 우리의 역사로부터 이 나라 사람들이 아무런 교훈을 받지 못하고 있는 이유는 어디에 있는가. 이유는 르네상스는 외부로부터는 구해지지 않는다는 데 있다. 르네상스는 우리의 마음속에 있다. 어딜 보아도 구태의연한데 어디에서 르네상스가 오겠는가. 밖에서 무슨 좋은 일이 있겠거니 기대하지 말라. 각자의 마음속에 르네상스의 꽃을 피워라. (2004. 2. 25)

IT산업과 신기업문화*

1997년부터 시작된 한국의 IT산업은 겨우 5년밖에 되지 않았다. 그러나 그것은 그동안에 우리나라 수출비중의 30%에 육박하고 GDP에 대한 비중이 15%를 능가하고 있다. 이것은 세계 어느 나라에도 유례가 없는 일이다. 우리나라에서 IT산업이 이렇게 폭발적으로 발전한 것은 우리나라 사람들의 적응하는 성향, 남에 뒤떨어지기 싫어하는 성향, 남이 하면 나도 무조건 맹목적으로라도 해야 하는 성향이 도움이 되어 발전되었다.

경제뿐 아니라 국민의 일상생활 측면에서도 혁명이 일어나고 있는 것만은 사실이다. 경제, 금융뿐만 아니라 방송, 엔터테인먼트 비즈니스, 사생활 등에 대한 영향이 심대하다. 대선에서 노무현 대통령이 당선된 데에도 확실히 인터넷의 영향이 컸다고 생각한다. 뿐만 아니라 월드컵 신화를 이룩한 것도 IT의 덕택이라고 본다. 또한 우리나라에 사이버 대학이 16개가 있다. 통신의 발달은 교육에도 큰 변화를 가져오고 있다.

정치도 마찬가지다. 지구당, 중앙당 얘기를 했는데, 그뿐 아니라 이제 인터넷으로 장관 추천을 받고 있다. 문화도 엄청난 변화가 있

---

* 2003년 1월 9일 제1282회 인간개발경영자 연구회에서 표현명(KTF 기획조정실) 실장의 발표에 대한 논평을 녹취한 글임.

다. 편지가 없어지고 있다. IT의 저개발국, 이를테면 영국, 독일에 가 있는 제자들이 가끔 편지를 보내올 뿐이지, 편지를 받는 경우가 거의 없다. 아마 20대 이하 독자들은 부피가 큰 책은 읽기가 어려울 것이 다. 국민생활 전체에 대해 혁명적인 변화가 이루어지고 있다.

이런 상황은 환영할 것도 많이 있지만 어떤 의미에서는 위험하다고 본다. 어쨌든 우리나라는 호랑이 등에 탔다. 자칫 잘못하면 카오스가 올 가능성도 있다. 이렇게 IT의 이용도가 세계의 톱 수준으로 발전하 고 있는데도 불구하고 이것이 우리나라의 수준을 높여 주는 것이 아 니라는 것이 판명되고 있다. 전체 문화의 균형 있는 발전에서 나라의 질과 국제수준이 결정되는 것이지 IT의 사용만 가지고는 안 된다. 이 렇게 발전하고 있는데도 불구하고 우리나라 국민의 국제감각은 내가 보기에는 우물 안의 개구리와 비슷한 점이 있다. 새로운 것을 따라가 야 하는 것이 당연하지만 나는 무조건 따를 생각은 없다. 믿거나 말 거나, 나도 컴퓨터를 쓸 줄 알고 인터넷도 이용하지만, 그 한계도 알 고 있다. IT의 보급이 많아지면 질수록 내가 알고 있는 옛 것에 대한 수요가 상대적으로 많아진다. 강석진 회장의 그림은 강회장의 손에서 나오는 것이지 IT에서 나오지 않는다. 손경식 선생의 글씨도 그 분의 손에서 나오는 것이지 IT에서 나오는 것은 아니다. 말하자면 IT가 발 전하면 할수록 옛날의 예술, 옛날의 좋은 것, 좋은 가치관이 점차적 으로 그리워지는 것이다.

그렇기 때문에 여러분은 IT에 너무 많은 것을 의존할 필요는 없으 리라고 본다. 그것만 가지고 경쟁하려고 하면 엄청난 어려움을 겪을 수 있다. 다만 경영하는 과정에서 IT의 무한한 가능성을 인식하고 잘 적응을 하도록 노력하는 것은 중요하다. 그 반면, 전통적으로 여러분이 발휘하는 리더십이나 가치관은 얼마든지 앞으로도 유용하다고 믿는다. 앞으로 어떤 시대가 오더라도 좌절감을 갖지 말고 잘해 주시기 바란다.

◁ 인터넷에만 매달리지 말고 좀 더 활자로 된 책을 읽자 ▷

언젠가 어떤 인터넷신문과의 인터뷰를 한 적이 있다. 인터뷰가 끝날 무렵, 기자로부터 우리나라 젊은이에게 하고 싶은 말이 있으면 하라는 요구를 받았다. 예상하지 못한 이 질문을 받고 나는 즉석에서 이렇게 대답했다. "두 가지를 말하고 싶습니다. 하나는 인터넷에 너무 매달리지 말고 활자로 된 좋은 책을 많이 읽으라는 것입니다. 인터넷에서 정보를 얻는 것은 물론 중요하지만, 그 정보를 해석하고 평가하고 이용하는 것은 사람의 지혜인데, 그것은 인터넷으로부터 나오는 것이 아니라 활자로 된 좋은 책에서 구해야 합니다. 다른 하나는 우리나라 사람들의 성향에 관한 것입니다. 노력은 적게 하고 대가를 많이 구하는 경향이 있는데, 이것은 좋지 않습니다. 노력하는 이상의 대가를 구하지 말라는 것입니다." 나의 이 말은 왠지 그 신문에 보도되지 않았다. 나도 인터넷을 이용할 줄 알지만, 거기서 얻는 정보는 책에서 얻는 것과는 좀 다르다.

나는 여기에도 균형과 조화를 강조하고 싶다. 인터넷도 할 줄 알아야 하지만, 책도 읽어야 한다. 인터넷에 의존하는 「知性」은 생각하기 어렵다.

◁ 나에게 감동을 준 伊川 程顥의 周易 서문 ▷

나는 최근, 북송의 대학자 程伊川의 주역 서문을 읽었다. 평생 처음으로 이 글을 읽었는데, 참으로 감동적이었다. 서기 1,099년(宋 哲宗 元符 2 年)에 쓰인 이 간결한 글이 나에게 이렇게 감동을 줄 줄은 나도 전혀 상상하지 못했다. 누가 읽으라고 해서 읽은 것이 아니다. 이 글이 나에게는 하도 좋아서, 요즘은 매일 새벽에 일어나서 마치 스님이 독경을 하듯이 서문을 열 번쯤 소리를 내면서 읽고 있다. 아주 머리가 깨끗해지고 마음이 맑아진다.

특히 다음의 문장이 정말로 좋다. "秦나라 이후로 이 傳이 끊어졌는데, 내가 천년 후에 나서 이 글(주역)이 없어지는 것이 애석해서, 후학으로 하여금 (이 책의) 흐름에 따라 그 원천을 찾게 하고자 이 傳을 쓴다." 이것을 쓸 때의 그의 기분을 상상하면, 나도 새삼 자신이 치솟는 것 같다. 인터넷은 나도 쓸 줄 알지만, 쓰면 쓸수록, 머리가 어지러워지는 것과 아주 대조적이다. 내가 이제 이런 것을 읽어 무엇을 하느냐고 묻는 사람이 있을 것이다. 그저 읽는 이외에 아무 것도 바라는 것이 없다. 내가 이 글을 읽는다고 돈이 벌리는 것은 물론 아니다. 그렇기 때문에 더욱 좋다.

세계화와 교육*

박영식 총장은 시간과 공간의 제약성을 극복한 정보화 사회의 성격, 지구촌과 세계화의 개념의 차이, 경쟁의 불가피성, 산업사회적인 의식과 구조의 탈피, 대학의 공동화 현상, 이공계 기피현상 등을 지적하고 교육이 살려면 본래의 모습, 다시 말해, 가르치는 사람과 배우는 사람 사이의 일대일의 방법이 많이 채택되어야 한다고 했다.

이공계 기피현상을 다시 한 번 짚어보자. 죽어가고 있는 것은 이공계뿐만이 아니다. 인문계도 죽어가고 있다. 원인은 경제학적으로 말하면 수요와 공급이 맞지 않기 때문이다. 이공계가 살자면 대학이 살아야 한다. 우리 대학은 지금까지 공급자 위주의 대학이었다. 이공계를 중요시한다는 정책이 나오면 항상 이공계 학과의 학생 모집정원을 늘려왔다. 교수들의 수는 그대로인데 학생들의 수가 늘다보니 교육의 질이 떨어졌다. 이것이 이공계의 몰락을 가져온 하나의 요인이 됐다. 대학 전체가 공급과잉으로 신음을 하고 있다. 교육산업은 우리나라의 여러 산업 중에서 가장 중요하면서 가장 부실한 산업이 되어버렸다. 부분적인 정도의 차이는 있지만 대학의 대부분은 부실기업이다. 대학의 수를 어떻게 줄이느냐가 국가적인 문제로 되고 있다.

---

* 2003년 1월 16일 제1283회 인간개발경영자 연구회에서 박영식(광운대학교) 총장의 발표에 대한 논평을 녹취한 글임.

전국에 사이버대학이 20개 정도가 있다. 사이버대학 중 한 곳이 나에게 총장을 맡아 달라는 요청을 해온 적이 있다. 나는 완곡히 사양했다. 사이버대학은 교실도 없고 운동장도 없고 단지 컴퓨터만 존재한다. 사실 이런 교육을 내가 담당해도 별로 즐겁지 않을 것 같다는 생각을 했다. 박 총장은 사이버대학과 기존 물리적인 대학과의 경쟁이 21세기의 큰 과제라고 하였다. 그리고 사이버대학을 강조하면서도 선생과 학생간의 일대일의 교육을 강조했다. 내가 미국대학에서 공부를 했을 때 나의 지도교수인 롤프(Earl R. Rolph) 교수는 늘 논문만 많이 남기는 것이 학자가 아니라고 말했다. 그리고 사실 소크라테스 이후로 교육방법이 별로 진보된 것이 없다고 말한 것을 기억한다. 소크라테스의 교육이 문답을 통한 일대일의 교육이었다. 희랍까지 갈 필요가 없다. 동양에서는 孔子가 그렇다. 논어가 제자와 스승 사이의 대화의 기록이다. 이것이 고전이 되어 2,500년 동안 내려왔다. 결국 사이버대학은 하나의 지식의 전달수단으로는 적합할 수 있다고 생각하지만, 이것을 통해 지성과 덕성이 양성되기는 힘들 것으로 보는데, 지성과 덕성이 양성되지 않는 교육은 교육이 아니다.

중국에서 이공계 출신들이 중국을 이끄는 원인에 대한 질문이 있었는데, 그 이유에는 여러 가지가 있겠지만, 그 중 하나는 중국은 지금까지 인문계가 없었기 때문이다. 중국은 이를테면, 경제학이 없었다. 마르크스경제학이 조금 있었을 뿐이다. 정치학도 없었다. 그러니까 인문계가 등장할 수가 없었다. 그리고 서양 경제학, 서양 정치학, 근대 경제학 등은 사회주의 중국에는 합당하지 않았고 따라서 가르치지 않았다. 그러나 내가 강택민 주석을 만나 얘기해 보니 그는 인문계나 경제학을 공부할 필요가 없을 정도로 중국의 경제나 사회에 대해 잘 알고 있었다. 잘 아는 사람들이 그를 보좌하고 있다고 생각한다. 그러나 앞으로는 '높은 문화를 공산당은 앞장선다'는 강택민이 내세운 중국공산당의 「3大 代表論」(세 가지 해야 할 목표)에는 다양한 문화를 추구하는 것이 중국공산당의 목표 중의 하나이기 때문에, 서구식 사회과학도 도입되고 학문내용도 크게 다양화될 것으로 본다. 그렇게 된다면 인문계도 중국에서 상당 수준으로 발전할 것으로 본다.

국가 인간자원의 경쟁력과 건강관리의 뉴패러다임*

　건강의 중요성과 우리나라의 평균수명과 건강수명 등에 대해 설명하고 앞으로는 의료는 치료뿐만 아니라 보건예방이 중요하다고 하였다. 그런데 우리나라의 의료는 상당히 왜곡된 방향으로 가고 있기 때문에 우리가 필요로 하는 예방의학 방면의 노력이 더 필요하고, 이것은 국가적인 차원의 지원이 필요하며, 특히 사회의 지도층에서 청소년들을 선도함으로써 술, 담배 등 나쁜 버릇을 고치게 하고 운동, 좋은 식생활을 권장하면 병 없이 80세 이상은 살 수 있다고 하였다.

　동양은 옛날부터 장수에 대한 욕망이 굉장히 강했다고 생각한다. 어디에서 그것이 나타나는가. 건강에 대한 동양식의 방법에는 몇 개의 모델이 있다. 첫째, 약을 구하는 성향이 굉장히 많다. 진시황처럼 불로장생약을 구하는 것이 여기에 속한다. 지금도 우리는 몸에 좋은 인삼 녹용 등을 구하러 다닌다. 이것을 진시황 모델이라고 할 수 있다. 둘째, 최근 들어서는 운동을 많이 한다. 산행, 배드민턴 등 운동열기가 엄청나게 고조되고 있다. 셋째, 단전호흡, 기공 등 정신적인 면에서 건강을 확보하려는 모델이 있다. 넷째, 일상생활에서의 절제다. 이것은 일본 사람들이 가장 강조하고 있다고 생각한다. 대표적인 예로 일본 도꾸가와 시대의 가이바라 엑겡(貝原益軒)이 쓴 『養生訓』

---

* 2003년 1월 23일 제1284회 인간개발경영자 연구회에서 맹광호(가톨릭대 산업보건대학원장 예방의학) 교수의 발표에 대한 논평을 녹취한 글임.

에는 식생활, 일상생활에 대해 많은 이야기를 하고 있고, 나이에 따라 남녀관계는 한 달에 몇 번이 적당하다는 등의 권고까지 담고 있다. 이것은 일본식 절제 모델이다.

우리나라에서는 왜 미국 국무장관 콜린 파월이 하듯이, 명사급 사람이 앞장서서 건강에 관해 국민을 계도하지 못하느냐고 하였는데, 그 이유는 우리나라는 수준 높은 차원의 생활을 지도층과 국민이 다 하지 못하고 있기 때문이라고 본다. 다시 말해서, 그렇게 앞장서서 나왔을 때 자신이 없는 것이다. 또 남의 모범이 되는 훌륭한 생활을 하는 사람이 있다고 하더라도, 남들이 호응을 해주지도 않는다. 그러니까 앞장을 서지 않게 된다. 청소년의 문제는 청소년만의 문제가 아니라 성인의 문제라고 했는데, 우리 사회의 그런 높은 차원에서의 생활이 평소에 부족하기 때문에 콜린 파월이 한국에 와서 아무리 그런 운동을 하자고 외쳐도 우리나라에서는 성공하지 못할 것이다. 결국 그런 사람이 나오자면 우리 스스로의 생활의 질이 더 나아져야 한다고 생각한다. 자기를 수양해서 남을 다스리는 것이다(修己治人). 자기 수양이 제대로 안 된 사람이 대통령을 지냈다고 해서 남에게 좋은 영향을 미친다는 것은 힘들다고 본다.

담배, 음주, 운동, 식생활을 잘 조절하면 오래 산다고 하였다. 사실 나 자신도 이 부분에서는 꽤 자신이 있는데 다만 음주만이 약간 문제라고 생각한다. 나는 제자들에게도 "내가 건강을 조심하는 이유는 가끔 술을 마시기 위해서다" 라는 말을 한다. 술을 약간 마시는 것은 의학적으로 몸에 필요할 뿐만 아니라 정신적인 스트레스를 해소하는 등 현대생활에서 상당히 필요하다고 나는 본다. 이렇게 볼 때 개인의 건강, 사회의 건강도 궁극적으로는 개인이 스스로의 성향에 맞게 각자가 그 유지방법을 개발해야 한다. 결국은 하나의 조화의 문제라고 본다. 사람의 건강이 깨어졌다고 하는 것은 몸과 마음의 균형이 깨어진 증좌가 아닐까. 어떤 음식이 절대로 건강에 좋거나 절대로 나쁘다는 것은 없다. 나쁜 음식도 어느 정도는 몸에 들어가야 건강에 도움이 된다. 모든 것이 균형의 문제라고 생각한다. 경우에 따라서는 독이 약이 되는 수도 얼마든지 있다. 사실, 모든 약은 알고 보면 다 독이다.

약간의 사회생활의 스트레스는 필요하다. 스트레스가 없으면 건강하지 못하다. 산중에 들어가 아무리 운동을 해도 건강하지 못하다. 사회에 있어서도 마찬가지다. 어느 정도의 경쟁과 협조가 병행해야 사회가 건강하다. 나는 이제 70대 후반에 접어들었지만, 스트레스 같은 경우도 나이가 먹어감에 따라 자꾸 줄여야 하지만 그래도 어느 정도는 필요하다고 본다. 이것도 하나의 균형의 문제다. 청소년시대 때에는 축적의 시기이지만 노년은 축적한 것을 내버리는 시기라고 생각한다. 이것은 절대 퇴행적인 생각이 아니다. 인생을 어떻게 파악하느냐에 대한 나의 소견이다. 노년에 와서 자꾸 젊은이처럼 행동하려고 하는 것이 겉으로는 좋아 보일지 모르지만 사실은 자기한테 도움이 안 된다. 자신에게 도움이 되지 않으면 남에게도 도움이 되지 않는다. 적당한 정도로 스트레스를 줄여나가는 방향으로 생활하는 것이 좋고, 점점 줄여서 완전히 그것이 없어지는 경우를 '涅槃' 또는 '하나님의 부르심을 받을 때'라고 한다.

◁ 몸에 병 없기를 바라지 말라 ▷

나는 흔히 나의 건강의 비결이 무엇이냐는 질문을 받는다. 나에게는 아무런 비결도 없다. 다만 부모로부터 약하기는 하지만 비교적 건강한 신체를 물려받은 것뿐이다. 거기에다가 부친으로부터 배운 다소의 漢文이 나의 생각을 비교적 건전하게 하고 있는 것이 아닌가 한다. 내가 만일 부친으로부터 한문을 좀 배우지 않았다면 지금보다도 훨씬 고약한 사람이 됐을 것인데, 참으로 다행이었다고 생각한다. 나는 일본사람으로부터도 배웠고, 미국에 가서 좋은 것을 많이 배워서, 이것이 한문과 어느 정도의 조화를 이루면서 나의 생활의 스타일을 돕고 있다.

언젠가 나의 제자 한 사람이 술 한 병을 신문지 같은 것에 둘둘 말아서 가지고 온 적이 있다. 그가 간 후에 그 술병을 싸고 있는 신문지를 펴보니, 그것은 신문지가 아니라, 불교의 가르침의 해석을 담은 인쇄물이었다. 거기에 쓰여 있는 하나의 문구가 지금도 나에게는 아주 큰 교훈이 되고 있다. 曰, "몸에 병 없기를 바라지 말라." 병이 좀 있어야 평소 몸조심하게 되어 오히려 건강을 유지하는 데 도움이 된다는 말씀이었다. 그리고 또 曰, "일이 항상 순조롭기를 바라지 말라." 같은 맥락의 교훈이었다.

맹광호 원장의 건강의 뉴 패러다임은 건강을 유지하기 위해서는 평소의 예방이 중요하다는 말씀이었다. 건강이란 한 번 잃으면 회복하기가 쉽지 않다. 건강은 평소의 습관에서 나온다. 경제 사회의 병도 평소의 예방으로 미연에 방지해야 한다.

2003년도 경제전망과 정책방향*

　김중수 박사는 우리 경제에 관한 많은 식견을 정연한 논리로 잘 설명해 주었다. 우리나라 노동비용이 두 자릿수로 계속 상승하고 있다. GDP를 차지하는 노동의 몫이 올라가면 내수의 진작에 도움이 되고 앞으로 올 수 있는 디플레이션을 막는 데 도움이 된다고 하였다. 하지만 노동의 몫이 너무 올라가면 기업이윤이 줄어들고 이는 기업의 투자를 저해하여 경제침체의 원인이 된다. 두 자리 수의 노임의 증가가 계속되면 앞으로 큰 문제가 될 것이다.

　미국경제의 문제는 20년 전 레이건 시절에 나타난 현상을 상기하게 한다. 레이건 때 두 가지의 쌍둥이 적자가 나타났다. 천문학적인 경상수지의 적자와 엄청난 정부의 재정적자였다. 그때 그 문제를 해결해 준 것이 일본이었다. 일본이 미국의 국채를 사줌으로써 미국이 이 두 가지 적자, 쌍둥이 적자를 유지하면서 "번영"을 누릴 수 있게 한 것이다. 그러나 의식적이든, 무의식적이든, 헌신적으로 미국을 돕던 일본의 실력에도 한계가 있었다. 1985년 플라자합의에 의한 엔고의 결과 일본은 엄청난 거품경제를 만들어 내서 스스로가 멍이 들기 시작하더니, 90년대에 접어들어 시작된 세계화를 맞아 일본경제는 찌그러지기 시작했다. 1995년에 클린턴 정부에 와서 달러를 낮추는 정

---

* 2003년 1월 30일 제1285회 인간개발경영자 연구회에서 김중수(KDI) 원장의 발표에 대한 논평을 녹취한 글임.

책을 강제적으로 시행했기 때문에 1달러가 80엔에 못 미치는 엔고시대가 계속되었다. 이것을 막기 위해 일본정부는 미국의 권고를 충실히 받아들여, 정부지출을 늘리고 금리를 낮추어 내수진작을 통한 불황 탈출을 시도했다. 그 결과 정부적자의 누적으로 정부부채가 GDP의 150%에 달하고, 금리는 0%로 하락하는 등의 전대미문의 경제지표를 나타내면서 일본은 엄청난 고통을 겪고 있다.

미국경제는 지금 현재 1985년 당시의 문제가 되돌아오고 있다. 이에 덧붙여 대기업의 부정회계 등으로 국제사회에서 미국경제에 대한 신뢰가 많이 손상되었다. 국제수지 적자폭의 증가, 기업의 신뢰감소 등으로 미국으로 돈이 유입되지 않고 있다. 이것이 미국경제를 어렵게 하고 있다. 이라크 전쟁은 이러한 문제를 해결하기 위한 것과도 연관되어 있는 것 같다.

일본에 관해서는, 금융기관의 부실채권을 해결하기가 어렵게 되어 있다고 김박사는 강조하였다. 부실채권의 정리라고 하는 당위와 아울러 현실적으로 부딪히는 문제는 디플레이션이다. 부실채권은 디플레이션 때문에 날이 갈수록 많아진다. 금융부실을 해결하는 것이 먼저냐, 디플레이션을 치유하는 것이 먼저냐 하는 문제가 있다. 크게 보면 이 두 가지의 문제를 두고 일본 내에서도 의견이 맞지 않고 있다. 다케나카 헤이조 일본 경제재정 · 금융상은 부실채권을 정리하는 것이 먼저라고 주장하면서, 인플레가 일어날 때까지 통화량을 계속 늘리라는 외국학자들의 권고에 따르려는 듯이 말하고 있다. 파이낸셜 타임즈지의 보도에 의하면, 고이즈미 총리는 인플레이션을 야기시키는 방법은 경제에 별 도움이 안 될 수도 있다고 말했다. 이처럼 일본

정부 내에서도 경제정책의 방향에 관해서는 이견이 엇갈리고 있다.

작년(2002년) 8월 15일자 동아일보 칼럼에 나는 다음과 같이 쓴 바 있다. '한국경제에 대해 흔히 사람들은 단기적으로는 비관하지만 장기적으로는 낙관한다. 하지만 나 자신의 느낌은 오히려 반대다. 단기적으로는 그럭저럭 이끌어갈 수 있겠지만 장기적으로 오히려 더 비관적이다.' 지금도 정권이 바뀐 시점에 있지만 경제의 장래에 관해서는 작년 8·15 때 동아일보에 쓴 것과 똑같은 생각을 가지고 있다. 장래가 그리 확실하지 않다. 다만, 한국경제 자체 내의 다이내미즘이 꽤 있고, 중국이라는 큰 시장이 있기 때문에 수출이 적어도 당분간은 잘 될 수 있다. 어떻게 중국을 잘 활용하느냐가 이 나라의 장래에 상당히 큰 몫을 차지할 것이다.

◁ 단기적 "낙관", 장기적 "비관"의 한국경제 전망 ▷

단기적으로는 오히려 낙관하지만 장기적으로는 낙관을 불허한다는 한국경제의 장래에 관한 나의 전망은 불행하게도 현실로 들어나고 있다. 지난 2002년 동안의 참여정부의 경제운영 성적표는 썩 좋지 않다. GDP 성장률이 2.9%로 매우 낮은 수준에 머물고 있고, 기업의 투자와 민간의 소비가 극히 부진하여 내수가 침체됨으로써 실업률, 특히 청년실업률이 크게 증가하고 있다. 내수의 부진과 아울러 빈부 격차의 심화, 지방경제의 붕괴 등 구조적인 불균형이 겹쳐, 일찍이 없는 큰 수출의 증가에도 불구하고 앞으로의 전망은 밝다고 할 수 없다.

　이 이유는 어디에 있는가. 첫째, 참여정부는 국민의 정부로부터 매우 어려운 여건을 물려받았다. 신용불량자의 양산과 건설경기의 붕괴로 인한 내수의 침체로 성장률은 극히 낮으리라는 것은 이미 전 정권 말기부터 예견된 일이었다. 따라서 경제지표가 나쁘게 된 것은 참여정부로서도 어떻게 할 수 없는 일이었다. 그러나 참여정부의 정책방향이 분명치 못했다는 것은 전 정권 탓으로 돌릴 수는 없다. 지난 1년 동안 내건 정책구호의 대부분이 현실성을 가지지 못한 것이었다. 특히 친노조 정책으로 사회질서가 문란해지고 기업의욕이 저상됨으로써 경제의 어려움이 가중되었다. 정부의 핵심멤버들은 정권을 능숙하게 운영하는 데 필요한 경험이 없어 많은 시행착오를 범했다.

　이른바 386세대의 이념은 흔히 진보적이라고 하지만, 그 진보의 개념은 80년대의 이 나라의 비주류의 패러다임을 벗어나지 못한 것으로서, 글로벌化된 경쟁시대에는 맞지 않는 점이 많았다. 참여정부는 그 수뇌들의 배경으로 보아 당연히 보여주었어야 했던 솔직하고 겸허한 자세를 국민에게 보이지 못함으로써 정권은 처음부터 국민으로부터 너무 많은 불신을 받았다. 불신이 많으면 잘 되는 일이 없다. 또 우리 경제에 있어서는 기업 차원에 있어서도 이노베이션이 너무 부진했고 투명한 경영을 할 자세가 부족했다. 많은 기업이 생산기지를 중국으로 옮겨서 산업의 공동화가 일어나고 있다. 이 과정에 유수한 은행이나 기업들이 엄청나게 많이 외국인에게 접수됐는데, 정부로서도 아무런 대책이 없다.

대외정책에 있어서도 정치권에 있어서는 여야를 막론하고 아무런 비전이 없다는 것이 들어나고 있다. 이라크 파병, 한·칠레 FTA 등에서 보여준 정치권의 행태는 앞으로 이 나라가 어디로 가자는 것인지 모르게 만들고 있다. 장래에 대한 확고한 방향이 필요하다. 정부는 너무 많은 것을 하려고 하지 말고 보다 정직하고 솔직하게 나라의 사정을 국민에게 알리고 우선 국민의 신뢰를 얻을 수 있는 방향을 잡아주기 바란다.

열린사회, 열린세계, 세대공존과 인간개발*

　한완상 박사의 좋은 강의에 대해 깊이 감사한다. 건강한 사회는 어떤 사회인가? 일전에 사람이 건강하려면 어떤 음식을 먹고 생활해야 하는지에 대해서 말한 바 있다. 무조건 좋은 음식이란 없다. 해로운 것일지라도 가끔은 필요하다. 본인은 이 모임에서 좋고 나쁜 음식을 조화 있게 먹어야 건강한 몸을 유지할 수 있다고 얘기한 적이 있다. 사회도 마찬가지다. 우리사회는 갈등과 투쟁이 있지만 갈등이 있어야 서로 싸우고 발전이 있다. 필요한 것은 갈등이나 분열 그 자체가 아니라, 거기에 조화와 균형이 있느냐 없느냐이다. 이것이 깨어지면 건강한 사회가 못된다. 우리사회는 지역갈등과 계층갈등도 있다. 지금은 세대갈등이 우리의 관심사가 되었는데 세대갈등도 적정한 선을 유지해야 한다.

　나이를 먹은 세대가 새삼 네티즌이 되기 위해서는 많은 노력이 필요하다. 시대의 풍향을 굉장히 받기 힘든 심리가 있는 것도 사실이다. 나도 정보화에 잘 적응하지 못하지만 그렇다고 낙담하지 않기를 바란다. 왜냐하면 사회는 아날로그 시대의 사람도 필요하다. 오히려 시대에 적응을 잘 안 하는 사람들이 조금은 있는 것이 건강한 사회라고 생각한다. 70대, 80대가 전부 인터넷에 매달리는 사회라면 그것도

---

* 2003년 2월 6일 제1286회 인간개발경영자 연구회에서 한완상(한성대학교) 총장의 발표에 대한 논평을 녹취한 글임.

병든 사회라고 본다.

세대갈등과 정치리더십에 관해 살펴볼 필요가 있을 것 같다. 어떤 나라, 어떤 사회에도 세대갈등은 있는 법인데, 우리나라는 이번에 이 것이 정치리더십과 관련해서 부각되었다. 지금까지의 우리나라의 정 치리더십은 나왔다가 다시 급격히 몰락하는 패턴을 반복해 왔다. 그 래서 사회의 안정성이 적다. 우리나라가 20세기 초에 국권을 잃으면 서 제일 먼저 몰락한 것이 양반계급이다. 나라가 망하고 양반계급이 몰락하면서 엘리트가 망했다. 해방 이후 일제에 항거해서 싸우거나 적당히 타협을 하면서도 민족정신을 지키려고 한 엘리트 그룹이 다소 는 있었다. 그러나 이들도 제1공화국, 제2공화국을 거치면서 몰락하 고, 군인에게 정치리더십이 넘어갔다. 군인이 개발독재를 하면서 장 기 집권을 시도했으나 너무 무리한 비전을 펴려고 하다가 역시 몰락 하고 말았다. 그들이 몰락하면서 3김 시대가 왔다. 3김 시대도 비전 이 없었고, 몰락의 길을 걸었다. 이번에 등장한 것이 이른바 386세대 이다. 이 사람들이 성공을 해야 한다. 이들이 성공하지 못하면 우리 나라는 갈 곳이 없다. 이 나라의 이른바 보수세력은 앞으로 다시 형 성될 수는 있겠지만, 당장에는 큰 힘을 발휘할 수 없을 정도로 몰락 하고 말았다. 참여정부를 맡은 사람들이 성공하지 못하면 앞으로 카 오스가 올 가능성이 높다. 카오스를 막기 위해서도 이분들이 성공하 기를 기대한다. 기성세대도 불안한 심정을 혹 갖는다고 하더라도 힘 을 보태서 우리나라가 이 시대를 제대로 잘 건너갈 수 있도록 해야 할 것이다.

현실정치에는 경험이 없는 새로운 사람들이 한국의 정치리더로 등장한 현상은 다른 나라에는 흔히 볼 수 없는 점이다. 이 사태는 기성세대가 만들었다고 봐야 한다. 기성세대가 충분히 역할을 하지 못하였기 때문에 밀려나고 말았다. 기성세대에는 우선 아무런 비전이 없고 오직 기득권을 지키는 일에만 관심이 있었다. 그래서 정치에서 실패했다. 정치를 통해 우리나라를 잘 만들 수 있다는 믿음을 심어주지 못한 것이다.

기성세대는 미래를 보는 식견도 부족하고 도덕적인 권위도 상실했기 때문에 사회질서를 바로 잡지 못했다. 이 세대는 무엇보다 교육에서 실패했다. 일제 시대의 관행에다가 미국식 껍질을 덮은 것이 교육의 내용이었고, 독선과 편협한 시야로 자라나는 세대의 need를 담아내지 못했다. 이런 등등의 실패가 결국 자기들의 몰락으로 이어진 것이다.

우리나라가 잘 되자면 각 부류에 있는 사람들이 각기 제 몫을 해야한다. 늙은이는 늙은이의 몫을 해야 하고 젊은이는 젊은이의 몫을 해야 한다. 특히 교육자, 법률가, 언론가는 가장 중요한 몫을 해야 한다. 교육자가 曲學阿世를 하지 말고, 법률가가 법적인 질서를 지키고 정의를 수호하고, 언론가는 曲筆로 민심에 아첨을 하지 말아야 한다. 이 부류의 사람들이 자기들의 역할을 다해야 나라가 自淨力을 가질 수 있다. 또 남들이 원로로 치부하는 사람들도 보다 겸손한 마음을 가지고, 사사건건 발언을 해서는 안 된다고 본다.

우리는 지금 많은 변화를 경험하고 있다. 정치리더십이 바뀌어진 후로 나라는 아주 많이 달라졌다고 많은 사람이 인식하고 있다. 내가 보기에는 사실 겉으로는 달라진 것 같지만 속으로는 그렇게 달라질 것 같지도 않다. 오히려 더 나은 방향으로 많이 달라졌으면 한다. 결국 얼마 안 되어 옛날처럼 여러 가지의 관습과 사고방식으로 되돌아갈지도 모른다는 우려가 생긴다.

국회에 있을 때 가끔 그런 것을 느꼈다. 국회의원 중에는 젊은 의원이 많았다. 초선의원, 재선의원 등 여러 가지 모임도 많았다. 그러다가 일 년이 채 못 되어 다 기성 정치인이나 다름없는 버릇을 터득하고 다 옛날 사람이나 다름없는 사람들이 되는 경우를 많이 보았다. 나이 많은 사람이나 젊은 사람이나 별로 다른 것이 없고, 어떻게 보면 젊은 사람이 늙은 사람만도 더 못해지는 경우도 많이 보았다. 이 현상은 국회에만 한정된 현상이라고 볼 수 없다. 지금 등장한 386의 젊은 세력도 정신을 차리지 않으면 옛날의 궤도로 돌아갈 가능성도 얼마든지 있다. 그런 면에서 좀 분발을 해 주기 바란다.

한국 금융산업의 현황과 과제 그리고 CEO의 역할*

　　본인이 부총리 겸 경제기획원 장관을 한 지가 15년이 되었고 한국
은행 총재를 한 지도 10년이 넘었다. 그때와 지금을 비교하고 오늘의
문제점과 CEO의 갈 방향을 생각해 보면 격세지감을 느끼게 된다. 일
본의 어떤 경제학자가 일본 금융문제를 언급하면서 "일본인은 물건
을 만드는 데에는 재주가 있지만 금융에 관해서는 마인드가 없다"고
말하고, "중국이 낙후되어 있다고 하지만 중국인은 금융에 대한 마인
드가 있고 일본을 따라잡고 남음이 있다"고 했다. 한국은 중국보다는
일본과 비슷하다. 금융의 마인드가 충분하다고 볼 수는 없다. 지금
금융은 겉으로는 엄청나게 "현대화"했다. IMF가 계기가 되어 많은
것이 달라졌다. 그러나 이 상태로는 선진국이 되기는 어렵다.

　　경제학에서는 금융부문과 실물부문으로 나누어 두 바퀴가 함께 굴
러가야지, 한 바퀴도 병이 나서는 잘 될 수 없다고 말한다. 지금은 두
바퀴의 모양이 비슷해지고 있다. 실물부문에서도 금융부문의 일을 많
이 하는 수가 있다. 미국의 GE는 원래 전기에 관련된 제조업 위주의
회사였지만, 지금은 회사의 사업의 50%가 금융부문의 일을 하고 있
다. 금융부문도 실물부분으로 손을 대어 收益源을 다변화하고 있다.
금융부문의 선진국이 되려면 경제 전체가 선진국이 되어야 하며, 다

* 2003년 2월 13일 제1287회 인간개발경영자 연구회에서 윤병철(우리금융그룹) 회장
　의 발표에 대한 논평을 녹취한 글임.

른 부문이 낙후돼 있는데 금융부문만이 선진국이 될 수는 없다. 우리의 금융부문은 장족의 진보를 했다고 하지만 아직도 문제가 많고, 새로운 문제가 계속 나오고 있다.

우리나라 경제는 앞으로 어려움이 많을 것으로 예상된다. 금융부문도 어려움이 많을 것 같다. 기업에 대한 대출이 활발해지리라 볼 수 없고, 가계대출도 많은 문제점이 노출되어 어려움이 있어 보인다. 앞으로도 모두 같이 난국을 극복하는 데 힘을 합치고 금융인들이 보다 더 신념을 가지고 이끌어 주기를 바란다.

◁ 이 나라 금융이 잘못되고 있다 ▷

IMF가 온 이후로 우리나라의 금융은 단시일 내에 국제화되어 지금은 아주 좋은 모양을 하고 있다고 생각하는 사람이 있다. 그러나 이것은 옳지 못한 선전에 현혹되어 세뇌된 결과에 불과하다. 나라가 망하는 길은 흔히 탄탄대로처럼 포장되는 경우가 많다는 것을 실감한다. 실은, 우리나라 금융은 IMF 이후 잘못되고 있다고 보는 것이다.

첫째, IMF 때 8%라는 BIS비율이 너무 강력하게 적용되어 많은 은행들이 퇴출, 또는 매각되었다. 둘째, 금융시장, 자본시장이 너무 급격하게 개방되어 해외의 투기자금이 제한 없이 유출입하여 주식시장이 외국인에 의하여 지배됨으로써 한국의 기업들이 외국 투기자본에 의하여 적대적 M&A에 노출되게 되었다.
셋째, 이러한 구조적 변화 속에서 한국의 금융감독 당국은 감독
권을 행사할 의지와 능력을 상실하고 있다. 은행이 팔려 나가고
있다. 이래도 이 나라는 속수무책이다. 금융전문가들 중에는 희
한한 소리를 하는 사람도 있다. 금융과 기업이 외국으로 막 넘
어가는 것을 보면서, 이러한 추세는 글로벌 시대에는 불가피할
뿐 아니라 아시아의 금융 허브가 되어야 할 우리나라로서는 외
국자본의 '직접투자'는 "적극" 환영해야 한다고 한다. 외국의
"기법"을 배워야 한다고 한다. 다 잃어버린 후에 무슨 기법인
가. IMF 이후로 이 나라 금융은 나라의 발전과는 다른 방향으로
가고 있다.

유전공학과 인류의 미래*

나는 과학자들이 쓴 책을 가끔 읽는다. 오늘 강의를 들으면서 생각나는 책이 몇 권 있다. 첫 번째, 물리학의 노벨상을 받은 유가와 히데키(湯川秀樹)의 『책 안의 세계』다. 그는 그의 생애에서 가장 감명 깊게 읽은 책을 소개하면서 제일 먼저 『莊子』를 들었다. 다음이 『카라마조프의 형제』였다. 그 다음의 책들의 순서는 잊었으나, 『唐詩選』, 『古文眞寶』 등이 모두 몇째 가지 않는다. 물리학자로 노벨상을 받은 사람이 한문책을 이렇게 많이 읽은 것은 그의 집안이 한학의 전통을 가진 탓도 있겠지만, 아무튼 놀라운 일이다. 그는 『장자』에서 여러 가지 상상력을 배웠고, 『古文眞寶』에서는 여러 가지 복잡한 것을 간략하게 표현하는 방법을 배웠다고 말한 것으로 기억한다.

두 번째의 책은 1973년에 의학 생리학으로 노벨상은 받은 콘라드 로렌츠(Konrad Lorenz)의 『문명화된 인간의 8가지의 대죄』라는 책이다. 이 책은 인간이 문명화되는 과정에서 인간의 자연적응 기능을 잃어버렸다는 것이 그 주장의 줄거리인 것으로 기억한다. 모든 생물은 種子를 유지하기 위하여 여러 가지 적응을 통하여 구조와 기능을 발달시키고 있다. 이를테면, 고양이는 쥐를 잘 잡기 위하여 예리한 발톱을 가지게 되었다. 그런데 인간은 지금 상식적으로는 생각도 할 수

---

* 2003년 2월 20일 제1288회 인간개발경영자 연구회에서 무라카미 가즈오(일본 쓰쿠바대학교) 교수의 발표에 대한 논평을 녹취한 글임.

없는, 인간의 種子의 보존유지와는 관계가 없는 행동양식을 나타내게 되었다. 끝이 없는 人口增殖, 극한적인 경쟁, 날이 갈수록 격화하는 군비증강, 도시인 체질의 허약화 등은 인간의 원래의 종자 유지를 위한 인간 본연의 기능이 '故障' 난 탓이다. 즉, 인간의 病理的 행동의 하나라는 것이다. 한마디로 인간은 문명화됨으로써 병들고 있다는 것이다. 인간은 문명화 과정에서 생활공간을 황폐화하고, 너무 지나친 경쟁을 하며, 感性을 상실하고, 전통을 파괴하며, 핵무기를 개발하는 등의 大罪를 범하고 있는데, 이것이 모두 인간의 適應機能의 故障 때문이다. 이것이 모두 인간을 파멸로 이끈다는 것이다. 그래서 결국 과학에만 너무 의존하거나 현대문명에만 의존하면 자연이 가져다 준 인간 본연의 성질과 능력을 상실한다. 즉, 문명은 인류를 위해 대죄를 짓고 있다고 한다. 노벨상을 받은 과학자의 말은 확실히 일리가 있다.

웃음이 있으면 여러 가지 좋은 DNA의 스위치가 on이 된다고 무라카미 교수는 말했다. 그런데 이런 것을 다 알면 과연 웃음이 나올 수 있을까 하는 생각을 문득 해봤다. 인간에게는 신비로운 것이 좀 남아서 모르는 것이 있어야 웃는 기회가 자연스럽게 나올 텐데, 지금은 인간이 자연스럽게 웃기에는 너무 아는 것이 많지 않을까. DNA가 나올 것을 기대하면서 웃는 경우에 DNA가 나올까. 그것은 박에서 보배가 나올 것을 기대하면서 제비의 발을 부러뜨린 놀부의 경우와 비슷한 경우가 아닐까.

모든 생물에는 똑같은 유전자암호가 있고 그것을 나눠서 쓰고 있으며 인간과 비인간은 같다고 했다. 이것은 과학적으로 무라카미 교수가 표현한 것뿐이지 동서양에도 있는 말이다. 이를테면 아주 비근하게, 論語에도 "四海之內 皆兄弟也"라는 말이 있다. 불교에는 "만물에는 佛性이 있다"고 했다. 그렇기 때문에 인간이나 동물은 어떤 의미에서 마찬가지라고 했는데, 무라카미 교수는 과학으로 이것을 증명해준 것이다. 나는 과학자가 아니지만, 인간은 만물의 영장이라고 하면서 세상의 모든 것은 인간을 위해서 존재하는 것처럼 약탈하고, 잡아먹고, 파헤치는 오만 때문에 결국은 인간 스스로가 멸망하리라 생각한다.

자연에는 현재 우리가 알고 있는 과학만으로는 알 수 없는 것이 있지 않을까 하는 생각을 해본다. 이를테면 氣가 그렇다. 우주에는 〈氣〉라는 것이 분명히 있다고 나는 본다. 유전자와는 좀 다른 존재인 것 같지만 도저히 상상을 못하는 일들이 인간의 靈의 세계에는 있는 것이다. 그것도 역시 무라카미 교수가 말한 something great라고 하는 것일지도 모른다.

어린이도 어른과 마찬가지다. 어린이는 누가 자신을 사랑하고 있는지 귀신같이 잘 알고 있다. 어린이는 말하는 기술이 없을 뿐이다. 나는 태교라는 것이 분명히 있다는 것을 느끼게 되었다. 우리가 아는 천하의 모든 생물의 몸속에는 다 천지 우주의 이치가 있다. 하찮은 벌레의 몸속에도 우주의 이치가 있다. 옛날 동양사상에 이런 철학이 있는 것이다.

무라카미 교수는 인간을 만들어낸다고 한다면 그것은 인간의 오만과 비슷하다고 했다. 너무 이성에만 우리가 의존해서 생활하거나 사업을 해서는 안 된다. 경제학자 중에 하이에크라는 훌륭한 사람이 있는데, 그는 1900년생이다. 그의 저서 중에 『과학의 반혁명』이란 책이 있다. 이 책에서 그는 이성만으로 이 세계를 알려고 하는 것은 허무한 것이라고 말하고 있다. 과학을 존중하고 거기서 이끌어낼 수 있는 모든 것을 이끌어내되 무조건 신봉하거나 그것만을 중요시해서는 안 된다. 과학자들은 과학만을 중요시할 것이 아니라 궁극적으로는 인간 세상을 중요시해야 한다. 인간 세상에 일어나고 있는 일에 대해 적극적으로 발언을 하고 인간이 앞으로 지향하는 것에 대해 첨단을 걸어가면서 경종을 울리는 과학자들이 많이 있다.

◁ 놀램(驚)의 필요성 ▷

일본의 소설가 구니끼다 돗보(國木田 獨步)의 『쇠고기와 감자』에 나오는 주인공은 다음과 같이 말했다고 한다. "나는 단하나 이상한 소원을 가지고 있다. 그것은 연애가 아니다. 대과학자, 대철학자, 대예술가, 대종교가가 되는 것도 아니다. 이상사회의 실현도 아니다. 실은 그 소원은 〈놀라고 싶다〉는 것이다". 나는 이 소설을 직접 읽지 못하고, 야스오까 마사아쓰(安岡正篤)의 『易學入門』에서 이 말을 접했기 때문에, 주인공이 왜 이 말을 하게 됐는지 모른다. 그러나 실은 이 말이 가슴에 와 닿는다.

나에게는 아직도 소박한 놀램이 있다는 것이 다행이라고 생각할 때가 있다. 아직도 뭣인가에 감동할 때가 있다. 매우 슬프게 느낄 때도 있고, 그때에 이상한 행복을 느낄 때가 있다. 얼마 전 바둑 TV에서 들은 말이다. 요즘 프로 기사를 보면, 나이가 젊으면 젊을수록 바둑의 유불리가 표정에 나타나지 않으며, 나이가 많으면 많을수록 그것이 표정에 잘 나타난다는 것이다. 그래서 나는 棋士 가운데서도 가끔 뭔가 중얼거리고, 몸을 흔들기도 하고, 때로는 픽 웃기도 하는 조훈현 9단을 좋아한다. 내가 언젠가 그에게 넉 점을 놓고 둔 적이 있다. 나의 낙점을 보고 그는 이렇게 말했다. "거기 두시면 나중에 큰 패가 납니다." 나에게 저준 것이다.

지금 세상에는 〈놀람〉이 줄어들었다. 놀람이 없는 세상, 거기에는 예술이 없다. 인간다운 맛이 없다. 로봇은 인간과 같이 생기고 인간처럼 행동을 하지만, 놀라는 일이 없다. 놀라는 표정은 지을 수 있겠지만, 그것은 진짜가 아니다. 놀람이 없는 인간, 그것은 로봇과 같다. 그런 인간은 잔인한 인간이다.

재외동포기업인의 활동 현황과
한민족 韓商네트워크 구축방안*

오늘 주제는 사실 〈디아스포라(Diaspora)〉가 아닌가 싶다. 그 시대에 알맞게 재외동포를 대우하고 네트워크를 형성해야 장래가 있으며, 한국은 그만한 실력을 갖고 있는데 지금까지 전혀 이것은 개발하지 못했다. 앞으로 이것이 우리의 과제라는 것을 강조했다.

나는 이 모든 문제가 '신뢰'의 문제와 연결돼 있지 않은가 생각한다. 중국이 華商과의 관계를 잘 개발한 것은 중국의 리더십과 화상들 간의 신뢰가 있기 때문에 가능했다고 본다. 정책 하나 하나가 잘되어 그렇게 된 점도 있겠지만 역시 그 밑바닥에는 서로의 신뢰가 있기 때문에 그것이 가능했다고 본다. 그 신뢰를 구축하기 위해 중국 정부가 얼마나 많은 노력을 했는지 생각해 볼 필요가 있다. 예를 들어 작년에 나는 절강성에 있는 蔣介石의 집에 가 본 적이 있다. 장개석이 살던 집이 그대로 보존되고 있다. 그것이 중국의 관광명소가 되었다. 그래서 장개석의 손자가 최근에 중국정부와 연락해서 대만과 본토 사이의 직항로를 만들었다. 물론 장개석의 손자의 공로가 컸다. 장개석의 손자는 할아버지 생가가 생존시와 같은 모양으로 잘 보존되어 있으니 당연히 중국정부와의 신뢰를 느꼈을 것이다. 그것이 결국 중국정부와 재외동포가 유대를 만드는 데 결정적인 역할을 했다고 본다.

---

* 2003년 2월 27일 제1289회 인간개발경영자 연구회에서 권병현(재외동포재단) 이사장의 발표에 대한 논평을 녹취한 글임.

우리가 韓商과의 관계를 맺는데도 제일 먼저 해야 할 일은 신뢰구축이다. 우리는 과거에 투자한 분들에게 사기를 쳐서 신뢰가 많이 무너졌다. 그래서 다시 신뢰를 만들어야 하는 절박한 단계에 있다고 하였다. 우리가 어떻게 신뢰를 구축할지 보통 일이 아니다. 구호로만 되는 일이 아니다. 이를 위해 우리는 첫째, 안에서 먼저 신뢰를 구축해야 한다. 우리 스스로 신뢰가 없는 마당에 어떻게 밖에 있는 분들과 신뢰가 구축되겠는가. 굉장히 큰 과제가 아닐 수 없다. 남북한 간의 신뢰는 둘째 치고 남남의 관계도 4分5裂이 되어 있는 상태인데 이것을 회복할 노력을 해야 할 것이다. 둘째, 우리와 韓商과의 관계는 우리와 그분들과의 관계라고 생각하지 말고 우리와 우리나라에 와 있는 외국인과의 관계로 넓게 봐야 할 것이다. 우리는 국내에 있는 외국근로자에게 인간대접을 안 하고 있다. 이것이 한국인이 가진 최대의 맹점이라고 생각한다. 이들을 잘 대우해야 그들이 밖에 나가 한국을 칭찬하고 그것이 궁극적으로 밖에 있는 한국인과 안에 있는 한국인의 신뢰관계로 돌아온다. 따라서 지금 한국에서 일하고 있는 이들을 박대하거나 학대하지 말고 내국인과 같은 대우를 해 줄 때 코리언 네트워크가 형성된다.

20세기 최고의 사상가 버트랜드 러셀은 1920년대 초에 북경대의 교환교수로 왔다. 그 당시 그가 쓴 저서 『The Problem of China (1921)』에서 그는 중국인들은 외국인의 환심을 사는 데 천재적인 소질이 있다고 했다. 그것은 소질이 있는 것이 아니라 내국인이나 외국인을 같이 접할 수 있는 능력이 있기 때문에 러셀이 그런 인상을 받은 데 불과하다. 우리도 우리와 우리와의 관계로만 생각하지 말고 외국인에게 마음을 주고 환심을 사야만 재외동포들과의 관계도 제대로 될 것이라고 생각한다.

　우리는 한국의 장래를 볼 때 사실 외국과의 관계, 재외동포와의 관계를 맺는 데 있어서도 너무 구호를 앞세우고 있다. 입만 열면 말하는 것이 동북아 중심국가이다. 남들이 중심국가라고 생각해야 그렇게 되지, 남들은 그렇게 생각하지 않는데 우리가 아무리 외친들 무슨 소용이 있겠는가. 빈 깡통이 요란하듯이 너무 요란하게 말을 하지 말고 하나하나 실천을 해야 한다. 말보다는 실천을 통해 쌓여가야 장래에 중심국가가 될 수 있다. 중국은 이라크 전쟁에 대해 큰 반대를 않는다. 그렇다고 찬성을 하는 것도 아닐 것이다. 미국에 수많은 유학생이 있고 미국을 적대하면 중국은 살아날 수 없다는 입장을 갖고 유연한 태도로 임하고 있다. 그런 저력이 있기 때문에 화교와도 그 관계가 제대로 유지된다. 만약에 중국이 미국을 비난한다면 어떻게 외국에 있는 중국인들이 안심하고 투자할 수 있겠는가? 말을 아끼고 유연한 자세로 가는 것이 결국 신뢰를 구축하는 길이 아닌가 생각한다.

◁ 빗나간 애국심 ▷

　우리는 중국에 있는 우리의 동포들에 대해 꼭 특별한 대우를 할 필요까지는 없다. 그들은 그들의 祖國은 중국이고, 한국은 母國이라고 한다. 그들이 '우리나라'라고 할 때는 중국을 말한다. 그것은 당연하다. 우리가 섭섭하게 생각할 이유가 없다. 우리는 그들을 자연스럽게, 그리고 따뜻하고 정중하게 대하면 된다. 우리가 현재 그들보다 좀 더 소득이 높다고 그들을 멸시한 다거나 지나친 연민의 태도를 가져서는 안 된다. 그들을 특별대 우를 해서는 안 된다. 그것은 중국과의 관계를 어렵게 만들 뿐 이고 우리 동포에 대해서도 좋은 결과를 가지고 오지 않는다. 가끔 중국에 사는 조선족에게 특별대우를 해야 애국하는 것과 같은 생각을 내비치는 경우가 있다. 그것은 빗나간 애국심이다. 조선족은 현재로서는 소득이 우리보다 낮은 것은 사실이지만 우 리보다 더 불행한 것은 아니다.

노무현정부의 국정철학과 운영방향*

임채정 의원은 항상 중심이 잡힌 인물이다. 늘 원칙과 정의를 중요시하고 그때 그때 유불리를 따지지 않고 항상 확고한 신념을 가지고 정치행보를 해왔다고 본다. 정치권에 속한 사람들은 크게 봐서 두 가지 유형이 있다. 하나는 내용은 없으면서도 겉으로 화려하게 행보하는 사람이 있고, 또 하나는 내용을 가지고 있으면서도 겉으로 드러나지 않는 인물이 있다. 임 의원은 후자에 속한다고 생각한다. 궁극적으로 후자가 항상 시대를 이끌어 가는 역할을 한다. 앞으로 임 의원도 이런 소질과 운을 가지고 나라를 이끄는 데 좋은 역할을 해주기 바란다.

이번 대선의 의미는 保守 對 革新의 의미도 있고, 세대교체의 측면도 있고, 지역감정, 남북관계에 대한 의견 차이가 이슈가 되어 그 결과로 노무현 정권이 탄생했다고 이해하는 분이 많다. 이 견해에 일리는 있다. 하지만 이번 대선은 한마디로 변화에 대한 요구와 그 요구를 어떻게 수용하느냐가 이슈였다고 생각한다. 그래서 변화하는 모습을 보인 측이 승리했고, 변화에 대한 요구를 거부한 측이 패배했다고 나는 평가한다. 그래서 결국 이번 노무현 대통령이 어려운 시기에 역사의 사명을 받아 결국 대통령직을 담당하게 되었다. 지난 50여 년

---

* 2003년 3월 6일 제1290회 인간개발경영자 연구회에서 임채정(전 대통령직 인수위원회 위원장) 의원의 발표에 대한 논평을 녹취한 글임.

동안 우리나라가 과도기가 아닌 적이 없었고 전환기가 아닌 적이 없었지만, 오늘날과 같은 이런 큰 고비에 처한 적은 없었다. 새로 출범한 정부가 순조로운 행보를 걸어 성공해 주기를 바란다.

기본방향은 추상적인 수준에서는 대단히 잘 잡았다고 평가한다. 원칙과 신뢰, 공정과 투명성 등 다 옳은 말이다. 다만 이상과 현실 속에서 이상에 너무 치우치면 결국은 결과가 안 좋으니까 현실을 항상 인식하면서 이상을 추구하는 방향으로 해줬으면 좋겠다는 생각을 한다.

개혁에 있어서는 행정, 남북관계 등 많이 언급했지만 사실 굉장히 필요한 개혁이 바로 정치와 교육에 관한 개혁이다. 이것은 말하기가 어렵고 실천도 어렵다. 우리나라의 현재의 정치의 틀을 가지고 나라를 제대로 만든다는 것은 緣木求魚라고 생각한다. 또 중장기적으로 보면 이 교육으로 우리나라에서 인재를 제대로 길러내서 일등국이 된다는 것도 불가능하다고 본다. 나는 정계와 교육계에 몸담은 적이 있었기 때문에 자성을 해야 하지만, 정직한 평가를 한다면 정말로 개혁의 대상이 되어야 할 것이 정치와 교육이다.

때문에 정치개혁을 하는 데 있어 좀 용기를 내어 추진해 주기 바란다. 한나라당도 결국 뭔가 몸부림을 치지 않았기 때문에 국민이 그 당에 대해 기대를 하지 않았다. 야당에 있으면서도 여당 같은 행보를 했기 때문에 국민이 기대할 것이 없다고 본 것이다. 결국 선거에 패배했다. 집권당으로서는 용기 있게 정치개혁을 추진해 주면 혼란이 있을 수도 있지만 개혁의 추진은 총선과 앞으로의 대선에 유리할 것이다.

이 정부는 참여정부라고 부른다. 국민의 정치에 대한 참여욕구를 반영하기 위한 구호이다. '참여'는 좋은 말이기는 하지만 국민이 진정으로 원하는 것은 '참여'보다는 확실한 리더십이다. 어떤 나라를 막론하고 나라의 리더십이 중요하다. 국민의 참여는 둘째다. 이것은 민주주의나 공산주의나 독재국가나 다 마찬가지다. 리더십에 따라 그 나라의 운명이 결정된다. 미국의 부시를 보면, 잘하고 있든 못하고 있든, 그 한 사람의 등장으로 미국이 저렇게 달라지고 있다. 중국을 보면 등소평, 강택민 등이 나옴으로써 저렇게 달라지고 있다. 확실한 리더십, 이상과 아울러 현실을 감안한 리더십을 국민은 원한다.

우리나라 대통령의 임기는 5년이다. 5년은 대단히 짧은 기간이다. 어떤 개혁을 하더라도 5년 내에 완성할 수 있는 것은 거의 없다. 개혁은 본질상 長征이다. 영국의 개혁은 우리보다 훨씬 더 쉽다. 그럼에도 영국의 개혁이 이루어지는 데에는 11년이 걸렸다. 마가레트 대처 영국 수상이 11년 집권 후에 다소의 결과가 나타났다. 레이건의 "개혁"에 의해 미국이 달라졌다. 레이건 8년, 조지 W. 부시 대통령의 아버지 4년, 합쳐서 12년이 걸려서 뭔가 조금 달라졌다. 그런데 우리나라의 대통령임기는 5년이기 때문에 5년 내에 경제개혁을 완성시켜 새로운 경제체제의 창조를 유도하는 것은 엄청나게 어려운 일이다.

너무 과욕을 부려서는 안 될 것이라고 본다. 빨리 할 것은 빨리하고 천천히 할 것은 천천히 해야 한다. 교육부장관의 임명을 이렇게 오래 끌 이유가 없다. 이것은 절대 간단한 얘기가 아니다. 이것 하나만 봐도 이 정권의 마음을 알 수 있다. 이런 것은 즉각 즉각 처리해야 한다. 영국은 내각이 바뀌면 5일 이내에 완전히 각료가 바뀌어진다.

이렇게 오래 걸린다는 것은 그 지연의 한 시간 한 시간이 국민의 불신을 사는 요인이 된다.

본인이 부총리를 하고 그만두니까 얼마 후 노태우 전 대통령이 식사를 청했다. 노대통령은 "나는 대통령이 되면 여러 가지 일을 다 마음대로 할 수 있을 것이라고 생각했는데 실제 해보니 마음대로 할 수 있는 일이 별로 없더라"고 했다. 그 분의 말씀이 옳다. 바로 노무현 대통령도 조금만 있으면 이 말씀의 뜻을 발견할 것이다. 사실, 대통령이 해야 할 일이 그렇게 많지도 않다. 그러나 한 가지는 확실히 해야 한다. 그것만 하면 대통령직은 끝난다고 해도 과언이 아니다. 그것은 각료의 인선이다. 각료를 확실히 잘 임명해야 한다. 각료 임명에 있어 여론을 반영하는 것은 下策, 下之下策이라고 생각한다. 여론도 고려해야겠지만 대통령 자신이 가지는 비전과 전략을 어떻게 추진하느냐의 차원에서 각료를 임명해야 한다. 각료만 잘 임명하면 나머지 문제는 거의 자동적으로 해결된다고 생각한다.

경제는 지금 내려가고 있는데, 이 정부 들어서기 전에 이미 내려가게끔 되어 있다. IMF 전에 우리나라 경제는 절제를 잃은 정책과 절제 없는 민간의 행태 때문에 거품이 일고 있었다. 그 거품 때문에 IMF가 왔다. IMF가 와서 거품이 꺼지게 했느냐 하면, 겉으로는 그렇게 보였지만, 국민의 심리 속에서는 완전히 꺼지지는 않은 상태였다. GDP의 성장이 마이너스가 되고 실업률이 증가했지만 국민의 마음 속 한 구석에는 거품이 꺼지지 않고 있었다. 거품이 꺼지려면 좀 더 시일이 걸리고 고생을 해야 했었는데, 1998년부터 정부는 이미 경기부양책을 써서 IMF를 졸업했다고 선언했다. 이렇게 함으로써 결국 거품이 완전히 되살아났다. 공적자금을 투입해 은행을 살린 것은 잘됐다. 하지만 건축경기를 부추기고, 은행은 개인 신용대출 및 카드의 남발로 신용불량자를 양산하면서 소비를 진작시켜 물가가 상승하고 있다. 지금 물가는 세계에서 대한민국만이 4%선으로 올라가고 있다. 일본, 중국, 미국 등은 물가가 떨어지고 있다. 한국에서는 물가는 오르면서 경기는 떨어지고 있다. 이것은 일 년 전부터 예견됐던 일이다. 지금 경기가 떨어지고 있는 마당에 노무현 대통령이 나왔다고 해서 당장 다시 올라갈 수는 없다. 상당 시일이 걸려 떨어지고 난 뒤에야 올라가지, 당장은 어렵다. 그런 것을 감안해서 우리는 너무 안달을 해서는 안 된다. 정부도 허둥지둥하는 모습을 보이는 것도 득책은 아니다. 어쨌든 우리나라는 경기가 떨어지는 과정 중에 있다.

◁ 대통령 탄핵과 참여정부 1년의 업적 ▷

지금 이 시점에서 임채정 의원이 1년 전에 한 강연에 대해, 내가 했던 말에 관련하여 몇 가지를 추가하고자 한다. 이번의 일은 국회가 잘못한 일이지만, 대통령과 집권당에서도 반성할 점이 많다. 앞으로 노대통령의 명운이 어떻게 될지 모르지만, 참고로 몇 가지를 지적한다.

첫째, '참여' 로부터 리더십은 나오지 않는다는 것이 명백해졌다. 리더십은 리더의 殺身成仁의 정신에서 나온다. 둘째, 각료 임명의 절차가 잘못됐다. 여론, 인터넷을 통한 여론을 가지고 각료를 임명한다는 것은 아주 잘못된 일이었다. 셋째, 참여정부는 항상 권위주의를 없앤 것을 큰 업적으로 여긴다는 말을 했다. 권위주의를 하지 않은 것은 좋았으나 권위 자체를 잃었으니, 권력을 상실한 것이다. 넷째, 중요한 정책에 일관성이 없었다. 대통령의 비전이 무엇인지 알 수 없었다. 대외정책에도 일관성이 없었다. 이 모든 것이 대통령의 리더십에 금이 가도록 만들었다. 참으로 아쉬운 일이었다.

노대통령은 한 가지 면에서는 편하게 됐다. 여러 가지 뜨거운 감자들이 야당으로 넘어간 것이다. (2004. 3. 5)

◁ 참여정부 1년의 경제정책 ▷

참여정부가 들어선 지 1년, 그 경제 업적은 어떻게 평가되는가. 요약하면 다음과 같다.

(1) GDP성장률이 뚝 떨어져서 3%대로 됐다. 내수가 극히 부진하여 실업이 증가하고, 특히 청년실업이 8%를 웃돌고 있다. 그러나 이것은 전 정권의 후반기의 정책실패를 반영하는 것이기 때문에 전적으로 참여정부의 정책 잘못으로 돌릴 수는 없다.

(2) 반면, 참여정부는 참여정부대로 확신하고 현실에 맞는 정책방

향을 정립하고 추진하지 못하였다. 이를테면, 소득 2만 달러, 동북아시아 중심국가(금융 허브, 물류허브 포함), 10대 성장동력 산업의 선정 등은 모두 설득력이 적은 목표이며, 따라서 성공하기 어렵다. 최근 들어, 향후 5년간에 일자리 200만 개를 창출하겠다는 목표를 내걸었다. 이 정책의 실천계획을 보면, 많은 고심의 흔적은 있으나, 설득력은 여전히 적다. 좀 더 근본적인 발상의 전환을 담은 정책이 제시되어야 할 것이다.

참여정부의 경제정책은 親勞組의 기조를 가진 것으로 보였다. 뜻은 알겠으나, 한국의 경제 현실로 보아서 좋은 방향이라고 할 수는 없다. (2004. 3. 5.)

뇌내혁명과 21세기 건강사회*

링컨은 사람은 40세 이상이 되면 자기 얼굴에 대해서 책임을 져야 된다는 말을 한 적이 있다. 인간은 곧 스스로의 모양과 운명을 만들어내는 존재라는 뜻이 담겨 있는 말이다. 우리가 희구하는 행복도 남이 가져다주는 것이 아니라 자기가 만들어 내는 것이라고 본인은 평소 생각해 왔는데, 오늘 하루야마 선생이 얘기한 것도 본인의 생각과 비슷한 면이 있다고 생각한다.

건강과 행복은 어디서 나오는가? 나는 밸런스, 즉 몸과 마음에 있어서의 균형에서 나온다고 생각한다. 사람의 행복, 건강은 음식의 균형 있는 섭취, 그리고 감정의 균형을 잘 유지하는 데서 나온다고 보는 것이다. 국가, 사회의 건강도 밸런스가 맞는 데서 나온다. 예를 들어, 대기업과 중소기업의 균형, 도농간의 균형, 빈부의 균형, 수출과 내수의 균형, 제조업과 서비스산업의 균형 등에서 나온다고 볼 수 있다.

동양사상에 七情이라는 개념이 있다. 인간의 감정을 일곱 가지로 요약하면, 喜·怒·哀·樂·愛·惡·欲이다. 기쁨, 화, 슬픔, 즐거움, 사랑, 증오, 욕망 이것은 다 우리의 감정 속에 있다. 어느 것이 좋고 나쁜 것이 없다. 모두 하느님이 우리에게 준 능력이다. 절대 나

---

* 2003년 3월 13일 제1291회 인간개발경영자 연구회에서 하루야마 시게오(뇌내혁명 저자/ 일본 전원도시후생병원장)의 발표에 대한 논평을 녹취한 글임.

뿐 것은 하나도 없다. 반면에 절대 좋은 것도 없다. 좋고 나쁜 것은 그 밸런스가 제대로 잡히느냐 안 잡히느냐의 문제다. 화를 내는 것은 나쁜 것이라고 생각하지만 때로는 화도 내야 건강하다. 적당한 즐거움이 적당한 성냄과 조화될 때 건강과 행복이 있다고 나는 생각한다.

나는 행복 자체에도 밸런스가 있다고 생각한다. 절대적인 至福 (Bliss)은 인간에게 없다고 본다. 인간은 행복할 때도 적당히 행복해야 한다. 불행은 티끌만큼도 없는 인생은 있을 수도 없고, 있다고 하더라도 좋은 인생이 아니다. 좀 불행하지만 대체적으로 보면 살만하다는 인생이 훌륭한 인생이라고 생각한다. 가장 술맛이 좋을 때는 약간 취했을 때다. 약간 행복할 때가 진짜 행복이라고 본다. 좋은 꽃은 반쯤 피었을 때가 가장 좋다. 滿開했을 때의 꽃은 제일 좋은 꽃의 상태가 아니다. 행복도 불행을 새기는 데에 진짜 행복이 있다. 괴로운 것 안에 결국은 낙이 있다. 苦中有樂이라는 말이 있다. 가장 좋은 즐거움은 그 속에 약간의 고통이 있는 때이다.

늙어가는 것은 불행이 아니다. 하느님이 인생을 만들 때 늙으면 불행해지게 만들었을 리가 없다. 노년의 행복은 젊었을 때의 행복과 질이 다를 뿐이다. 노년의 즐거움이라는 것은 하루야마 선생의 말에 함축되어 있듯이 자꾸만 불필요한 것을 줄여가는 데 있다. 노년이 돼서 자꾸만 재물을 축적하는 것은 부질없는 일이다. Accumulation과 Decumulation의 밸런스가 연령에 따라 달라지는 것이다. 몸과 마음의 상태를 연령과 맞춰서 균형을 이룩함으로써 행복을 찾아가는 것이 아니겠는가 생각한다.

◁ 시시각각으로 달라지는 사람의 운명 ▷

위에서 말한 바와 같이, 사람은 한편으로는 시시각각으로 죽어가며, 한편으로는 시시각각으로 새롭게 태어난다. 인간의 운명은 시시각각으로 변한다. 이것이 동양철학의 기본명제 중의 하나이다. 그러나 인간은 스스로의 운명을 스스로의 노력에 의해 좋게 변화시킬 수도 있고 나쁘게 변화시킬 수도 있다. 이것도 동양의 전통사상이다.

◁ 인생의 행복은 새로워지는 데 있다 ▷

늙어가는 과정은 무수하게 많은 세포가 죽어 가고 간혹 새로운 세포가 생기는가 하면, 영영 안 생기는 경우도 많다. 이 과정에서 사람의 소원도 시시각각으로 변화한다. 인생은 하나의 긴 적응의 과정이다. 좋은 방향으로 적응하고 변화하는 데에 행복이 있다.

결국, 인생의 행복은 좋은 사람이 되는 데에 있다고 볼 수 있다. 좋은 사람이란 어떤 사람인가. 자기와 세상에 대한 이해가 많고, 가족과 친구, 그리고 세상의 사람을 편하게 해줄 수 있는 사람이 아닐까.

21세기 한국기업의 영혼을 살리는 경영*

　밀도 있는 훌륭한 강의에 대해 감사하게 생각한다. 여러분도 많이 느꼈을 것이라 생각하고 나 자신도 많이 느끼고 배웠다. 안철수 박사는 나이가 나의 반밖에 되지 않지만 내가 기업에 대해 알고 있는 것은 이미 다 알고 있다. 또한 시대의 특성도 아주 잘 알고 있다. 오늘 강의는 7가지 정도로 요약할 수 있다.

　첫째, 안 박사는 시대의 흐름을 잘 알고 있다. 패러다임의 변화를 알고 옛날 방식으로는 잘 안 된다는 것을 알고 있다. 이 시대의 큰 흐름을 알고 있고, 거기에 못지않게 자신을 잘 알고 있다. 이것이 孫子의 知彼知己라는 말과 같은 것이고, 이것이 오늘의 안 박사를 만들었다는 생각을 했다.

　둘째, 안박사는 인간 세상의 본질을 알고 있는 것 같다. 인간 세상에 영원한 것은 없다. 지금 잘하고 있는 것 같아도 좀 상황이 달라지면 또 달라진다는 것을 항상 느끼고 있다. 옛날도 그렇고 지금도 그렇다. 영원한 것이 없는 것이 인간 세상의 본질이다. 이것이 동양사상(중국사상, 인도사상)의 기본관이다.

---

* 2003년 3월 20일 제1292회 인간개발경영자 연구회에서 안철수 박사(안철수 연구소 대표)의 발표에 대한 논평을 녹취한 글임.

셋째, 비즈니스의 본질, 조직의 본질을 알고 있다. 이것은 어려운 얘기라고 생각한다. 작은 조직의 여러 가지 행동과 큰 조직의 사람들의 행동이 다르다고 했다. 그것이 조직의 본질이다. 작은 나라의 사람들과 큰 나라의 사람들의 생각이 다른 것과 같다.

넷째, 안박사는 전략개념을 가지고 있다. 작은 회사로 큰 회사를 대항할 수 없다. 작은 군대로 대군을 물리칠 수 없는 것과 같다. 작은 것을 가지고 큰 것을 이기기 위해서는 어떤 세그멘테이션, 즉 어떤 작은 것을 골라서 집중적으로 전력투구해야 한다는 것인데, 어떻게 보면 이것이 기업경영의 전략이다.

다섯째, 기업의 의미를 알고 있다. 기업의 의미는 많은 사람들이 같이 모여서 뭔가 만들어내는 데 있다. 아주 중요한 이야기다. 곁들여 영혼이라고 표현했는데, 간디의 말을 빌린다면 윤리라고 해도 될 것이다. 간디는 철학 없는 정치, 윤리 없는 비즈니스, 희생 없는 종교 등이 문제라고 했다. 역시 기업의 목적이 단순히 돈을 버는 데에만 있는 것이 아니고 사람으로서의 가치를 실현하는 것도 중요하다는 의미가 아닌가 한다.

여섯째, 성공의 요체를 알고 있다. 알프레드 마샬의 표현을 빌린다면 냉철한 두뇌, 뜨거운 가슴으로 세상을 대해야 한다는 것이다. 월남전 당시 포로수용소에서 살아남은 사람들은 한편으로는 희망과 믿음이 있었지만, 다른 한편으로는 냉철하게 현실적으로 생각해서 살아남았다. 기업경영에 있어서 하나의 비결이다.

일곱째, 목적과 결과는 혼동해서는 안 된다는 것을 알고 있다. 결국은 돈을 버는 것이 목적이 아니다. 돈은 결과이지 목적이 아니다. 아주 좋은 말이다. 오늘날 미국의 대기업이 자꾸 실패하는 것은 이것을 모르기 때문이다. 돈벌이가 기업의 목적이라 생각하고 주가만 올려서 미국 자본주의체제 자체를 몰락시키는 결과를 가져왔다. 이런 내용을 함축한 말씀이었다.

사족으로 한두 마디만 하겠다. 「少年登科 一不幸」이란 옛말이 있다. 어린 나이로 높은 과거에 오르는 것이 하나의 불행이라는 말이다. 다른 말로 한다면, 남다른 재주를 타고 난 사람은 사실 잘못하면 오만해지기 쉽고 실패하기도 쉽기 때문에, 소년에 등과하는 것이 겉으로는 좋은 것 같지만 불행한 사람이 되기 쉽다는 말이다. 어떻게 보면 굉장히 부담이 많은 사람이기 때문에 재주가 많을수록 결국 그 재주를 누르고 겸손하고 더욱 성장할 수 있어야 한다.

강의를 들으면서 케인즈와 하이에크를 비교해 봤다. 케인즈는 1930년대부터 경제학계에서 아주 큰 성공을 했고, 그의 명성은 마치 태양과 같았다. 이에 비해, 그 당시 하이에크는 태양에 눌린 달과 같이 어두운 기간을 보냈다. 그러나 그것이 그에게는 도움이 됐다. 그는 케인즈가 날리는 동안 실로 많은 공부를 했다. 케인즈의 사후, 하이예크의 시대가 와서, 그는 경제학계에 엄청난 공헌을 했다. 궁극적으로 좋은 인생의 행복을 누린 사람은 케인즈보다 하이에크였다는 생각이 든다. 인생은 길기 때문에 길게 보아야 한다.

맹자는 사람의 병통은 다른 사람의 스승이 되기를 좋아하는 데에 있다는 말을 했다. 내가 이 말을 상기하는 것은, 그 병통의 환자가 내 자신이기 때문이다. 잘 알지도 못하면서 남을 가르치려는 자세를 취한다. 좋지 않은 버릇이다. 안 박사와 같은 사람은 많은 사람을 가르치게 되겠지만, 아는 것을 다 한꺼번에 내놓지 말고 60~80%만 내놓고 나머지는 간직하고 있다가 조금씩 아껴 쓰기 바란다. 어떤 사람이건 남을 가르치는 능력에는 한계가 있기 때문이다.

한반도의 내외정세와 새정부의 외교전략*

홍순영 장관은 넓은 식견과 경험, 그리고 거기에다가 항상 솔직하게 자기의 의견을 말하는 좋은 분이다.

홍 장관은 미국이 막강한 힘을 가지고 있고 세계 문명의 대표자라고 자부하고 있다고 했다. 그러나 이 말이 미국이 하는 일이 모두 옳다는 것을 함축한다면 그렇지 않다고 말하고 싶다. 이라크 전쟁에 관해서 팍스 아메리카나를 유지하는 차원에서 볼 때, 미국이 하는 일은 잘못되고 있다. 이것을 무조건 이라크전을 반대한다는 것으로 해석해서는 안 된다. 왜냐하면 미국이 막강한 힘을 가지고 있다면 전쟁을 하지 않고도 사담 후세인을 이겨야 한다. 그래야 팍스 아메리카나가 가능해진다. 이것은 손자병법의 첫마디에 나오는 말이다. "강자는 싸우지 않고 이기는 것이 전쟁을 잘 하는 것이다. 백전백승이 아니라 싸우지 않고 이기는 것이 제일이다." 특히 미국과 같은 막강한 힘을 가지고 있는 나라가 작은 이라크와 전쟁하는 것은 전술가들이 얘기하는 차원을 떠나서, 세계 질서를 유지해야 할 책임이 있는 미국으로서 해야 할 일이 아니다.

미국의 문제는 두 가지다. 하나는 대량살상을 바그다드에서 하지

---

* 2003년 3월 27일 제1293회 인간개발경영자 연구회에서 홍순영 전 외무부장관의 발표에 대한 논평을 녹취한 글임.

않고 전쟁을 끝낼 수 있는가 하는 점이다. 둘째는 이라크에서 대량살상 무기를 제조하는 증거를 이번 전쟁을 통해 확보할 수 있는가 하는 문제이다. 이것을 못한다면 전쟁에서 10번을 이겨도, 사담 후세인이 죽어도, 미국은 큰 손상을 입는다. 여러 가지 이유에서 미국도 힘만 가지고 세계를 제패하려고 할 것이 아니라 넓은 안목에서 강국다운 전략적 사고를 가지지 않으면 안 된다고 본다.

홍 장관은 중국의 장래에 대해 낙관한다고 했다. 나도 그렇다. 한 걸음 더 앞서서 미국과 중국과의 관계에 대해서도 낙관한다. 파트너십으로 나갈 수밖에 없다. 이것은 양국의 숙명이다. 홍 장관도 조심스러운 낙관론을 말했다. 미국과 중국은 지금은 적대관계에 있는 것 같고 중국에 대해 미국은 많은 오해를 하고 있다. 이 오해는 끝내는 풀릴 것이다. 중국은 그러한 방향으로 외교정책을 끌고 나가고, 이 입장이 미국에 의해 수용될 것으로 본다.

近隣국가와의 관계에 있어서 국경조약을 비롯해 중국은 우호관계 유지에 총력을 기울이고 있다고 홍장관은 보았다. 아주 옳은 말이다. 주변의 어떤 나라와도 마찰과 충돌을 피하려고 하고 있다. 평화를 통해야만 중국은 발전할 수 있다는 것을 중국 지도자들은 알고 있다. 중국은 일당독재를 하는 나라지만 이것은 빠른 장래에 해결될 것이라고 본다. 복수정당이 나올 가능성이 적어도 70%정도 있다고 본다. 그렇다고 미국처럼 직접선거를 통해 중국대통령을 뽑는 일은 없을 것이다. 중국의 리더십뿐만 아니라 지성인, 국민 전체가 그렇게 느끼고 있다.

지금 한국의 외교는 몇 가지 문제점을 안고 있다. 첫째, 일관성의 결여가 가지고 오는 위기다. 그렇기 때문에 한국에 대해서 북한, 미국, 중국은 믿을 수 없다고 생각할 것이다. 둘째, 햇볕정책의 문제점이다. 햇볕정책의 방향은 이해할 만하다. 평화 추구는 항상 옳은 방향이라고 본다. 다만 문제는 한국이 내비치는 햇볕은 북한이 볼 때는 진짜 햇볕이 아니라고 북한은 알고 있는 것이다. 북한은 햇볕정책의 의미를 남한이 돈을 주면 받는 것으로 해석할 뿐인 것 같다. 그 밖의 남한의 정책을 북한은 대단한 것으로 보지 않는다. 거기에 문제가 있다. 북한이 대단하다고 믿는 것은 미국이다. 미국이 미국의 햇볕을 비쳐주면 대단하다고 느낄 것이다. 한국의 햇볕은 진짜 햇볕이 아니라고 믿고 있는 데에 햇볕정책의 문제점이 있다.

◁ 미국의 세계전략 ▷

홍장관이 강연을 했을 때 내가 지적한 사항들이 현실로 나타나서, 부시와 미국 국민을 괴롭히고 있다. 미국은 큰 전쟁을 하지 않고 이라크를 제압했다. 미국이 보여준 전력은 참으로 대단했다. 사담 후세인도 생포했다. 그러나 전쟁은 실질적으로 아직 계속되고 있다. 미국은 이라크가 대량살상무기를 개발하고 있었다는 증거는 끝내 발견하지 못했다. 이것은 처음부터 불가능한 일이었다. 왜냐하면, 한스 부릭스의 사찰단이 온갖 수단을 동원해서 찾아도 없었던 것이다. 이라크가 대량 살상무기를 개발하고 있다는 정보는 전쟁을 하기 위한 정보의 날조라는 것이 설득력을 얻고 있다.

미국은 대량살상무기의 발견이 불가능해지자 전쟁의 목표를 바꾸어, 민주주의를 이라크에 도입하는 것이 목적이라고 했다. 그러나 이것도 신빙성은 없다. 이라크의 민주화에는 미국은 처음부터 관심이 없었다. 사실 미국은 이라크의 미국식 민주화가 가능하리라고 믿고 있지도 않았다. 그렇다면 미국의 전쟁 목적은 무엇이었던가. 부분적으로는 석유자원의 확보에 있었고, 부분적으로는 걸프전쟁에도 살아남은 후세인에 대한 "보복"에 있었다. 미국은(영국도 그렇지만) 앞으로의 세계는 심각한 자원의 부족에 직면하리라고 보고, 이것을 확보하기 위해 무력이 동원되어야 한다고 보고 있다.

미국의 부시 행정부가 추진하고 있는 세계전략은 〈네오콘〉, 즉, 신보수주의의 정책이라 할 수 있다. 그러나 이것은 〈보수주의〉와는 아무런 공통성이 없다. 그 정책은 하나의 제국주의적인 것으로서 다음과 같은 개념을 내포한다. 첫째, 미국은 미국의 이념을 세계에 전파한다. 둘째, 그렇게 하기 위하여 미국은 막강한 군사력을 유지하여 미국 목적의 추진에 반대하는 나라는 무력으로 제압한다. 셋째, 무력을 사용하는데 있어서 필요하다면 상대방에 대해 선제공격을 할 수 있다. 넷째, 미국은 이 세계전략을 추진하는데 있어 UN과 같은 국제기관의 결의나 의사 없이 단독으로 일방적으로 일을 추진한다. 다섯째, 미국의 정책에 찬성하는 나라는 우방이지만, 그렇지 않은 나라는 어떤 나라나 적성국이다. 참으로 한심한 패권주의다.

이상과 같은 미국의 대외정책의 기조는 세계의 거의 모든 나라에 대해 큰 부담을 주고 있다. 미국을 따라가도 큰 혜택이 없고, 반면에 미국을 반대하면 어떤 불이익을 당할지 모르기 때문에, 진퇴유곡의 어려움을 겪는다.

앞으로, 이 네오콘의 전략은 계속될 것인가. 부시의 재선 여하에 달려 있다. 그러나 어쨌든 미국이 이 전략을 계속 추구한다면 미국과 세계는 점점 더 어려운 처지에 놓일 것이다.

벤처기업의 성공조건과 한국디지털 방송의 미래*

안철수 사장이 와서 강연을 한 적이 있다. 그때 저 자신도 감명을 많이 받았는데 오늘 변대규 사장의 강연도 재미있고 여러 가지 감명이 있었다. 좋은 강연을 해주신 데 대해 진심으로 감사를 드린다. 변대규 사장이 하신 말씀은 이전에 안철수 사장의 말도 그렇지만 아주 크게 보면 기업, 전략, 세계의 움직임에 관련된 하나의 인생의 이야기였다. 많은 문제를 헤쳐 나가면서 오늘의 큰 성공을 거둔 인생의 이야기였다. 그래서 아주 생동감이 있었다.

첫째, 이 분은 어떤 품목을 택하고 어떤 업종과 제품을 택하느냐 하는 것을 미리 잘 파악했다고 생각한다. 하나의 전략을 가지고 접근했다고 볼 수 있다. 옛날의 손자병법이 생각난다. 변 사장의 말씀을 들어보면 손자병법을 읽는 것과 비슷한 느낌을 갖는다. 손자는 이렇게 말했다. "내가 무기를 선택하고 지형을 선택하고 이길 수 있는 게임을 해야 이긴다. 이겼을 때에는 당연히 이기는 것이기 때문에 명장이 큰 전승을 할 때에는 큰 용맹이 별로 필요가 없다." 이것은 기업에 적용하면, 변 사장의 전략과 비슷해질 것이다.

우리에게는 험한 길 밖에 남아 있지 않다고 하셨다. 처음에는 우리

---

* 2003년 4월 10일 제1295회 인간개발경영자 연구회에서 변대규(휴맥스) 사장의 발표에 대한 논평을 녹취한 글임.

가 양산을 할 수 있는 능력이 있기 때문에 양산할 수 있는 업종을 택했지만 이제는 양산의 시대는 지나가고, 기업의 역점은 자기 브랜드를 가지는 쪽으로 이행하고 있다고 했다. 변사장은 또 항상 벼랑에 선 기분으로 기업을 경영해 왔다고 했다. 좋고 쉬운 일을 미국이나 유럽이 우리에게 남겨줄 이유가 없다고 했다. 사실이 그런 것 같다.

어떻게 보면 미국 사람들도 똑같이 벼랑에 선 기분으로 기업을 할 것이다. 쉬운 것 같아도 사실 그들의 입장도 같다고 본다. 기업은 어디까지나 배수진 치는 기분으로 하는 것이 아닐까. 옛날 중국의 명장이었던 韓信이 "망하는 땅에 빠져야 비로소 살아날 수 있다"고 하면서 背水陣을 침으로써 대승을 거둔 적이 있었는데, 기업경영도 그렇다. 이순신 장군은 「必死則生 必生則死」, 즉 '죽기를 각오하면 살고, 살고자 하면 죽는다' 고 했는데 결국 전략의 개념은 기업이나 전쟁에 있어서나 마찬가지라는 느낌을 가졌다.

지식산업에 대해서 변사장은 지식이 들어있는 기업이나 개인과 관계를 맺으면 관계가 깊어진다고 말했다. 중요한 부분이다. 왜냐하면 그런 개인이나 기업은 축적된 것이 많기 때문에 비록 새로운 것이 겉에 나타나지 않는다 하더라도 자꾸 샘물에서 물이 나오듯이 영감을 얻고 지식을 얻고 기운이 생기는 것이기 때문이다.

사람의 중요성을 말씀했다. 특히 리더가 중요하다. 회사에서는 혁신을 하는 사람이 중요하지 노동자가 꼭 중요한 것은 아니라고 했다. 이를테면 우리나라에 4천 5백만 인구가 있다. 물론 다 중요하다. 하지만 나라가 움직여지기 위해서는 아마도 0.01%의 사람들, 4,500명 정도의 각계의 리더가 잘해야만 4,500만 명이 잘 살 수 있다는 점에서 리더가 중요하다. 지식회사에서의 경영방식은 팀워크인데, 팀은 옛날의 대량생산하는 시대의 팀의 개념과는 다르다. 이제는 각 개인이 중요하며, 각자가 독자적으로 생각하고 독자적으로 권한을 행사할 수 있는 능력이 있어야 하기 때문에 그런 개인을 길러내는 것이 중요하다는 말이었다. 대단히 중요한 말이다.

긴장이 있어야 회사가 성장한다고 했다. 항상 벼랑에서 떨어질 수 있고 내일 실패할 수 있다는 절박감이 있어야 위기를 극복하고 한 단계 올라설 수 있다고 했다. 생존을 위한 절박감이 필요하다고 했다. 덧붙여, 항상 혁신할 수 있는 기업이냐 아니냐가 성공의 관건이라는 의미의 말을 했다. 기업이 커지면 관료화되어 리더의 몫이 적어지고 뒤따르는 사람(follower)의 몫이 커지게 된다. 그렇게 되면 기업은 점점 더 쇠퇴해진다. 지난 30년 동안 한국에는 대기업이 나오지 못했다. 이것이 바로 우리나라의 현재의 고민이라고 했다. 여러 가지 시사가 많은 중요한 점이라고 생각한다.

◁ 성장방식의 변화 ▷

한국경제는 냉전시대, 개발연대 때에는 비교적 순조로운 발전을 했으나 글로벌의 시대가 온 이후로는 많은 어려움에 봉착하고 있다. 한마디로 말한다면, 냉전시대에는 성장동력이 있었고 그것이 잘 가동 됐다. 그러나 글로벌화의 시대가 됨에 따라 전의 성장동력이 무디어지면서 새로운 성장동력이 쉽게 발견되지 못하고 있는 것이다.

개발연대에 있어서는 정부정책과 기업은 대부분 일본의 방법을 벤치마킹했다. 일본식으로 일사불란한 명령체제 하에서 대량생산을 위한 조직과 운영체제를 가지고 정부와 기업이 운영되었다. 냉전시대 때에 있어서는 그 방식이 한국인의 체질에 잘 적합하였다. 그러나 이미 80년대에 접어든 후로는 그 방식은 비효율적으로 되어 한국의 국제경쟁력은 점차 떨어지기 시작했다. 그것이 IMF를 몰고 온 요인이 됐다. IMF가 온 후 여러 가지 개혁 (또는 구조조정)을 했으나, 새로운 성장동력은 나오지 않았다. 정부는 최근 이른바 '10대 성장동력 산업'이라는 것을 발표하였다. 그러나 내가 보기에는 이것이 성공하기는 쉽지 않다. 왜냐하면, 정부가 나서서 어떤 산업은 성장동력 산업이고 다른 것은 아니라고 하는 것은 개발연대의 방식이지 글로벌시대에 맞는 방식은 아니기 때문이다.

현재 한국경제가 가지는 큰 문제는 경제에 Innovator가 적다는 사실이다. 공공부문에 있어서나 민간부문에 있어서나 이노베이션이 적기 때문에 투자가 적고, 따라서 소득의 증가가 적고, 이것이 나아가서는 내수 부진의 요인이 되며, 실업의 감소가 없는 것이다.

사실 크게 보면 한국의 문제는 나라의 모든 Institution이 고장 나 있어 機能不全의 상태에 빠져 있다는 데 있다. 교육도 붕괴 상태이고 사회의 가치관도 무너져 내리고 있다. 정치에도 비전이 없고, 어떤 민주적 "룰(Rule)"에 대한 개념이 없다. 이런 마당에 이노베이터가 나오기를 기대하기는 어려운 것이다.

국민통합과 국가이념*

남덕우 총리는 우선 국가이념을 강조하였다. 자유민주주의, 시장경제가 우리의 국가이념의 중심축이라고 하였다. 그리고 거기에서 불가피하게 나오는 빈부의 격차는 승자와 패자가 있게 마련이기 때문이고, 약자와 강자가 나타나기 때문에 불가피하다고 하였다. 그러나 결과의 평등보다 기회의 평등이 중요하다고 했다.

정치문제에 관해서는 이념과 체제가 다른 나라가 억지로 통일을 하는 것은 안 된다고 하였다. 우리는 통일을 지향하되 자유민주주의 원칙에 따라 그것을 확실하게 내세워야 된다고 하였다. 중국은 공산주의국가임에도 불구하고 자유민주주의로 가고 있다. 북한은 세습독재체제이지만 그래도 시장경제체제로 조금이라도 걸어가는 모양을 보이고 있다. 그래서 어느 정도 기대하고 있다고 하였다.

대북정책에 대해서는 4대 기본방향이 있다. 북한의 민주화 없이는 통일은 불가능하다. 정권과 동포의 분리, 인권존중, 한미 간의 공존을 굳건히 해야 한다고 하였다. 정체성을 많이 강조하고 정치지도자들이 국가 관념이 투철하지 못한 경향이 있다고 했다. 국제적으로는 전쟁 때 보여준 미국 국민의 태도를 강조하고, 주적 개념을 고쳐야

---

* 2003년 4월 24일 제1297회 인간개발경영자 연구회에서 남덕우(산학협동재단 이사장) 총리의 발표에 대한 논평을 녹취한 글임.

한다고 하였다. 어디까지나 우리의 국시를 앞세워야지 북한 자체를 주적으로 하는 것은 옳지 않다고 했다.

이상 남총리의 말씀은 다 일리가 있다. 오늘 아침 내가 여기 올 때 타고 온 택시의 기사가 나를 보고 지금은 정치를 하지 않으니 신경쓸 데가 없어서 그런지 몰라도 얼굴이 보기 좋다고 하였다. 나는 겉으로는 보기 좋은 것 같지만 사적으로 고민이 많다고 대답했다. 고민은 바로 이것이다. 우리나라의 비전이 무엇이며, 정체성이 무엇인가 하는 것이다. 우리나라의 정체성은 무엇이냐의 문제가 확실하지 않다. 많은 혼란, 갈등, 분열은 사실 우리의 정체성이 모호하기 때문에 일어난다고 볼 수 있다.

우리는 자유민주를 하고 있다고 말하지만, 과연 그런가. 며칠 전에 교육자의 모임에서 나는 우리나라에서는 자유민주주의는 "아직도 멀었다"고 했다. 왜냐하면 자유는 시민의식이 없이는 안 된다. 의무 없이 자유가 없다. 아직도 시민의식, 의무가 부족하기 때문에 자유민주주의는 제대로 되지 않을 것으로 느낀다.

빈부의 격차에 관해서는 현실적으로 불가피하다. 이것은 인정해야 한다. 그러나 이것이 괜찮다고 하는 이론이 있다. 아담 스미스는 36세에 『도덕감정론』을 썼다. 거기에는 "조물주가 사람을 속인다. 어떤 능력 있는 사람을 속여서 그 사람이 모든 능력을 다 해서 사업을 일으키게 해놓고, 그 사람의 일생을 바치게 한다. 그런데 그 사람이 모든 고생을 무릅쓰고 사업을 다 잘 만들어 놓으면 혜택은 일반 사람들이 본다"는 것이다. 즉, 위대한 기업가는 조물주에 속아서 기업을 잘하지만, 그 사람이 죽을 때, 그 사람이 만들어 놓은 것을 가지고 가는 것은 거의 없기 때문에, 결국 덕을 보는 것은 일반 사람들이라는 것이다. 이것을 Nature's Deception이라고 한다. 등소평은 "부자가 먼저 있어야 빈자가 부자가 된다"고 했다. 부자가 되는 사람을 도와주어야 나중에 가난한 사람도 같이 부자가 된다는 것이다. 이처럼 빈부의 격차는 어떤 정도는 불가피한 동시에 필요하기도 하다. 다만 승자는 한 사람인데 패자가 10만 명이면 문제가 된다. 승자 한 사람이 모든 것을 가지고 나머지 사람에게 돌아가는 것이 너무 적다면, 좋은 사회라고는 볼 수 없다. 여기에 자본주의의 문제가 있다.

이념의 합치 없이는 통일은 현실적으로 불가능하다. 북한은 근본적으로는 변할 수 없다고 생각한다. 북한은 정치집단이라기보다 일종의 종교집단이다. 교주가 건재 하는 이상, 어떤 일을 해도 교리의 기본은 달라지지 않는다. 어떤 모임에서 나는 이런 말을 했다. "통일, 통일 너무 하지 말고 우리가 20년 기다리는 자세를 가져야 한다"고 했다. "북한은 변하지 않는다. 김정일 위원장의 나이가 지금 60세 정도이니 20년 후가 되면 80세가 될 터이니 그 때가 되면 북한도 달라지지 않을 수 없을 것이다. 그 때까지 기다리는 자세를 가지고 우리는 여러 가지를 확고히 해야 한다"는 뜻이었다.

햇볕정책은 현재와 같은 상태로는 성공하기 어렵다. 북한은 남한의 햇볕은 햇볕이 아니라고 생각하기 때문이다. 미국이 햇볕을 보여주면 햇볕이 될 수 있지만 우리의 햇볕은 햇볕이 아니라, 달빛에 불과하다고 보기 때문이다. 그러나 햇볕정책을 포기하고 북한과 대결하는 자세를 취하라는 말은 아니다. 햇볕정책으로 북한을 변화시키기를 기대하지는 말라는 말이다.

최근에 월간조선에서 우리나라의 정당의 지도자는 나라와 국민을 위한 절실한 느낌이 없다고 말하고 있다. 우리의 문제의 근본적인 어려움은 이 점에 있다. 이념과 주의도 좋지만, 무엇보다 성실성이 부족하다고 본다. 정치나 외교나 성실하게 해야지 말로만 해서는 아무리 좋은 말을 나열해도 소용이 없다.

남총리는 우리의 젊은이가 이해할 수 없는 일을 많이 한다고 했다. 최근 일본신문에서 본 바에 의하면, 일본의 5천명의 젊은이에게 설문을 한 결과는 다음과 같았다고 한다. 외침이 있는 경우 무엇을 하겠느냐고 물었더니 44%가 도망가겠다고 했다. 10% 이상은 항복하겠다고 했다. 나라를 위해서 싸우겠다는 것은 10%선에 그쳤다고 한다. 이것이 얼마나 진실인지 알 수 없으나, 우리 젊은이들은 그보다는 낫다고 본다.

앞으로 미국을 주축으로 하는 세계평화는 설사 평화를 유지한다고 하더라도 혼란은 막을 수 없으리라고 본다. 아무리 미국이라고 하더라도 어디까지나 일방적으로 국제관계를 처리해서는 안 된다고 본다. 무력만을 가지고 세계를 통합하기는 어렵다고 생각한다.

미국의 군사문화와 리더십*

　많은 분들이 이미 말씀하셨지만 먼저 김영옥 선생께서 지금까지 펼쳐 오신 경력에 대해 경의를 표한다. 김선생이 좋은 경력을 쌓은 것은 단순히 미국이 좋은 나라이기 때문이라고 생각하지는 않는다. 남을 포용할 능력이 있는 나라는 미국만이 아니다. 특히 미국을 잘 안다고 생각하고 오랫동안 그 나라에 산 경험이 있는 사람으로서, 나는 김영옥 여사가 이런 정도의 인정을 받고 경력을 쌓았다는 것은 매우 어렵다는 것을 잘 알고 있다. 경의를 표하고 축하의 말씀을 드린다. 사람들은 김여사가 장군이 되라고 말하고 있으나, 나의 생각은 다르다. 지금의 위치로서도 충분하다고 생각한다. 장군이 꼭 되어야 한다고 솔직히 생각하지 않는다. 물론 그것은 각자의 마음에 달렸다.

　김영옥 선생은 리더십에 관해 다섯 가지로 요약하였다. 첫째, 종교에의 믿음, 즉 信道다. 김선생은 독실한 기독교 신자로서 하나님을 모시는 것이 자기의 목표라고 하였다. 道는 어떻게 보면 기독교에서 말하는 하나님에 국한할 필요는 없지만, 어떤 道던지 자기의 믿음이란 중요하다. 이것이 리더십을 지탱하는 요소라는 것은 틀림없는 것 같다.

---

* 2003년 5월 2일 제1298회 인간개발경영자 연구회에서 김영옥(용산 미8군병원 정신과) 과장의 발표에 대한 논평을 녹취한 글임.

둘째, 자기 자신을 아는 일이다. 가치관이 무엇인지 강조했다. 1,300년 전 韓退之는 "훌륭한 리더는 道를 믿는 것에 독실하고 스스로 아는 것이 밝은 사람"이라고 말했다.

셋째, 다른 사람을 아는 일이다. 남을 평가할 줄 아는 것이다. 사람을 잘 아는 것이 리더의 능력이라고 생각한다. 論語에도 "남이 나를 몰라주는 것을 걱정하지 말고 내가 남을 알아보지 못하는 것을 걱정해야 한다(不患人之不己知, 患不知人也)"고 했다. '知人'이 중요하다.

넷째, 知事다. 일을 아는 것이다. 우리 조직의 목적이 무엇이고 그 조직이 요구하는 비전, 전략이 무엇인지 판단력이 있어야 한다. 조직의 목표를 알고 방향을 제시하는 것이다.

끝으로 남을 도와주는 것이다. 남을 사랑하고 소위 널리 사랑하는 것을 말한다. 이런 것이 리더십이라고 말하고 이것을 군대에 적용해서 설명하였다.

감명을 받은 몇 가지 표현에 대해 말하고자 한다. 김영옥 선생은 리더십은 타고난 것이 아니라 훈련되는 것이라고 했다. 정말 멋진 말이다. 우리 모두가 몇 번이고 반복해서 음미해도 좋을 훌륭한 말씀이다. 자기 자신을 이기고 자신의 성격을 높이고 자기를 넓히는 것에서 리더십이 나온다.

미국에서는 군인이 퇴역하고 나서 다른 일자리를 얻는데 꽤 인기가 있다고 하였다. 그것은 여러 가지 리더십과 재능을 개발할 기회가 많기 때문이라고 했다. 사실 우리나라도 그렇다. 서울시장을 할 때 느낀 것은 육사를 나온 사람들이 서울시의 공무원으로 더러 있었는데, 그 사람들이 다른 사람들보다 일을 더 잘하는 것을 보았다.

준비를 많이 해서 이 자리에 나오셔서 좋은 말씀을 해주신 김영옥 선생께 감사를 드린다.

이라크 전쟁 이후 동북아중심의 경제성장 전망[*]

안충영 박사는 학문적, 인격적으로 우리나라의 대외정책 수행에 많은 공헌을 한 인물이다. 그동안의 연구와 저서에 대해 경의를 표한다. 특히 오늘 강연은 프리젠테이션이 매우 좋았다. 명확하고 의문의 여지가 없었다. 보완하는 뜻에서 몇 가지 말씀드린다.

북핵문제에 대해 많은 언급이 있었다. 안 박사의 시각과 정책방향에 대해 같은 의견을 가진다. 미국은 아직도 북한에 대해 확실한 태도 결정을 못한 처지에 있다. 물론 북한이 핵을 보유해서는 안 된다는 생각은 분명하겠지만, 아직도 어떤 구체적인 행동을 취할 것인지에 대해서는 행정부 내에서도 의견이 정비되지 못하고 있는 상태다. 우리는 어떻게 되든지 간에 한미공조를 항상 중요시해야 할 "현실적인" 이유가 있다. 동시에 우리는 중국의 역할을 굉장히 중요시해야 한다. 중국이 부상하니까 눈치를 보자는 것이 아니다. 좀 더 이론적으로 말하면, 미국은 글로벌 플레이어다. 세계전략 속에서 북한을 다룰 것이다. 그러나 미국의 세계전략 수행은 우리에게 많은 고통을 줄 수 있다. 거기에 비해 중국은 아직 글로벌 플레이어가 아니라 지역 플레이어다. 중국의 이해와 우리의 이해가 상당히 같다. 중국이 갖는 대북한 이해관계와 우리의 이해관계가 같은 면이 있기 때문에 중국의

---

[*] 2003년 5월 9일 제1299회 인간개발경영자 연구회에서 안충영(대외경제정책연구원 원장) 박사의 발표에 대한 논평을 녹취한 글임.

역할을 중요시해야 한다고 본다.

안박사는 중국의 전망이 아주 밝다고 했다. 여러 가지 이유가 있겠지만 중국이 시대의 운을 타고 있다. 시대의 운에, 세계의 흐름에, 중국이 타고 있다. 이것이 가장 중요한 중국의 발전 요인이다. 거기에 비해 일본은 시대의 진운을 타지 못하고 있다. 일본은 냉전시대의 수혜자다. 중국은 글로벌시대의 수혜자다. 중국은 강물에 비유해 말한다면, 양자강의 물을 타고 하류로 내려가고 있는 형국이다. 아주 순조로운 항로를 걷고 있다. 이에 비해 일본은 상해에서부터 양자강으로 거슬러 올라가야 하는 배와도 같다. 시대의 흐름과 나라의 운명과는 그런 관계에 있다. 일본은 냉전시대 때에 잘했고 중국은 글로벌시대에 잘한다. 양국이 다 그런 요소를 가지고 있다. 중국은 경쟁사회이고 글로벌화에 잘 적응하는 사회다. 글로벌시대의 가장 큰 수혜자는 미국보다도 오히려 중국이다. 중국의 경제는 광동국, 산동국, 요녕국 등으로 각론화해서 접근해야 한다고 안박사는 말씀했는데, 지방분권화가 이루어짐으로써 경제구조 자체가 미국과 비슷하게 되어 가고 있다. 경제에 관한 한 하나의 연방국으로 되어 가고 있다. 바로 이 점에 우리가 잘 모르는 중국의 많은 강점이 있다.

우리나라에 관한 문제에 대하여 북핵문제와 노사문제를 안박사는 제기했다. 노사문제가 경제문제보다 더 중요하다고 본다. 우리의 노조가 현 상태대로 행동한다면, 우리 경제는 백약이 무효라고 본다. 우선 파업으로 인해 임금수준이 너무 높아지고 있다. 생산성을 웃도는 임금의 상승이 지금도 이루어지고 있다. 이렇게 해서는 우리경제는 물구나무를 서도 국제경쟁에서 이길 도리가 없다. 노조문제를 어떻게 해결하느냐가 가장 핵심적인 경제문제이다.

우리나라가 만들려고 하는 경제특구는 솔직히 궁여지책이고 고육지책이라고 본다. 등소평이 1978년에 개방경제 정책을 채택했을 때 네 개의 경제특구를 지정하고, 그것이 어느 정도 성공하자 13~14개의 경제기술특구를 다시 지정했다. 우리는 지금 중국의 1978년을 하자는 것인가? 자본주의국가로서 이런 것은 발상 자체가 구식이라는 생각을 갖는다. 중국이 특구를 한 것은 다른 지역을 특구처럼 만들어 내자는 목적이 있었다. 우리의 특구는 다른 지역이 잘 안 되니까 이 지역만이라도 잘하도록 하자는 발상인데, 방향이 불확실한 면이 있다.

정부가 내놓은 동북아 중심국가의 아이디어는 어떤가. 국민을 고무시키려는 의도를 가지고 있기 때문에 반대할 생각은 없다. 그러나 동북아 중심국가는 구호만으로 되는 것이 아니다. 산업, 물류, 금융이 잘되려면 우리의 위치가 굳어지고 우리가 남의 모범이 되어야 한다. 중심국가의 구호를 내세우면서 내용이 뒤따르지 못할 경우, 웃음거리밖에 될 것이 없다. 그 점을 우려하지 않을 수 없다.

한반도 평화문제와 새로운 한미관계*

　　명쾌하고 모두가 공감하는 내용을 많이 말씀해 주었다. 박근 대사의 말씀은 우리나라가 정체성을 확립해야 된다고 한마디로 요약할 수 있다. 이것은 중요한 얘기다. 개인도 저 사람이 어떤 사람이냐 하는 것이 확실해야 그 사람이 하는 행동을 남이 평가하고 존경할 수 있듯이, 나라도 마찬가지다. 그 나라는 어떤 나라라는 것이 확실해야 한다. 어떤 나라라는 것은 꼭 친미, 반미를 뜻하는 것이 아니다. 최근 우리가 가지고 있는 혼란 상황도 결국 우리 국민이 "우리는 이런 나라다"라는 확실한 인식을 하지 못하고 우왕좌왕하고 있기 때문이다.

　　유종하 장관은 그것을 알고 현실적으로 봐서 우리의 국익이 어디에 있고 우리의 현실이 어디에 있는지의 문제를 논하였다. 우리 현실이 반미감정을 가져서는 안 된다는 말씀인데, 여기에 대해서는 여러분들이 이론이 없을 것이라고 본다. 이것도 말하자면 내가 누구인지, 우리나라가 누구인지 기본인식을 가져야 현실을 잘 볼 수 있기 때문에 두 분의 말씀은 포커스가 조금 달랐을 뿐이지 똑같은 말씀이었다고 본다.

---

* 2003년 5월 15일 제1300회 특집 인간개발경영자 연구회에서 박근 대사(한미우호협회회장)와 유종하 장관(전 외무부장관)의 발표에 대한 논평을 녹취한 글임.

◁ 한국의 정체성 위기, 누가 그 위기를 만들었는가 ▷

한국은 현재 엄청난 혼란 속에 있다고 해도 과언이 아니다. 끝없는 갈등과 분열 속에서 불신과 질시가 나라에 가득 차 있다. 왜 이렇게 분열과 갈등이 많은가. 한국 사람들의 마음이 원래 사나워서 그런가? 아니다. 한국 사람들은 원래 평화롭고 놀기 좋아하며, 노래와 춤을 즐기는 흥겨운 사람들이다. 또 사실 유순하고 부드러운 성미를 가지고 있다. 한국사람들이 애국심이 적어서 그런가? 그것도 아니다. 한국 사람들은 애국적인 생각과 행동을 적어도 보통나라들의 국민만큼은 한다.

한국 사회에 지금 분열과 갈등이 많은 것은 한국사람들이 지금 正體性(Identity)을 찾지 못하고 있기 때문이라고 나는 생각한다. 다시 말해서 이 나라가 어떤 나라이며, 어떤 나라가 되기를 원하느냐에 대한 공통적인 인식이 없기 때문이다. 한마디로, 한국은 지금 일종의 정체성의 위기(Idendity Crisis)속에 빠져 있다. 많은 사람들, 특히 자유민주주의를 부르짖는 사람들은 자유민주주의와 시장경제를 표방하면서, 이것을 위해서는 한미공조를 해야 한다고 주장하고 있다. 일단 수긍이 가는 주장이기는 하다. 그러나 엄밀히 보자면 이 주장에는 문제가 있다. 왜 한미공조를 해야만 자유민주주의와 시장경제를 할 수 있는가. 미국에 의존하지 않고는 자유민주주의와 시장경제를 할 수 없단 말인가. 사실, 미국에 의존하지 않으면서 자유민주주의와 시장경제를 해야 진정한 자유민주주의요 시장경제가 아니겠는가.

우리가 북한의 "위협"에 노출되고 있다는 것을 모르는 사람은 없다. 때문에 북한의 위협을 완화하기 위해서는 '한미공조'를 공고히 해서 그 위협을 극복해야 한다는 것도 현실적으로 그럴 수밖에 없을는지 모른다. 그러나 엄밀하게 따지면 한미공조는 '공조'라기 보다는 대미 '의존'이라는 성격이 강하고, 타국에 의존하는 한, 독립국가로서의 행세가 어려운 것 또한 자명하다. 우리는 자유민주주의를 원한다고 하지만 자유는 자립 내지 독립을 전제로 하는 것이다. 남에게 의존하면서 무슨 자유가 있는가. 의존을 하면서 자유를 지킨다? 이것은 잘못된 논리라는 것이 많은 젊은 사람들의 생각이 아닌가 생각된다. 안보와 외교를 남에게 의존하면서 애국을 한다는 것은 위선에 불과하다고 그들은 보고 있는 것이 아닐까.

반면, 자칭 보수주의자들은 우리는 현실적으로 미국의 군사적 외교적 보호를 필요로 하는 나라이고, 또 한국이 이만큼 발전한 것도 미국과의 동맹 위에서 이루어진 것이 아니냐. 미국을 배척한다는 것은 북한의 계략에 말려들어가는 것밖에 되지 않는 위험한 생각이다. 이것이 보수주의자들의 논지인 것 같다. 불행하게도 한국의 이른바 보수세력은 지난 40년 동안 이 나라의 주류를 형성해 오면서 많은 부정과 부패를 만들어낸 결과 국민의 신뢰를 잃고, 장래에 대한 비전이 없이 스스로의 이익만 챙기는 모습을 보임으로써 지리멸렬하고 있다. 다시 말해서, 누가 한국의 정체성 위기의 원인을 만들어냈는가? 북한의 공작인가? 아니면 주사파인가?

그런 것도 아니다. 그렇다면 누구인가. 보수파라고 자칭하는 사람들 자신이 아니겠는가. 그 사람들이 이 나라의 주류로서의 특권을 누려왔다면, 부정과 부패를 물리치고 나라의 정체성을 항상 바로 유지해 왔어야 할 것이 아니겠는가. 노무현 정권은 그 출범 이후로 매일같이 언론의 비난을 받아 왔다. 보통 같으면, 정권이 이런 정도로 공격을 받으면 정권에 대한 지지는 없어져야 하는데, 사태는 정반대이다. 이른바 포퓰리스트들에 대한 지지는 전혀 줄지 않고 있다. 누가 이렇게 만들었는가? 이른바 보수파 스스로가 아니겠는가.

나는 보수주의가 진정한 보수를 하자면 개혁을 할 때에는 개혁을 과감하게 해야 한다고 본다. 개혁을 항상 반대하는 보수주의자는 보수주의자가 아니라 수구주의자이기 때문이다. 또 개혁주의자가 진정한 개혁을 하자면 보수정신이 있어야 한다. 왜냐하면, 보수정신이 있어야 진보를 하는 기준이 있기 때문이다. 전혀 보수정신이 없으면 개혁의 기준이 없어져서, 그 개혁은 엉뚱한 방향으로 흐르기 때문이다. 그런 개혁주의자를 포퓰리스트라고 한다. 우리나라의 문제는 자칭 보수주의자가 진정한 보수를 하지 못하고, 개혁주의자가 진정한 개혁을 하지 못하는 데 있다. 그래서 보수주의자는 보수 아닌 수구를 하고, 개혁주의자는 개혁 아닌 포퓰리즘에 빠져 있다. 진정한 사상가는 없고 당리당략만 난무한다. 정치의 틀이 무너지는 것은 당연하다.

CEO의 역할과 고속성장의 비결[*]

나는 얼마 전에 안철수 사장과 변대규 사장 등 젊은 기업가들이 이 자리에 서서 강연을 했을 때, 많은 감명을 받았다. 그 분들의 말씀은 여러분에게 많은 참고가 되었을 것이라고 생각한다. 오늘 조운호 사장의 강연도 그에 못지않은, 어떻게 보면 훨씬 더 설득력이 있는, 훌륭한 강연이었다고 생각한다. 냉철한 머리, 뜨거운 가슴이 결합이 되어서 좋은 경험담과 많은 시사점을 주었다고 생각한다. 기업가는 시대의 챔피언들이다. 우리 사회의 흰 코끼리와 같은 분들이다. 크고 아름답게 보이는 존재들이다. 오늘 조운호 사장이라는 아주 큰 흰 코끼리를 우리가 본 셈이다.

기업가의 존재이유는 이노베이션이다. 새로운 착상을 가지고 고객들의 여러 가지 요구를 찾아내고 충족시켜서 존재가치를 발견하는 사람들이다. 이노베이션은 첨단산업, 이를테면 IT, BT에 존재한다고 흔히 생각하기 쉬운데, 사실 그것은 기존의 어떤 산업에도 얼마든지 있다. 포화상태라고 생각했던 음료산업에도 얼마든지 이노베이션이 있고, 그런 산업도 세계적으로 클 수 있다. 이노베이션의 소재는 우리 주변에 얼마든지 있다. 어떻게 보면 신나는 얘기다. 이노베이션이란 어떤 난해한 이론이 아니라 새로운 착상을 말할 뿐이다. 조운호 사장

---

[*] 2003년 5월 22일 제1301회 인간개발경영자 연구회에서 조운호(웅진식품) 사장의 사장발표에 대한 논평을 녹취한 글임.

은 우리나라를 빛내는 이노베이터이다.

선진국이란 무엇인가? 우리는 보통 일인당 국민소득에 따라 선진국을 평가하고 있다. 현재 우리의 소득이 1만불인데 3만불이 되어야 선진국이 된다고 한다. 또 하나 흔히 쓰이는 다른 잣대를 가지고 본다면 무역수지의 흑자가 나타나야 선진국으로 치부된다. 그러나 이보다 더 좋은 잣대가 있다. '지식의 수지'가 바로 그것이다. 우리가 외국으로부터 받는 지식이 얼마이고 주는 지식이 얼마냐, 즉 지식수지의 흑자가 생겨날 수 있어야 진정한 선진국이라고 할 수 있다고 나는 보는 것이다. 한 걸음 더 나가서, 이노베이션의 수지가 있다고 한다면 우리나라의 이노베이션이 얼마나 되고 외국의 이노베이션에 비해서 우리나라의 이노베이션의 질이 얼마나 되는가 하는 것이 선진국의 척도가 될 수 있다. 오늘 조 사장과 같은 분이 우리나라를 선진국으로 만드는 인물이라고 생각한다.

글로벌스탠더드, 사실 이것은 거의 지금 아메리칸 스탠더드와 같은 것으로 인식되고 있다. 그것을 준수하는 것만으로는 선진국이 될 수 없다. 그것을 굳이 역행한다는 것이 아니라 우리도 스탠더드 세터 (Standard Setter)로서의 역할을 어느 정도까지는 수행해야 선진국이 될 수 있다. 외국에 쫓아가는 것만으로는 선진국이 될 수 없다.

중국시장은 엄청나게 상품화되고 있다. 중국이 발전하고 있다. 발전이란 상품화되는 폭이 커진다는 것을 의미하는 것이라 할 수 있다. 이것은 비교적 옳은 개념이고 현실이다. 대외경제정책연구원의 안충영 원장은 구매력평가지수로 중국의 GDP를 평가한다면 이미 일본의

2.5배라고 말했다. 상품화가 덜되었기 때문에 공식통계상으로 GDP의 숫자가 적을 따름이다. 앞으로 중국이 커지는 동시에 상품화가 된다면 엄청난 경제력을 가지게 된다. 중국의 존재를 우리가 어떻게 활용하느냐에 따라 우리나라의 장래가 달려 있다. 조운호 사장은 당장 중국시장에 안 들어가고 상품화가 될 때 가도 늦지 않다는 의견을 달았다.

심갑보 부회장은 후진을 양성하는 것이 선배의 역할이라고 하면서 그 중요성을 강조했다. 이것이 사실 가장 중요한 얘기라고 생각한다. 문화대혁명 때 등소평을 살려준 사람이 모택동이고, 강택민을 발탁한 것은 등소평이었다. 호금도를 발탁한 것은 등소평과 강택민이다. 후계자를 잘 양성하는 것이 나라에 있어서나 기업에 있어서 참으로 중요하다. 자식을 잘 가르쳐야 집안이 잘 되는 것과 마찬가지다. 조운호 사장은 매우 좋은 말 한 마디를 했다. "나는 내가 바로 주인이라는 생각으로 회사에 봉사하다보니 이렇게 됐다"고 하였다. 주인의식이 중요하다는 지적이었다.

참여정부의 문화정책 방향*

어렵고 바쁜 시간을 내어 진지하게 말씀해 주신 데 대해 이창동 장관께 감사와 경의를 표한다. 장관께서는 위기의식을 느끼고 있는 것 같다. 각 부 장관들이 다 비슷한 느낌을 가지고 있을 것이다. 그렇지 않다면 오히려 이상할 것이다. 현재 나타나고 있는 이 위기는 무질서 상태다. 우선 이것부터 완전히 잡아야 한다. 마키아벨리는 "국가의 모든 기초는 질서에 있다"고 했다. 질서는 어떤 일이 있어도 잡아야 한다. 새 정부가 출범한 지 100일이 지났다. 100일은 중요한 시기다. 루즈벨트 취임 100일에는 뉴딜정책의 골격이 다 짜여졌다. 확실하게 지나간 백일을 반성하고 앞날의 방향을 확립해 주기 바란다.

장관은 정부와 언론이 각기 正道를 걸어가기로 방향을 세웠다고 하였다. 아주 좋은 말씀이다. 문제는 정도가 무엇인가 하는 것이다. 정부가 생각하고 있는 정도, 언론이 생각하는 정도는 서로 맞지 않는 부분이 있다. 맞지 않는데 각기 정도를 걷는다면 평행선을 걸을 수밖에 없다. 그것은 모두의 불행이다. 그렇기 때문에 정부는 이를테면, 언론과 정부가 서로 나누어 갖는 영역이 어디에 있는가를 진지하게 찾아야 한다. 각각 정도라고 생각하는 것에만 집착을 하면 서로 좋은 일이 없을 것이다.

---

* 2003년 5월 29일 제1302회 인간개발경영자 연구회에서 이창동(문화관광부) 장관의 발표에 대한 논평을 녹취한 글임.

언론도 사회적인 책임이 있다는 말은 아주 옳은 말씀이다. 언론은 제4부라고 할 만큼 강력한 영향력을 가지고 있으며, 따라서 이에 상응하는 책임이 있다. 문제는 우리 언론도 우리 사회 모든 영역이 그렇듯이 성숙하지 못하고 있다는 점이다. 또한 다른 부분이 그렇듯이, 언론도 버릇이 나쁘게 들어 있다. 그렇기 때문에 외국의 좋은 언론의 사례를 들면서 잘하라고 해봤자 사실 당장에는 소용이 없다. 시민의식도 아직 부족하다. 정부는 언론탄압을 할 의사가 물론 없다. 의사가 없을 뿐 아니라 탄압이 되지도 않는다. 지금은 대통령이 할 수 있는 일이 옛날에 비하면 많이 줄어들었다. 그럼에도 불구하고 대통령에 대한 기대는 여전히 엄청나게 많다. 대통령이 할 수 있는 것과 대통령에 대한 국민의 기대 사이에 엄청난 갭이 있다. 그 갭 때문에 대부분의 대통령이 실패한다. 갭을 가지고 있다는 것을 인식하고 이것을 어떻게 메울지 고민해야 한다.

정부는 무엇을 해야 할지에 대해서는 대부분 다 알고 있는데 방울을 달 사람이 없다고 장관은 말했다. 나는 이 점에 대해서는 장관과 의견을 달리 한다. 우리가 무엇을 해야 할지 모르는 데서 이 모든 혼란이 나온다. 행정부, 언론, 노조도 모두 무엇을 해야 하는지에 대해 잘 모르고 있다. 모르는 것이 문제다. 중국의 혁명가이자 사상가였던 孫文은 "행하는 것은 쉽지만 아는 것이 어렵다(行易知難)"고 했다. 아주 옳다고 본다. 〈正道〉라는 말씀을 했지만, 무엇이 정도인가를 안다는 것은 무척 어려운 일이다.

마지막으로 장관은 교육문제의 기본이 대학입시에 있다고 하였다. 대학의 문제의 핵심이 대학입시제도에 있다고 하는 것은 옳지 않다고 본다. 대학교육의 내용이 문제인 것이다. 해결책은 간단하다. 대학의 문제는 대학에 맡기면 된다. 왜 이것을 못하는지 모르겠다. 장관은 입시를 대학에 맡기려 해도 대학을 못 믿겠다고 했다. 대학을 못 믿으면 누구를 믿을 것인가? 확실하게 대학교육은 대학에 맡긴다는 방향을 추진하면 된다. 지금 우리는 NEIS가 교육의 근본인 것처럼 문제가 되어 있는데, 문제가 아닌 문제를 가지고 이 사회가 두 조각이 나고 있는 상황이 벌어지고 있다. 정말 안타깝게 생각한다. 보다 근본을 확립해 주기를 바란다.

끝으로, 오늘 말씀에 감사를 드리며 확고한 자신을 가지고 장관직을 수행해 주셨으면 한다. 어떤 일이 있더라도 위축되지 말고 훨씬 더 자신을 가지고 해주기를 바란다.

◁ 문화정책이란 무엇인가 ▷

일반적으로 문화라고 하면, 우리나라에서는 음악이나 미술 등을 말하는 것으로 아는 경향이 있다. 그래서 흔히 "정치, 경제, 사회, 문화 등 모든 분야에서…"라고 하는 말을 많이 한다. 음악이나 미술 등이 문화의 일부분인 것은 부인할 수 없지만, 문화란 원래 이 보다는 훨씬 더 넓은 개념이다. 우리가 사는 과정에서 만들어 내는 것은 모두 문화이다. 따라서 문화에는 정치에 관련된 정치문화, 기업에 관련된 기업문화, 교육에 관련된 교육문화, 농촌에는 농촌문화 등 한국사람들이 살아가는 과정에서 만들어내는 생활습성은 모두가 문화이다.

지금의 세상에는 이러한 넓은 의미의 문화의 수준이 고급화하지 않고는 경제도 발전할 수 없다. 경제란 원래 인간의 생활의 일부분이기 때문에 다른 부분이 발전하지 못하고 있는데 경제만이 유독 발전한다는 것은 불가능하다. 물론 일시적으로는 그런 것도 있을 수 있다. 이를테면 경제는 일류인데 문화는 3류라는 것도 있을 수 있다. 그러나 이러한 乖離는 영구적으로는 있을 수 없다. 한국에는 컴퓨터의 사용만 잘하면 선진국이 될 수 있다고 생각하는 풍조가 있었다. 지금 한국의 컴퓨터 보급은 세계 일류가 되었다. 그러나 아무도 한국이 세계 1류의 나라라고 생각하는 사람은 없다. 컴퓨터를 아무리 잘 사용해도 다른 문화가 뒤져 있으면 일류국이 될 수 없다. 이런 넓은 의미의 문화발전은 문화부의 책임을 넘어서는 문제이다. 그것은 정부 전체의 책임이다. 누구의 책임인지를 막론하고, 문화의 질이 높아지지 않고는 경제발전도 한계가 있다.

꿈을 가진 사람은 서로 만난다!*

앞으로 고도원 비서관의 영롱한 꿈들이 잘 실현되기를 바란다. 이러한 희망을 담으면서 고도원 전 비서관의 말씀에 관련된 몇 가지 느낀 사항을 말씀드리겠다.

고도원 비서관은 아주 남다른 강렬한 꿈을 가지고 남다른 방법으로 이미 많은 성취를 했고 경력도 남다르기 때문에 그것이 도움이 되었다. 꿈은 희망이다. 숨이 끊어지기 직전까지 사람은 희망을 가진다. 그 희망이란 젊었을 때와 같은 공상을 곁들인 것과는 좀 다르겠지만, 그것도 불확실한 미래의 일에 대한 일종의 희망이라는 점에 있어서는 젊은이의 꿈과 본질적으로 다를 바는 없다. 희망의 질과 스타일의 문제다. 그것이 차이가 있을 뿐이다. 그래서 우리가 모두 알맞은 방법을 개발해서 인생을 좋게 살아나가는 것이 필요하다.

이렇게 본다면 고도원 전 비서관의 스타일, 꿈의 스타일은 3가지 정도라고 느낀다. 첫째, 이 시대의 첨단을 걷고 있다. 그야말로 사이버 시대, 인터넷의 시대에 알맞은 꿈을 가졌다. 성공의 요인 중 하나가 그것이다. 둘째, 고도원 전 비서관의 스타일과 같은 꿈을 가진 사람이 특히 한국에 많다. 한국에는 다른 나라에 비해, 이를테면 일본,

---

* 2003년 6월 12일 제1304회 인간개발경영자 연구회에서 고도원(전 대통령 연설담당/ 고도원의 아침편지 발행인) 비서관의 발표에 대한 논평을 녹취한 글임.

중국, 미국에 비해, 이런 유형의 꿈을 가진 사람이 훨씬 더 많다. 셋째, 이러한 한국식 꿈을 가진 사람들이 앞을 先導하면 따라오는 사람들이 한국에 유독 많다. 이래서 이러한 요인들이 합쳐져서 고도원 전 비서관은 성공의 길을 걸어 왔다. 한국인은 감성이 풍부하고 냉철한 사고가 아니라 즉흥적으로 액션을 취하는 사람들이 많다. 상당히 감정이 풍부하고 이 시대를 맞아서 시대의 첨단을 걷고 좋은 꿈을 갖고 있는 분이 고도원씨다.

인간개발연구원이 최근 들어서 강단에 서게 한 몇 분을 회고해보면, 노인이 꿈을 가지고 그 꿈을 실현했다는 사람들을 초대한 적이 없다. 이것은 무슨 까닭인가. 젊었을 때 가졌던 꿈을 꾸준한 노력을 통해 이루었다는 사람이 비교적 드물다는 것을 의미하는 것이 아닐지 모르겠다. 설사 본인은 젊었을 때의 꿈을 이루었다고 스스로 자부하는 경우에도 남들이 그것은 대수롭게 생각하지 않는다거나, 그 가치를 인정하는 사람들이 적기 때문일 수도 있다. 이것은 섭섭한 일이다. 나는 젊은 분이 혜성과 같이 나타나서 일시에 큰 명성을 떨치는 것보다는 일생을 통해 실패 없는 성공을 거둔 이야기가 오히려 더 소중히 있고 난데, 그런 이야기를 좀 듣고 싶다. 기업가 중에서도 최근에 초청한 강사들이 전부 젊은이였다. 고도원 전 비서관의 얘기도 젊은 분의 얘기였다. 앞날이 창창한 분들이다.

이렇게 보면 조금 더 나이가 든 사람, 시대를 걸어온 사람들의 성공담을 들었으면 하는 느낌을 갖는다. 고 비서관과는 관련이 적은 이야기지만, 나라란 개인이 모여서 이루어진 하나의 공동체이다. 개인의 꿈이 합쳐서 나라의 꿈이 된다. 우리나라의 꿈은 무엇인가. 국민의 소원이 어떻게 실현되고 있는지 생각할 때 답답한 느낌을 갖는다. 현실을 보면 우리나라의 꿈이, 국민의 희망이 무엇인지 알 수가 없다.

최근 오늘 아침까지도 벌어지고 있는 국제정세를 보면, 일본은 10여년에 걸친 침체 속에서 하나의 방향을 발견했다. 일본은 極右쪽으로 가기를 선택하고 있는 것 같다. 이것이 有事時 法制의 국회통과를 계기로 해서 표출되고 있다. 이것은 아마 일본 戰後의 이벤트 중에 가장 획기적인 이벤트로 남을 것이다. 헌법 九條의 개헌이 이루어진다면 유사시 법안이라고 하는 것이 반세기 일본 역사 중에 가장 획기적인 변화라고 생각한다. 그것은 일본 전체가 우경화, 國粹主義化를 의미하는 것으로 어느 정도 예견된 방향전환이라 할 수 있다. 혼란을 겪고 나면 나타나는 것은 우경화고 그런 경험을 일본역사가 많이 보아왔다. 이렇게 되는 것은 당연한 코스라는 것을 느꼈다. 그 유사시 법안이 공교롭게도 노대통령이 일본을 방문하던 날에 제정되었다. 거기서 어떤 이야기가 나왔냐 하면, 한일 간 FTA결성의 약속이 성립된 것으로 보도되고 있다. 어제 국민회의 자문회의 석상에서 그 얘기를 하려고 했는데, 내가 사회를 맡아서 못했다.

결론적으로 말하면, 이 시점에서 한일 간에 FTA가 결성된다면 그것은 戰後 일본의 대외경제정책상의 큰 승리로 기록될 것이다. 반대로 한국은 한일 FTA가 이루어지는 순간에 거북한 지경으로 빠져들지 않을까 하는 느낌을 갖는다. 왜냐하면, 우리는 준비가 안 되어 있다. 경제이론을 좀 안다는 사람은 무역이론의 장점을 이야기할 뿐이다. 정치인은 정치에 바빠 한일 간의 FTA가 한국에 무엇을 갖다 줄 것인지에 대해 잘 모르고 있다. 자기와 직접 관계가 없으면 거론조차 안

하는 것이 이 나라 국회의 정치풍토다. 한국이 일본에 끌려서 FTA결성을 위한 회의를 몇 번 하면, 한일 FTA는 안 할 수가 없게 될 것이다.

이렇게 되면 앞으로 한국의 국제적인 위치는 급격하게 위축이 되고, 동북아 중심국가가 되겠다는 거창한 꿈은 공중에 날아갈 것이다. 한국은 일본의 변두리에 서게 될 것이다. 변두리에 서서 아시아의 중심이라고 말할 수 있겠는가. 한국민 개개인의 꿈을 집대성한 한국의 꿈은 확고한 중심을 잡아야 한다. 섣불리 한일 FTA를 해서는 경제적 이익도 없다. 한국 지도층은 이런 것에 대해 별 신경을 쓰지 않고 자기 몫의 크기를 재고만 있는 것 같아 참으로 안타까운 느낌을 갖는다. 이 중대한 시점에 경제침체를 훨씬 뛰어넘는 중대한 일을 준비 없이 화닥닥 해치우는 버릇을 국제사회에 보여줘서는 안 되겠다고 생각한다. 고도원 비서관의 좋은 강연에 감사드리며, 앞으로도 많은 꿈을 이루기를 바란다.

◁ 사는 것과 죽는 것은 다 같은 문제이다. 인생은 죽을 때까지 희망이 있다 ▷

나는 得道한 경지에 있는 사람은 아니지만, 오래전부터 사람은 매일매일 죽어가는 동시에 새롭게 태어난다는 생각을 해 왔다. 서산대사는 80여 세가 되어 입적했는데, 열반에 들기 전에 자기의 화상을 보고 '八十年前渠是我, 八十年後我是渠(80년 전에는 이것이 나라고 하더니, 80년 후에는 내가 이것이라네)'라고 했다고 서산대사의 문집에서 읽었다. 무슨 의미인지 알쏭달쏭하기는 하나, 깊은 의미를 떠나서 서산대사의 얼굴이 80년 전과 지금과는 엄청나게 달라 있다는 것만은 사실일 것이 아니겠는가. 비단 서산대사의 얼굴뿐 아니라 나의 얼굴도 소년 때의 얼굴을 보고 도저히 지금의 나라고는 생각할 수 없게 변해 있어서, 사진 속에 있는 소년이 나라고는 믿어지지 않는 것이다. 그 때의 내가 지금의 내가 되기까지 무수하게 많은 세포가 매일 같이 죽고 또 매일같이 새로 생겨서 이렇게 얼굴모양이 변한 것은 사실이다. 항상 간단없이 죽고 동시에 태어나는 것, 이것이 인생이 아니겠는가. 비단 얼굴뿐 아니라 마음도 항상 시시각각으로 죽고 동시에 새로운 마음이 태어나는 것이 아니겠는가. 그 과정에서 좋은 사람이 나빠질 수도 있고 반대로 나쁜 사람이 좋아 질 수도 있다. 그렇다면, 꿈(환상 또는 희망)이라는 것도 한편으로는 죽고 다른 한편으로는 생기는 것이 아닐까. 그러다가 결국 죽는 것만 있고 생겨나는 것이 없어질 때, 생이 끝나는 것이다. 생이 있는 이상 어떤 형태의 것이든 희망은 항상 있다.

한국경제의 현황과 전망*

　작년 2002년 8 · 15때 나는 동아일보로부터 해방 후 57년의 경제를 회고하면서 앞으로의 경제의 전망에 대한 나의 견해를 밝히는 원고를 써 달라는 요청을 받았다. 그 원고에서 나는 "사람들은 흔히 장기적으로는 낙관하고 단기적으로는 문제가 많다고 하지만, 나는 반대로 생각한다. 단기적으로는 그럭저럭 낙관할 수 있지만 장기적으로는 낙관할 수 없다"고 썼다. 그 장기가 지금 오고 있다. 경제가 낙관할 수 없는 사태가 오고 있었던 것이다. 그때 당시만 해도 경기가 괜찮았다. 그것은 DJ정부가 경기부양을 많이 하고 건설경기를 부추기고 소비를 진작시키는 등 내수 위주의 경기부양정책을 폈기 때문이다. 그래서 외국으로부터 잘한다는 소리를 듣고 괜찮았지만, 경제에는 거품이 일어나고 있었다. 거품이란 터지게 마련이어서 머지않은 장래에 그 거품은 터지게 되어 있었다.

　장기적으로 우리의 성장 잠재력이 별로 보이지 않았다. 동아일보에 장기적으로는 낙관 할 수 없다는 것은 그것을 염두에 둔 말이었다. 지난 2년 동안 부추긴 소비 진작, 카드발행, 가계부실대출 등이 지금 터지고 있다. 기업이 투자를 하려고 해도 별로 할 곳이 없다. 지난 5년 동안 했던 구조조정은 잘했다고 세계에서 칭찬을 많이 받았지만

---

* 2003년 6월 19일 제1305회 인간개발경영자 연구회에서 김광림(재정경제부) 차관의 발표에 대한 논평을 녹취한 글임.

결국 시일이 지나가면서 그런 구조조정으로는 경제는 좋아 질 수가 없다는 것이 밝혀지고 있다.

4대부문 구조조정이라고 하지만 금융, 기업, 공공부문, 노사관계 어느 하나를 봐도 사실 제대로 된 것이 없다. 그러니까 장기적으로 낙관할 수 없다고 한 것이다. 우선 금융을 보자. 기업대출은 하지 않고 가계대출에 주력하고, 카드를 남발해서 이렇게 되었다. 기업을 보자. IMF 이후로 시대의 각광을 받을만한 기업은 아직 별로 없다. 대기업들은 과연 정신을 차렸는가. 대우, 현대처럼 정부와의 유착을 통해 뭔가 하려고 하는 기업의 행태는 없어져야 하는데, 그렇지 못했다. SK의 분식회계를 처리하는 과정에서 SK글로벌을 살리려고 한 것도 과거나 다름이 없다. 노사관계도 사실 향상된 것이 없다. 공공부분도 향상된 것이 없다. 한국 국민들도 문제다. 어느새 빚을 두려워하지 않는 버릇을 길렀다. 카드의 발행으로 마치 내일이 없는 듯이 돈을 쓰니, 결과가 신용불량자 380만이다. 지난 5년 동안의 구조조정은 잘하려고 애를 쓴 것처럼 보이기는 하지만, 그리고 당장에는 좋은 것 같기도 했지만, 지금에 와서 보면 결과적으로 제대로 된 것이 없다.

이것을 물려받은 것이 참여정부다. 참여정부는 무엇을 하겠는가? 정부가 할 수 있는 일이 그리 많지 않았다. 한다고는 하지만 실효를 낼 수 있는 것이 별로 없었다. 그런데도 불구하고 국민들은 정부에 많은 것을 해달라고 안달을 내고 있다. 그런 상황 속에서 정부도 "이것을 하겠다 저것을 하겠다"고 하면서 많은 실효 없는 약속을 하고 있다. 우리 경제처럼 어제 저리로 뛰고 오늘 이리로 뛰는 경제는 없다. 중국이나 일본경제는 어느 정도 감을 잡을 수 있지만, 한국 경제는 도무지 감을 잡을 수 없다. 기업이나 국민이 예측불허의 행태를 보이고 있기 때문이다. 작년에 10% 성장을 하다가 금년에는 수직 추락하는 경우도 있다. 이것은 국민이 恒心이 없기 때문이다. 중심을 잡지 못해서 그렇게 되었다고 보고 있다.

이런 경제를 맡아서 "잘하겠다. 5년 동안 크게 이뤄보겠다"는 것은 결국 착각이라고 느낀다. 박은태 고문이 제일 먼저 해야 할 일이 재고를 조사하는 것이라고 했는데, 이 말은 나의 생각과도 일맥상통하는 것 같다. 도대체 이 시점에서 우리가 해야 할 일이 무엇인지 확실히 생각해봤으면 한다. 노사관계에 대해서 엄정하게 대처하겠다고 했다. '엄정'이 무엇인가. 일방적으로 하는 것만이 엄정인가? 이것도 확실한 대답이 없다. 노사관계뿐 아니라 질서 전반에 걸쳐서 부녀자 유괴, 강간, 방화, 살인, 자살, 각 처에서 나오는 비리 부정이 많은데 질서를 잡는 것, 이것부터 먼저 해야 한다.

결국 5년 동안에 내가 할 수 있는 일이 무엇인지 생각하고 할 수 없는 일은 할 수 없다고 국민들에게 알려주기를 바란다. "이것은 국민들이 해야 할 일이지 내가 할 일이 아니다"라고 알려주는 자세가 필요하다. 그것이 바로 正道라고 느낀다. 처칠은 2차 대전 때, "내가 국민들에게 제공할 수 있는 것은 피와 땀과 눈물뿐이다. 내가 무엇을 한다는 것은 기대하지 말라"고 했다. 우리 실정이 바로 그것이다. 지금 우리 경제는 IMF때 보다 훨씬 더 어려운 지경에 있다. IMF때는 그래도 IMF에 의존하면서 구조조정을 했지만, 지금은 IMF가 다시 올 리가 없다. 우리는 항심이 없고 중심이 잡혀있지 않다. 이런 경우에 정부 당국은 결국 할 수 있는 것이 실질적으로는 별로 없다.

비상한 각오가 없으면 결국 이 난국을 돌파할 수 없다고 본다. 대북 관계도 사실 기존의 타성에 젖어서는 안 된다고 생각한다. 한반도의 평화를 지금까지 부르짖어 왔지만 평화만 외친다고 평화가 달성되지 않는다. 일본과 FTA를 한다고 하는데 무엇 때문에 하는지 잘 모르겠다. 모를 뿐 아니라 그것을 무작정 추진하다가는 큰 일이 발생한다는 것을 경고하고 싶다. 대북관계, 대미관계, 대일관계도 기존의 어떤 관념에 사로잡히지 말고 국민들에게 정직한 자세를 보이는 것에서부터 출발해야 한다.

한일해저터널의 건설은 실현가능한가[*]

강의를 들으면서 착잡한 여러 가지 느낌을 받았다. 황박사 강연을 들으면서 느낀 몇 가지를 말씀드리려고 한다. 첫째, 토목에 종사하는 학자들에 관한 이야기다. 서울시장이 되었을 때 제일 먼저 부딪친 문제가 성수대교다. 성수대교가 떨어지면서 여학생이 많이 죽었다. 서울시의 방침은 무너진 부분만을 고친다는 것이었다. 나는 "그 다리는 한 사람이 설계하고 한 업자가 시공했을 텐데, 그 부분이 우연히 떨어졌을 뿐이지 다른 곳도 얼마든지 떨어질 수 있을 것이 아닌가. 다리의 안전을 확보하자면 다 뜯어야 할 것이 아닌가"라고 했더니, 제일 먼저 반대하는 것이 토목학회였다. 그래서 나는 물어볼 데도 없어서 영국의 전문가를 불러와서 다리 상판을 뜯어보니 엉터리였다. 영국기술팀의 결론은 "만약에 제가 시장이라면, 이 다리는 전부 다시 뜯어고칠 것입니다"라는 것이었다. 그래서 성수대교를 전부 뜯었다. 성수대교는 지금은 아주 안전한 다리가 돼 있다. 나는 지금도 시장이 시민의 안전을 확보하기 위해 다리를 고치겠다는데 그렇게 거세게 반대한 이유가 무엇인지 석연치 않다.

그 다음, 당산철교의 문제가 터졌다. 당산철교에 자꾸만 금이 생기는 것이었습니다. 금이 갈 때마다 그 부분에다가 철판을 대고 보수를

---

[*] 2003년 6월 26일 제1306회 인간개발경영자 연구회에서 황학주(연세대학교 명예교수) 박사의 발표에 대한 논평을 녹취한 글임.

했다. 그 옆에서도 금이 가고, 또 철판을 대고 보수를 하고, 이런 작업이 계속 되었다. 하지만 불안했다. 그것을 뜯을 생각을 밝혔더니, 이번에는 강구조학회(그리고 토목학회)에서 반대하기 시작했다. 그들은 서울시민의 생명을 책임지는 사람도 아닌데 왜 그렇게 격렬하게 반대했는지 정말 알 수가 없었다. 반대도 보통 반대가 아니었다. 미국에 있는 한국출신 강구조전문가를 불러와서 신문을 통해 반대운동을 펴기 시작했다. 하지만 나는 전동차가 떨어질까봐 불안해서 가만있을 수가 없었다. 그래서 철거계획을 세웠다. 그런데 이들이 이번에는 법원에 공사시작 중지명령을 요청하는 제소를 했다. 나는 감옥에 가는 한이 있더라도 시민의 안전은 챙겨야겠다고 생각해서, 법원에서 뭐라 하든 뜯으라고 명령했다. 교각도 전부 뜯어서 지진이 와도 안심할 수 있도록 하라고 지시했다. 철거공사를 시작하니까 고소, 고발이 전부 없어졌다. 그래서 당산철교가 지금 완전히 새로 건설되었다. 지진이 나도 견딜 수 있는 견고한 다리다. 나는 아주 잘했다고 판단했다. 작년에 한국의 그동안의 주요 공사에 관한 기술자 · 학자들의 논문과 의견이 실린 책이 나왔는데, 그 책에서 당산철교에 관한 이야기가 나와 있었다. 거기에는 "당산철교를 철거한 것은 옳은 결단이었다"는 결론이었다. 공학을 하는 분들이 이런 결론을 내주어 반가웠다.

다음으로 토목과 건설, 경제에 관해 말하고자 한다. 황박사는 일본에서는 정부가 토목건설을 위해 1경5천조 엔을 투입하여 토목건설을 함으로써 일본경제를 살렸다고 말했다. 이것은 국민경제의 입장에서 보면 정반대다. 일본은 이것 때문에 사실은 경제가 제대로 안되었다. 나라의 경제정책을 망쳤을 뿐만 아니라 나라의 자연환경도 망쳤다. 해안, 산, 들을 전부 망쳤다. 하루 종일 기다려도 차가 다니지 않는 쓸데없는 도로를 잔뜩 만들었다. 물론 그 토목공사 안에는 신깐센 고속전철 같은 것이 있긴 하지만 상당부분이 낭비였다. 무엇이든지 균형이 잡혀야 한다. 균형이 잡히지 않고 토목만 강조하면 경제는 망한다. 국방도 망한다. 진시황이 만리장성을 쌓아서 진나라가 망하지 않았는가. 만리장성을 안 쌓고 그 능력을 다른 곳에 투입했다면 진나라는 오래 갔을 것이다. 건설 관련자가 건설을 강조하는 것은 건설업을 위해서는 당연하지만, 나라를 위해서는 절대 안 된다. 미국 사람들도 쓸데없는 토목만 하다가 나라가 멍들었다고 말한다. 우리 한국이 그 뒤를 따르고 있다. 우리나라는 세계에서 고속도로가 두 번째로 많은 나라다. 한국은 건설만 하다가 망한다고 본다. 새만금, 고속도로 등 쓸데없는 것을 만들면서 국력을 낭비하고 있다.

  세 번째, 일본은 황박사가 바라는 것과는 다른 방향으로 가고 있다. 나는 일본의 정치와 경제의 풍향에 대해 일단의 인식이 있다고 생각한다. 일본에서 나오는 모든 신문, 잡지를 다 보고 있다. 나의 판단으로는 일본은 중국과 협력을 할 생각은 없다. 고이즈미 총리는 "개혁이 없이는 경제회복이 없다"는 구호를 내걸면서 민심을 사로잡고 총리가 되었다. 총리가 되고 2년이 조금 넘었다. 90년대 들어와 일본의 총리는 9명이 바뀌었다. 해마다 총리가 바뀌었는데 고이즈미 총리는 2년째 하고 있다. 무슨 큰 업적이 있는 것은 아니다. 개혁을 한 것도, 경기를 부양시킨 것도 없고, 디플레는 계속 진행되고 있다. 일본 사람은 한편으로는 중국을 멸시하고 한편으로는 두려워하고 있다. 두려워하니 위기의식이 생기고 있다. 위기의식을 소화하기 위해 정치의 우경화가 시작되고 있다. 경제가 안 될수록 정치는 우경이 되고 있다. 그래서 그 돌파구를 한국과의 협력에서 마련하려고 하고 있다. 노대통령이 일본에 갔을 때 FTA에 대한 잠정적인 합의가 이루어진 것이 바로 그것이다. 일본은 한국을 끌어들임으로써 중국과의 선을 긋겠다는 의도를 가지고 있다. 나의 판단이 틀렸기를 바라지만, 아마 옳은 판단이라고 믿고 있다.

만일 한일간 FTA가 지금 이 시점에서 성립되면 이것은 고이즈미 총리의 최대 업적이자 일본 전후 외교의 최대 승리로 남을 것이다. 하지만 한국의 입장에서는 문제다. 한국은 수천 년 동안 중국의 주변국으로 살았고 50년 동안 일본의 주변국가로 살았다. 그러다가 또 미국의 주변국으로 전락했다. 이러는 동안 한국은 항상 발칸반도처럼 동양의 싸움터가 되었다. 한국의 발칸반도화를 막기 위해서는 우리는 주변국의 신세를 면해야 한다. 결국 중국과 일본과의 경쟁 속에서 우리가 상당한 자주적인 태도를 가져야 한다. 어떻게 어영부영 중국의 주변국으로 끌려들어가거나 일본의 주변국으로 가면 이것은 장님과 마찬가지다. 우리는 중국의 주변국이 되어서도 안 되고 일본의 주변국이 되어서도 안 된다. 한국 사람들은 정말로 희한한 국민이다. 입으로는 36년 일제통치를 말하면서, 일본의 "만행"을 규탄하면서도, 일본정세가 어떻게 움직여가고 있는지에 대해서 학자도, 정치인도, 행정가도 전혀 깊이 있는 인식이 없다. 이런 맹목적인 국민이 어떻게 21세기를 제대로 살아가고, 역사를 되풀이하지 않을 수가 있을지 걱정이 된다.

◁ 현해탄 해저터널 및 한일 FTA, 현재로서는 바람직하지 않다 ▷

이 강연의 제목이 시사하듯, 현해탄을 관통하는 한일 해저터 너의 건설은 매우 바람직하다는 것이 황박사의 전제였다. 내가 왜 황박사의 이 전제는 부당하다는 말을 그때에 하지 않았는지 모르겠다. 아마 시간이 없어서 그랬을지 모른다. 또 FTA에 관한 말을 하다가 잊은 지도 모른다. 어쨌든, 나는 한일간 해저터널의 개설은 좀 빠른 감이 있다고 생각한다. 다만 강조하고자 하는 것 은, 무조건 반대하는 입장은 아니지만, 지금으로서는 시기상조라 고 본다. 일본으로서는 이것은 아마 매우 바람직할 것이다. 이것 을 통해 경제적인 이익도 추구하는 한편, 동북아시아의 전략을 추진하는 중요한 하나의 인프라를 마련하게 될 것이다.

한편, 한국은 무엇을 원하는가. 무엇을 원하는지 알 수가 없 다. 일본과의 인적 물적 교류의 증대를 바라는가. 아니면, 동북 아시아 중심국가가 되는데 이 터널이 도움이 된다고 믿고 있을 는지도 모른다. 아무튼, 해저터널은 결국 일본의 대륙전략의 수 행을 일방적으로 추진시키는 결과밖에 되지 않을 것이다.

나도 일본과 한국과는 친하게 지내는 것이 매우 바람직하다고 보는 사람이다. 다만 문제는 일본은 우리와 생각이 다르다는 데 있다. 끊임없이 나오는 일본고위층 인사들의 "妄言", 수상의 야스꾸니 신사 참배, 노무현 대통령의 일본 도착 날의 유사시 법안의 제정, 독도문제에 대한 태도, 헌법개정 논의 등으로 미루어보아, 일본은 한국을 그 영향력 하에 편입시키고, 이것을 토대로 다시 북한과 중국에 도전하자는 의도를 가지고 있는 것이 아닌가 생각한다.

한국과 일본의 외교관계를 보면 하나의 두드러진 사실을 주목하지 않을 수 없다. 일본은 항상 한국에 대해 정보의 수집·분석을 면밀히 하여 일을 추진하는 반면, 한국은 일본에 대해 불완전한 지식을 가지고 정보란 거의 없이 덜컥 덜컥 일을 추진하여 항상 손해를 보아 왔다. 고대 때에는 모르겠으나, 이 경향은 임진왜란 때, 갑신정변 때(1884년), 명성황후 시해 때(1895년), 그리고 최근의 어업협정 등 계속하여 한국은 상대방을 모르고 있다가 결정적인 패배를 겪었다. 일본은 大局을 보지 못하는 대신 천하에 유례가 없을 정도의 타산형 나라(calculator)이다. 이에 비해 한국은 타산은 하지 않고 무작정 일을 추진하는 저돌형 나라 (plunger)이다. 도대체 게임이 되지 않는다. 일본은 항상 知彼知己인데 반해, 우리는 不知彼不知己이기 때문에 도무지 게임이 되지 않는 것이다.

FTA의 경우, 이렇게 될 우려가 짙다. 한국이 섣불리 이 일을 저지르면 결정타를 입을 가능성이 있다고 나는 본다. 한 가지 추가하고자 하는 것은, FTA를 하려면 한중일 FTA는 좋으나 한일만을 묶는 것은 좋지 않다. 한중일 FTA를 하면, 한국은 외교적으로 중·일 사이에서 "중심" 역할을 할 가망이라도 있지만, 한일 FTA를 하면 한국은 일본의 주변국이 되고 말 것이다.

미국의 힘은 어디에서 나오는가*

　해학이 넘치면서도 한국과 미국에 대한 뜨거운 애정, 그리고 우리 나라를 비롯한 여러 나라 사람들에 대한 깊은 이해, 또 겸손한 자세로 여러 가지 좋은 말씀을 해서 감사한다. 남을 받아들여 어떤 문화를 창조하는 것이 미국의 힘의 근본이라고 했다. 나는 이것을 이해하고 완전히 동의한다. 사실 여기서부터 미국의 경제력, 군사력, 문화가 나왔다. 경제, 문화가 먼저 있었던 것이 아니고, 미국의 국체가 잘 형성되어 미국의 힘이 발휘되었다. 이런 견지에서 볼 때, 단일민족을 자랑하는 것이 일단 힘이 되는 경우도 있지만 글로벌 시대에는 약점이 될 수 있다는 말씀은 경청할 만하다. 남을 받아들일 수 없는 성향, 단일민족만 강조하는 성향은 곤란하다는 느낌을 받았다.

　언더우드 박사의 말에 약간 보충을 한다면, 어떤 나라를 막론하고 그 나라의 힘은, 첫째 그 나라 사람들의 질, 둘째 그 나라 사람들이 만들어낸 제도의 질로부터 나온다는 것을 알 수 있다. 미국인의 질은 훌륭하다. 특히 건국 당시의 사람들, 워싱턴, 제퍼슨, 플랭클린, 아담스 등 모두 훌륭한 사람들이다. 그들이 좋은 전통을 만들어내서 그것을 바탕으로 미국이 지금까지 유지되고 있다. 사람과 제도 이 두 가지가 나라의 운명을 결정한다. 미국 민주주의는 같은 민주주의라도

---

* 2003년 7월 3일 제1307회 인간개발경영자 연구회에서 Horace H. Underwood(한미교육위원단 단장)의 발표에 대한 논평을 녹취한 글임.

유럽의 민주주의와 다르다. 토그빌이 얘기했듯이, 미국은 유럽과 다른 특수한 미국 민주주의를 만들어 내는 데 성공했다. 사람, 제도와 더불어 미국은 태평양과 대서양을 사이에 두고 유럽이나 아시아에서 아주 먼 곳에 홀로 있어, 마음껏 발전할 수 있었다. 미국의 지리적인 호조건도 미국 발전에 도움이 되었다고 본다.

교육에 관해서 말씀을 많이 했다. 나는 30세에 미국의 보든 칼리지(Bowdoin College)를 다녔다. 동부 메인(Maine)주에 있는 작은 학교다. 그 당시는 전교생이 1,200~1,300명이었다. 한국인은 보든 대학을 잘 모르지만, 언더우드 박사한테 보든 칼리지를 아느냐고 했더니 미국에 있는 훌륭한 학교라고 말했다. 미국 사람은 거의 다 알고 있다. 미국의 작은 대학 중 10위 이내에 속하는 좋은 학교다. 나는 동전 한 푼 없이 이 학교를 졸업하고 나중에는 버클리에서 또 동전 한 푼 쓰지 않고 박사학위를 받았다. 굉장한 은혜를 입었다. 나는 보든 칼리지에서 교육을 받는 동시에 미국과 미국 교육을 관찰할 기회를 가졌다.

나는 육사 교관을 무려 6년을 하고 나니 나이가 서른이 되었었다. 그런데 학부 1학년으로 들어갔으니 물론 많이 배웠지만 오히려 학생들과 교수를 관찰했다는 것이 옳을 것이다. 관찰 결과 미국의 학교제도는 참으로 멋있는 제도라고 느꼈다. 보든 칼리지는 지식의 교육이 아니다. 물론 지식을 많이 전달하지만 지식만이 아니고 전인교육을 한다. 사람을 만드는 것이 바로 그 학교의 교육정신이다. 이것이 가장 중요하다고 생각한다. 미국의 지식은 대학원에서 전수되는 것이고 학부는 사람을 만드는 데라고 느꼈다. 그래서 고등학교를 졸업하고 대학에 들어와 졸업할 때가 되면 사람이 완전히 달라진다. 완전히 성숙한 어른이 된다.

우리나라는 그렇지 못하다. 1학년이나 4학년이나 의식이 비슷하다. 미국에서는 완전히 환골탈태하는 전환이 이루어진다. 보든 칼리지는 200년이 넘은 학교인데 많은 문인들과 미국 대통령 그리고 나의 재학 시절에도 대법원판사, 미국경제학회 회장 등을 배출한 학교다. 1학년 신입생들은 별로 아는 것이 없는, 굉장히 어리게 보였다. 그런데 3학년, 4학년이 되니 아주 의젓하게 변한다. 훌륭한 사람이 된다. 그런 엄청난 전환이 이루어지는 대학과정이다. 그 과정에서 특히 감명을 받은 것은 자치능력이다. 학생회를 자체적으로 운영하는데 누가 가르쳐주지 않는다. 겉으로 보기에는 아무 것도 아니지만 속을 보면 미국 사회의 강인성을 느낄 수 있다. 미국 교육은 무엇보다 좋은 미국인을 만들어내는 교육이라고 느꼈다.

연세대 말씀을 많이 들었다. 기독교도여야만 연세대의 교수가 된다는 말씀을 한 것으로 기억한다. 나는 기독교도가 아니더라도 연세대의 교수로 임용될 수 있는 시스템이 되었으면 한다. 옛날 교육은 종교를 위해 존재했다. 미국에서는 목사를 만들기 위해 학교가 만들어졌고 동양에서도 불교를 잘하기 위해 교육이 이루어졌다. 그런데 지금은 하버드, 프린스턴, 예일, 콜롬비아, 보든 칼리지 등 이제는 사실 4년 동안 교회에 한 번도 안 가도 아무 상관없다. 그것이 반드시 좋은 것이 아니라고 하겠지만, 나는 그래야만 정말로 좋은 학교가 될 수 있다고 생각한다. 그렇게 되는 것이 시대의 흐름이다. 어떤 종교를 고집해서는 오히려 좋지 않다. 종교 여하를 막론하고 연세대의 교수가 되었으면 좋겠다. 연세대를 위해서 좋다는 말이다.

한국 금융산업의 현황과 과제*

   강연의 내용과 직접적인 관련은 없지만 오늘 강연을 들으면서 느낀 사항 몇 가지를 말씀드리고자 한다. 우리는 1997년 12월 3일 IMF를 맞았다. 그리고 5년 7개월이 지났다. IMF를 맞았다고 하는 것은 어떤 의미로 보든지 엄청난 사건이었다. 이후에 우리의 경제는 어떻게 되었는가? IMF의 덕택으로 금융감독위원회가 생기고, 그것을 중심으로 금융부문, 기업부문에 대한 구조조정이 이루어졌다. 즉, 한국경제에 대한 외과수술이 있었다. 우선 깊어져 가는 병근을 발등의 불을 끄는 형식으로 치료함으로써 몸이 어느 정도 회복이 되었다. 하지만 2001년 이후로 지금까지 이렇다 할 성장궤도에 재진입을 하지 못한 것이 우리의 실정이 아닌가 생각한다.

   지난 몇 해 동안 우리나라의 GDP성장률을 살펴보면, 97년 IMF를 맞을 당시는 불건전한 성장이었지만 6%성장을 넘었다. 98년은 마이너스 6%를 기록했고, 99년은 거의 11%의 플러스 성장을 이룩했다. 우리는 엄청나게 잘했다고 자화자찬도 하고 국제적으로도 많은 칭찬을 받았다. 그리고 2000년대에 와서 그 여세가 이어져 6%의 성장을 했고 2000년 12월 3일 IMF와 일단 결별을 했다. 그 후 2001년에는 3%대, 2002년에 6%대, 금년에는 3% 정도로 전망하고 있다.

---

* 2003년 7월 16일 제1309회 인간개발경영자 연구회에서 이정재(금융감독위원회) 위원장의 발표에 대한 논평을 녹취한 글임.

한마디로 말하면, 초기 금융감독위원회의 역할은 2000년으로 끝났다고 나는 본다. 그 후에는 어떤 의미에서 금융은 금융대로 운동을 하고 있고, 실물경제는 실물경제대로 운동을 하고 있다. 금융개혁 또는 IMF개혁이 그 이후 발전의 원동력이 별로 되지 못하고 있는 것이 실정이다. 이러한 예는 다른 나라에서도 찾아볼 수 있다. 이를테면 90년도 초 멕시코나 아르헨티나는 IMF를 직접 맞지는 않았지만 그 당시 그 나라들이 취한 경제개혁은 IMF가 와서 우리에게 베푼 경제 개혁과 내용이 거의 비슷하다. IMF가 추진한 내용은 환율과 물가의 안정, 인플레이션의 진정 그리고 정부 수지의 개선 등이었다. 경제개혁을 아주 적극적으로 권고를 하고 추진시킨 미국으로서는 환율과 물가를 안정시키고 재정 건전화를 하게 되면 자동적으로 경제성장이 이루어질 것이라고 해석했다. 그런데 IMF가 하라는 대로 했는데도 성장은 온데 간데 없게 됐다.

우리나라의 경우도 IMF는 IMF 나름대로의 목적이 있기 때문에 우리가 원한 것을 전적으로 해주지는 않았다. IMF는 우리가 금융구조를 개선하고 기업의 부채비율을 200%로 달성하고, 은행의 BIS비율을 8%로 유지하면 우리 경제는 건전해지고 그것이 순조로운 경제발전으로 이루어질 것이라고 기대했을지도 모른다. 그러나 결과적으로 그렇지 못했다. 우리가 취한 방법은 IMF가 생각한 것과 다르다고 생각한다. 결국 아무리 IMF가 하라는 대로 하더라도, 당장의 외채상환의 목표는 달성할 수 있을지 모르지만, 그것이 건전한 경제성장으로 이어진다는 보장은 없는 것이 현실이다. 그런 맥락에서, 이 위원장도 언급했지만, 금융구조조정은 앞으로는 정부주도보다 금융기관에서 자체적으로 구조개선을 해야 될 것이다. 과연 우리의 풍토에서 자체적으로 우리가 그런 것을 할 수가 있을지는 솔직히 낙관할 수 없다.

이렇게 볼 때, 2001년이 지나면서 금융감독위원회의 역할도 많이 달라졌다고 생각한다. 금융감독위원회는 IMF 때문에 생겨났고, 외과 수술을 할 때에는 기능을 발휘했지만, 외과 수술이 끝나고 어떤 의미에서 보약을 먹어야 할 단계에서는 과연 어떤 역할을 할 수 있을지 어려운 고비에 처해 있다. 이를테면 기업금융은 상대적으로 축소가 되고 개인 소비금융이 무분별하게 늘어났다. 금융감독기관은 많은 카드사와 개미와 같은 개인대출을 일일이 간섭할 수도 없고 어떤 의미에서는 그렇게 해서도 안 되기 때문에 어려웠다고 본다. SK글로벌에 대한 문제도 감독위원회의 차원을 떠나서 국민경제 전체의 문제로 부각됨에 따라 IMF 시대 때에는 몰라도 이제는 감독위원회에서 마음대로 할 수도 없는 처지에 있다. 때문에 사실 상당히 어려운 처지에 있다고 본다. 다시 말해, 금융이 외과수술이 끝나서 앞으로 건전하게 달라지고 실물경제 성장에 도움이 되기 위해서는 단순히 감독위원회가 잘해야 할 뿐만 아니라 정부와 기업도 달라져야 하고 정치도 달라져야 한다.

한마디로 요약하면, 한국은 아직까지도 재발전의 계기를 잡지 못하고 있다. 그것을 잡기 위해서는 국민이 항심을 가지고 뭔가 아주 잘해보자고 하는 의지가 있어야 하고, 그 의지를 합치는 구심점이 있어서 각자가 나름대로 자기 분야에서 구조조정을 하는 자세가 되어 있어야 한다. 우리는 아직도 그렇지 못하다. 이런 어려운 상황이지만 나름대로 할 수 있는 일을 찾아서 잘하기를 기대한다.

◁ IMF와 잃어버린 6년 ▷

IMF 이후 6년 동안에 한국경제는 엄청난 변화를 겪고 있다. 그 변화는 전의 40년 동안의 변화를 능가하는 정도이다. IMF를 맞아 한국은 많은 '개혁'을 단행했다. 그 결과 한국은 어떻게 되었는가. 대내적으로는 큰 변화가 없었다. 경제운영의 방식, 기업의 행태, 국민의 경제생활 등 전이나 다름이 없다. 또 경제를 둘러싸고 있는 정치, 사회, 교육, 그리고 넓은 의미의 문화면에 있어서 한국에는 큰 변화는 없다고 보아야 한다. 정부의 역할, 각종 규제도 양적으로는 달라진 것도 있지만 질적으로는 큰 변화가 없다.

큰 변화가 있은 것은 대외적인 측면이다. 자본시장이 거의 완전히 개방됐다. 불과 5년 동안에 주식시장에는 시가 총액의 43%가 외국인 수중으로 들어갔다. 소위 글로벌 스탠더드라는 것이 하루아침에 도입됐다. 이를테면, 은행에 있어서는 BIS 8%, 기업에 있어서는 기업부채의 감소를 겨냥한 부채비율 200% 등의 기준이 도입됐다. 이 기준에 의하면, 한국의 금융이나 기업은 모두가 퇴출감이었다. 사실, 금융기관이나 기업이 대량으로 해외에 매각됐다. 이 추세는 앞으로도 계속될 것으로 보인다. 공공부문과 노동부문에 있어서도 개혁이 시도되었다. 많은 사람이 직장을 잃었다. 공공기업이 '민영화'되어 주식이 민간인 및 외국인에 매각되었다. 급격한 변화의 결과는 금융기관과 기업의 외국인에게로의 매각, 공기업의 주식매각, 기업투자의 부진, 소비금융의 증가, 내수시장에의 의존의 증가 등이었다.

대내적인 변화는 없는데, 대외적으로 무조건 글로벌 스탠더드가 적용된 결과는 한국기업의 대외진출, 특히 중국진출을 촉진시켰다. 국내의 투자는 이루어지지 않고 있다. 그 결과 성장잠재력의 감퇴현상이 일어나고 있다. IMF 6년의 결산은 한국금융기관, 기업의 해외매각, 한국 산업의 공동화, 그리고 여기에서 논하지 않았지만, 빈부격차의 심화, 실업, 특히 청년실업의 증가 등이며 이 모든 것이 성장의 둔화를 가져오고 있다. IMF 6년은 잃어버린 6년이 되고 말았다.

회고하면, IMF가 온 것이 우선 아주 큰 재앙이었다. 역사의식이 없이 절도 없는 경제정책, 절도 없는 기업운영, 절도 없는 금융행태가 이 나라에서 계속 이루어진 것이 IMF를 몰고 온 원인이었다. 그러면 IMF에 대해 제대로 대처했는가. 국민은 한동안 집안의 금붙이를 판다, 성금을 낸다는 등의 성의를 보였다. 그러나 나라의 대응은 임시방편으로 시종했고, 역사의식 없이 한국경제의 20년 동안의 病歷을 무시한 채, 일시적인 喝采를 겨냥한 극약처방으로 시종함으로써 모든 것이 허사로 돌아가고, 성장잠재력을 키우지 못하여 저성장으로 치닫고 있다.

이제 어디로 가야 하는가. 나는 참여정부의 제2년을 맞아 경제운영의 기본이 달라질 것을 기대한다. 그 방향은 어떤 것인가.

첫째, 이 나라의 장래에 대한 비전을 다시 정립하기 바란다. 둘째, 모든 겉치레를 청산하고 경제를 있는 그대로 파악하기 바란다. 이제까지의 '분식' 정책을 버리고, 국내외 현실을 직시하고 정도와 기본으로 돌아가기를 바란다. 셋째, 지금까지는 정치 따로, 경제 따로, 교육 따로였다. 이제부터는 그런 방식 가지고는 안 된다. 경제가 잘되기 위해서는 우선 정치와 교육을 잘 해야 한다. 17대 국회가 소집되는대로 정치에 대한 일대 개혁을 단행해야 한다. 그리고 교육에 대한 방향전환을 해야 한다. 각 급 학교의 자유화, 자율화를 강화해야 한다.

21세기 한국대학,
그리고 CEO(총장)의 역할과 리더십*

"회사는 사장의 크기만큼 큰다"는 말이 있다. 단체를 운영하는 사람이 어떤 사람이냐에 따라서 단체가 얼마만큼 크고 좋아지느냐가 결정이 된다는 말이다. 이것은 회사뿐만 아니라 학교도 마찬가지고 나라도 마찬가지라고 생각한다. 결국 정상에 있는 사람이 어떤 자세와 능력을 가지고 리드를 하느냐에 따라서 그 단체의 모양과 크기가 결정된다. 오늘 이경숙 총장의 말씀은 한마디로 요약하자면, 숙대에서 지금까지 리더십이 어떻게 자라고 그것이 발휘되어 왔느냐에 관한 내용이었다. 비전을 가지고 디지털대학, 세계화를 지향한다는 것은 그 내용이고 리더십이 어떻게 만들어졌느냐에 대한 이야기였다.

그동안 인간에 대한 공부를 많이 하셨다고 하였다. 여러 가지 마음을 바꾸고 보니까 세상에는 훌륭한 사람도 많다고 하였다. 그것이 리더십이 커가는 과정이었다. 어제 강연을 하신 중국학연구소의 천진환 소장은 중국에 대한 이야기를 하면서 중국의 지도층이 좋다는 말을 하고, 리더십은 타고나는 것이 아니고 길러지는 것이라고 했다. 이경숙 총장의 경우는 누가 길러준 것이 아니고 자기 스스로 평가하고 반

---

* 2003년 7월 23일 제1310회 인간개발경영자 연구회에서 이경숙(숙명여자대학교) 총장의 발표에 대한 논평을 녹취한 글임.

성을 해서 스스로를 길렀다는 이야기가 되는 셈이다. 중국의 경우도 궁극적으로 전체 분위기가 리더십을 길러주는 시스템을 구축하고 있는데 그 시스템 속에서 리더십이 나온 것이다. 여러 가지 난관을 겪으면서 리더십을 스스로 길러서 지금 숙대의 인프라를 만들고 문화를 바꿔 나가고 있다. 결론적으로 정직과 투명한 경영, 섬기는 문화, 이것을 실천으로 옮기는 것이 지금 숙대의 지도이념이 되고 있다. 앞으로 그런 방식으로 하겠다고 하였다.

한국교육은 지금 엄청나게 어려운 난관에 부딪히고 있다. 이 총장께서도 서두에 대학의 수가 많고, 경영의 마인드가 작동되지 않고, 재정이 어렵다고 했다. 나는 경제경영 계통을 공부한 사람으로서 한국의 교육을 하나의 산업으로 보고, 학교를 하나의 기업으로 본다. 교육을 산업으로 본다고 하면 꾸중을 하는 사람도 있겠지만 사실 그런 시각이 전혀 없기 때문에 한국 교육이 이렇게 부실화되었다고 생각한다. 한국 교육산업의 특징을 한마디로 표현한다면, 그것은 하나의 큰 부실산업이라고 볼 수 있다. 그리고 대개의 학교는 부실기업이라고 볼 수 있다. 부실이라는 것은 비용이 너무 많이 들고 생산성이 낮아서 수익이 적고 그래서 항구적인, 구조적인 적자를 경험하고 있는 단체다. 기업에 있어서는 이윤이라는 명확한 기준이 있기 때문에 부실이 계속될 수는 없고 비교적 쉽게 해소된다. 교육은 이윤단체가 아니기 때문에 부실이 드러나지 않으며, 지속될 가능성이 있다. 한국교육은 양적으로는 많이 성장했지만 질적으로는 향상하지 못하고 있기 때문에 부실의 길을 걷고, 오늘에 와서는 사실 우리나라의 교육 전체가 굉장한 위기에 처해 있다.

교육의 목적은 인재양성이다. 현대사회에서 바라는 인재는 리더도 있지만 엘리트뿐만 아니라 일반 회사원, 청소원 등 모두 필요하다. 그래서 대학뿐 아니라 모든 학교는 사회가 정말로 필요로 하는 사람을 過不足 없이 공급하여야 한다. 그런데 우리 교육은 초등학교나 중고등학교나 대학에 있어서나 그러한 인재를 공급하고 있지 못한 데에 문제가 있다.

한마디로 우리나라 교육문제 해결의 가장 기본방향은 각급 학교의 자유화이다. 말하자면, 일종의 민영화 원칙의 도입이 필요하다. 교육은 교육자한테 맡기는 것이 우리나라 교육을 바로 잡을 수 있는 기본방법이다. 자유화 내지 민영화가 모든 경우에 해결방법이 될 수는 없다. 그렇지만 지금 우리가 부르짖고 있는 한국통신, 포항제철 등의 민영화는 그다지 급하다고 생각하지 않는 데 비해, 보다 급한 것은 교육산업의 민영화다. 물론 민영화를 했을 때 발생하는 문제도 있다. 그런데 우리나라는 일반산업에 있어서의 불필요한 민영화는 강조하면서 필요한 교육의 민영화는 누가 거론조차도 하지 않고 있다. 이것이 가장 큰 문제다. 학교는 교육자한테 맡겨야 비로소 책임감이 생기고 사명감이 생기고 방법이 나온다. 그것을 하지 않으니 부실만 쌓여 지금의 모양을 하고 있다.

이 총장께서는 앞으로 더더욱 좋은 업적을 쌓고, 우리나라 고등교육의 금자탑을 완성하기를 바란다.

◁ 우리 교육정책의 맹점 ▷

　우리나라 교육정책의 최대 맹점은 교육 당국이나 일반 국민이나 문제의 소재를 모르는 데 있다. 모두 대학입시제도, 그리고 과외공부의 성행으로 인한 사교육비의 과중에 문제가 있는 것으로 알고 있다. 그러나 이것은 마치 허공을 향해 돌을 던지는 것이나 마찬가지이다. 우리나라 교육의 문제는 교육과 교육행정의 〈내용〉에 있는 것이다.

　무엇이 우리나라 교육을 이렇게 부실하게 만들었는가. 가장 중요한 세 가지는, 첫째는 평준화, 둘째는 한글 전용, 셋째는 획일적 운영이다. 이것은 우리의 교육을 부실하게 만들고 있을 뿐 아니라, 나라를 망치고 있다. 앞으로 무엇이 필요한가. 첫째는 평준화 폐지, 둘째는 한글 전용의 폐지, 셋째는 다양화, 자유화, 민영화원칙의 도입이다. 교육행정은 이러한 개혁을 일시적으로 전국적으로 하지 말고 일정한 지역이나 학교를 지정하여 시험을 해본 후에 차츰 개혁 지역을 확대하면 시행착오를 방지할 수 있을 것이다.

이제 경쟁력의 핵심은 창의적 디자인이다*

히로시 이나미 교수는 40대 초반의 젊은 나이로 그동안 이렇게 많은 일을 하시고 훌륭한 업적을 내고 좋은 강의를 해주신 데 대해 감사를 드린다. 나는 경제학을 전공해서 디자인과는 무관한 것 같지만 사실 많은 관련이 있다. 디자인은 인생과 직결된 문제이기도 하다.

1928년 경제학자 케인즈는 백 년 후, 즉 2028년 정도가 되면 인간은 경제문제로부터 대부분 해방되기 때문에 경제학자는 자기들이 중요하다고 생각하는 경제학만을 생각하지 말고 더 중요한 일을 많이 생각해야 한다고 이야기한 적이 있다. 2028년이 아직도 요원하지만 한국을 포함해 세계 많은 나라들은 경제의 기본적인 문제는 해결이 될 것으로 나는 본다. 다시 말해, 인간은 의식주로부터 사실 해방이 될 것이며, 적어도 해방될 수 있는 능력을 갖고 있다. 그렇다면 인간이 의식주를 얻는 활동에서부터 해방되었을 때 우리는 무엇을 하겠는가 하는 문제가 남는다. 이것은 크게 두 가지로 볼 수 있다. 하나는 향락을 즐기고 방종, 부패, 퇴폐를 일삼는 일이다. 이미 우리 주변에는 이런 현상이 많이 나타나고 있다. 이것이 사회를 압도하면 그 사회는 망하게 될 것이다. 둘째, 그와 반대로 의식주를 얻는 활동에서 벗어나서 보다 고상한 정신활동을 하고 고도의 문화를 창조하는 등의

---

* 2003년 7월 31일 제1311회 인간개발경영자 연구회에서 히로시 이나미 교수(일본 Siga대학 인간문화학과)의 발표에 대한 논평을 녹취한 글임.

활동이 있다. 전자가 연산군 형이라고 한다면 후자는 세종대왕 형이
될 것이다. 오늘 이나미 교수의 말을 들어보면, 디자인은 후자에 속
한다. 의식주로부터 해방된 인간이 고도의 문화를 창조하는 영역의
하나이다.

  사실 디자인은 지금 시작된 것이 아니고 몇천 년 전부터 있었다고
할 수 있다. 몇천 년 전에도 의식주로부터 해방된 일부 인간이 있었
다. 이들은 여러 가지 의미에서 디자인을 시작했다. 이를테면 이집트
의 피라미드, 진시황의 묘지 등은 죽은 임금을 높일 목적으로 건축되
었지만 이런 것도 하나의 디자인이다. 궁전, 사원, 교회를 짓는 것도
디자인이다. 정원을 만들고 도자기, 의복 등을 만드는 것 등은 옛날
부터 있었던 디자인의 활동이다. 이런 시각으로 중국, 한국, 일본을
본다면 우리는 옛날부터 디자인을 하고 있었다. 다같이 특색이 있고,
우리들한테 감명을 주고 있다. 그러나 그 당시의 디자인은 일부 사람
들만 할 수 있었던 활동이고 일부 사람들의 기호를 위한 활동이었다.
하지만 이제는 사정이 달라졌다. 근대적인 디자인은 일부 사람만을
위한 궁전, 정원, 도자기를 만드는 것이 아니라 보통사람들을 위한
여러 가지 건조물이나 용품 등을 위한 디자인이다. 그래서 이제는 의
식주로부터 해방된 인간이 디자인의 혜택을 받게 되었다는 것이 오늘
의 상황이다.

  인간의 전 생활에 걸쳐 디자인이 필요하다. 이렇게 본다면 美에 대
한 감각도 옛날 황제가 가졌던 감각, 일부 귀족이 가졌던 감각과 달
라서 이제는 대중에게 어필할 수 있는 미적 감각이 필요하다. 상당히
아름답지만 단순하다. 색깔도 나라에 따라 기호는 다르지만 단순한

색깔과 자원 절약적이고 폐기물이 발생하지 않는 디자인 등 여러 가지 디자인이 선호된다. 또 각국의 전통을 살리는 디자인이 많이 각광을 받고 있다.

에세이라는 건축학교에 대한 언급도 있었지만, 디자인은 막 불이 붙고 있는 단계에 있다. 한국인이 가지고 있는 창조력도 적은 것이 아니기 때문에 우리 생활에 도움이 되고 우리나라 문화를 크게 가꾸는 디자인이 많이 나오지 않을까 생각한다.

어떻게 보면 우리는 인생 자체를 디자인해야 한다는 생각이 든다. 단순히 일상생활에 쓰이는 물건을 아름답게 하는 것도 중요하지만, 문화가 나아진다면 자기 인생 자체를 디자인하는 관심과 능력을 가지는 사람들이 많이 나와야 되지 않을까 생각한다. 마치 예술가가 예술품을 아름답게 디자인 하듯이 사람이 인생을 아름답게 설계하는 것이다. 사실, 이것도 새로운 문제는 아니다. 옛날의 선비들, 오늘의 지성인들은 모두 자기 인생을 디자인했고 또 하고 있는 것이다.

디자인의 능력은 선천적인 것이냐 후천적인 것이냐 하는 질문을 하신 분이 있는데 이 문제는 과학이나 학문 등 어떤 일을 할 때에도 대두되는 문제이다. 이번에 제주 썸머포럼에서도 어느 강사는 중국의 리더십을 언급하면서 "리더십은 타고난다고 생각하지만 기르는 것이다"라는 말을 했다. 역시 디자인을 하기 위해서는 타고난 능력도 있지만 인간의 능력을 좋게 만드는 제도도 중요하다고 본다. 배우는 능력도 상당히 있어야 한다고 생각한다. 잘 배우는 것이 창조하는 것인 만큼 잘 가르쳐주면 좋지 않을까 생각한다.

불확실성 시대의 기업모델 – On Demand Business*

지금 세상은 불확실성의 시대이기 때문에 제목도 "불확실성의 시대의 기업모델"로 정한 것 같다. 다만 확실한 것은 불확실성이 이 시대의 특징이라고 말하고, 이 시대에 어떻게 우리가 적응해야 할 것인가를 시나리오 중심으로 점치지 말고 보다 근본적으로 대처해야 한다고 했다.

세계를 움직이는 것은 기술이라고 했다. 이론의 여지가 없다. 그리고 개인은 스스로를 기술에 적응하는 속도가 빠르고, 가장 늦게 적응하는 계층이 조직이라고 했다. 소비자들이 가장 빨리 잘 적응한다. 그렇기 때문에 기업도 역시 소비자 중심으로, 고객 중심으로 운영해야 한다고 했다. 중국, 인도의 잠재성에 대해 많이 강조하고 〈온 디맨드 비즈니스〉의 개념과 속도 또는 핵심능력 집중, 그밖에 가변적인 비용구조 등 이런 분야에서 탄력적인 대응의 방법을 예를 들어 설명했다.

앞으로 기술이 전 세계를 이끌어간다는 것은 틀림없다. 나는 인터넷을 모르거나 컴퓨터를 모른다고 하더라도 별로 낙심하지 말라고 몇 번 말했다. 이것은 내가 인터넷을 모르기 때문에 그렇게 말한 것이

---

* 2003년 8월 21일 제1314회 인간개발경영자 연구회에서 신재철(한국 IBM) 사장의 발표에 대한 논평을 녹취한 글임.

아니다. 나는 인터넷을 애용하고 있다. 이제는 글을 쓸 때에도 컴퓨터를 이용하고 있다. 컴퓨터는 일종의 신의 작품이라고 느낄 정도로 쓰면 쓸수록 그 능력에 감탄한다.

오늘 강연내용은 국가운용 차원에서 많이 참조가 된다고 생각한다. 항상 CEO들이 하는 것은 국가운영, 정치면에서 적용할 분야가 많다고 느꼈는데, 오늘도 역시 그렇다. 그와 관련된 몇 가지를 말씀드리겠다.

우선, 제품 중심보다 고객 중심으로 기업을 운용하는 것이 On Demand Business의 핵심개념으로 봤다. 정치에서도 마찬가지다. 공급자 위주가 아니라 수요자 위주로 정치를 해야 한다. 우리나라 정치는 완전히 국회의원 위주의 공급자 정치이지 수요자 다시 말해 국민 위주의 정치가 아니다. 신 사장께서 중국과 인도의 저력을 말씀하셨는데 적어도 반세기 내지 일세기 후면 중국과 인도는 세계 정상에 오를 것이라고 본다.

중국의 장래에 대해서 비관적인 견해를 보이는 책도 꽤 있다. 『차이나 드림』이라는 책을 며칠 전에 봤는데, 이 책은 중국의 장래를 꽤 비관적으로 보고 있다. 그러나 나는 그렇게 생각하지 않는다. 서양 사람의 사회과학적인 입장에서 중국을 보니까 곧 무너질 것 같지만, 중국은 하나의 문명 자체이기 때문에 그렇게 무너질 리가 없다고 생각한다. 인도는 지금은 대단치 않게 보이지만 금년에 인도의 GDP의 성장률이 약 6%정도 될 것으로 전망되고 있다. 굉장히 빨리 올라오고 있고 중국 다음으로 부상할 여러 가지 여건을 가지고 있다.

신 사장께서 On Demand Business 개념을 통해 속도, 핵심역량의 집중에 대해 말했지만 그것을 국가경영에 잘 적용하면 우리나라가 앞으로 가야 할 방향이 저절로 도출되지 않을까 생각한다. 이를테면 속도를 중요시하고 적응력을 빨리 발휘해야 한다는 이야기가 된다. 핵심역량의 집중, 이것은 특히 인력의 개발, 교육부문에서 집중적으로 잘 개발하고 이용해야 한다는 말이 될 것이다. 그리고 공동 작업을 강조했다. 우리는 단결, 공동, 협조 등이 부족하다고 강조했다. 그리고 중요한 것이 회사의 전 분야에 걸쳐서 일등을 하지 못한다면 회사 자체가 일등을 못한다고 하셨다. 이것이 국가경영에 있어서도 가장 새겨들어야 할 분야가 아닌가 생각한다.

◁ 나라의 정책도 고객중심으로 ▷

On Demand Business의 개념을 어느 정도 국가정책에 도입하면 좋겠다. 교육에 관한 강의를 들을 때에 느낀 사실이지만, 우리나라 교육이 실패한 원인 중의 하나가 고객중심, 수요자 중심의 교육이 아니고, 공급자 중심의 교육체제였기 때문이었다. 교육의 자유화, 민영화 개념은 바로 수요자 중심의 교육을 해야 한다는 것을 두고 한 말이었다. 얼마 전, 정부에서는 한국의 미래를 짊어질 〈차세대 성장동력 10대산업〉을 지정 발표했다. 자칫 잘못하면 이 산업정책도 공급자 위주의 정책으로 돼서 실패할 우려가 있기 때문에 주의를 요한다. 어떤 사업이 차세대산업이 돼야 하는가는 시장이 발견해 주는 문제이지 정부가 미리 지

정할 문제가 아닌 것이다. 개발연대 때에는 우리는 공업이라고
는 거의 없는 상태였으니까, 정부가 어떤 산업을 육성해도 그
산업제품에 대한 수요의 부족이 적어서 큰 차질이 없었지만, 이
제는 고객이 없을 수도 얼마든지 있고, 또 고객의 기호도 시시
각각으로 달라지고 있기 때문에 정부가 앞장서서 산업을 지정한
다는 것은 위험하다.

한국시민사회(NGO)의 현실과 그 미래*

NGO(비정부 민간단체)라는 것은 사회가 어느 정도 소득이 올라가고 복잡해짐에 따라 생겨난다. 또 NGO가 하는 일도 합리화 정상화될 것이다. 이것이 기본경향이다. 경제학을 하는 입장에서 수요와 공급이란 용어를 쓴다면, 나라가 발전하고 부유해져야 NGO에 대한 수요가 증가한다. 왜냐하면, 기능이 복잡해지고 여러 가지 일도 많이 해야 하고 여러 가지 생각이 많이 나와야 하기 때문에, 자연히 비슷한 생각을 하는 사람들이 모여서 단체를 만들고 사회에 봉사도 하고 사회에 목소리를 내려는 욕구가 생기는 것이다. 이것이 NGO의 수요다. 공급 면에서도 본다면, 역시 사회가 부유해지고 사람이 월급의 다소에 대해 신경 쓰는 것으로부터 해방되어야 사회활동을 할 사람이 많아진다. 이를테면 한가한 여성도 많아지고 나이 많은 사람도 많아져야 NGO가 많이 생긴다. 여생을 좋은 일을 하면서 보내야겠다는 사람도 많이 있어야 NGO의 공급이 생긴다. 이렇게 수요와 공급 양측면에서 볼 때 NGO가 잘 되려면 사회가 부유해지고 발전되어야 한다.

한국에서는 NGO의 발전이 다른 나라의 그것과 약간 달랐다. 미국의 경우와 비교해보면, 한국에서는 70, 80년대의 개발연대는 자유가 억압된 암울한 시대였다. 그래서 젊은이들에게 비춰지는 사회정의 부

---

* 2003년 8월 28일 제1315회 인간개발경영자 연구회에서 박원순(아름다운 재단) 상임이사의 발표에 대한 논평을 녹취한 글임.

재와 포악한 정치에 항거하려는 의욕이 많았고, 이것이 동기가 되어 젊은이들이 중심이 되어서 NGO의 발전이 시작되었다. 그래서 한국에서는 NGO는 처음부터 상당히 정치 지향적, 사회운동 지향적인 색채를 띠기 시작했다. 봉사보다도 비판하고 항의하는 성향이 많은 NGO가 되었다는 점이 이를테면 미국과 다른 점이다.

그 후 한국의 NGO는 지금에 이르기까지 많이 다양해져 왔다. 박원순 이사의 NGO와 같은 좋은 단체도 있지만, 아직까지도 정치지향적이고 권력지향적인 성향을 많이 가지고 있다. 그런 성향을 띠는 큰 단체들을 정권을 비롯, 권력을 가진 측에서 이용해서 권력의 발판으로 이용하는 경향이 있다. 한국에서는 정치와 경제가 유착해서 소위 정·경 유착을 통해서 재벌이 자랐고 또 그 때문에 망하는 경우도 있었다. 정·경 유착과 아울러 〈정·NGO 유착〉이랄까 이런 관계도 있었다. 이런 유착이 강화되면 NGO의 본질을 잃게 되므로 끝내는 NGO의 몰락을 가져오게 된다. 왜냐하면 정부나 권력과 유착해서 뭔가를 하려 들면, 편리한 면도 있지만, 반드시 부패하게 되고 그 NGO 본연의 입장을 훼손하는 결과를 가져오기 때문이다.

나는 그런 의미에서 어제 문화일보 1면에 NGO 사람들 1,000명 가량이 모여서 신당을 조직한다는 보도를 보고 이것이 NGO의 위기를 가져온다고 생각했다. 왜냐하면 첫째, 성공을 못한다. 정당을 조직해서 성공할 리가 없다고 나는 생각한다. 私見이지만 여러 사람이 모이면 각기 다 생각이 다를 것이기 때문이다. 둘째로 NGO정책에 대해서 국민의 불신을 가져올 것이기 때문이다. 아무리 급해도 결국 각자가 할 일이 따로 있다고 생각한다.

홍인기 고문의 질문과 관련해서, 정권과 노조의 관계를 보면 안타깝게 느껴지는 일이 있다. 어떤 데모가 나온다 하면 불법이 많고 지나친 것도 많다. 그것에 대해서 정부나 노 대통령은 보다 더 부드러운 대화를 통해서 설득하는 노력을 많이 해야 하지 않겠느냐고 생각한다. 설득이 설사 실패하더라도 국민에게 주는 교훈효과가 있다. 반듯이 그런 노력을 해야 한다. 그것을 통하지 않고 그것은 "불법이다", "엄단한다"는 말을 되풀이하면 양자간의 관계가 악화될 뿐이다. 사실 우리 사회는 대화가 없는 사회이다. 자기 입장만 있지 상대방의 입장은 고려의 대상이 되지 않는다. 설득하고 이해하려는 노력이 부족하다.

박세직 총재의 질문과 관련해서, 삼성에 노조가 없는 이유 중의 하나는 경영을 참 잘하고 있기 때문이다. 삼성의 경우는 노조가 생기려고 할 때마다 미리미리 노조 조직이 되지 않도록 필요하다면 돈도 쓰고 여러 가지 다양한 방법을 써서 그 결성을 예방했다. 그 다음에 중국의 NGO에 대해서는, 중국에는 NGO가 없다. 왜냐하면, 앞서 말했듯이 어느 정도 사회가 발전하고 기능이 다양화되고 욕구가 다양화되어야 NGO가 나오게 되는 것이고, 만약 중국에서 NGO가 나온다고 하더라도 그것은 미국의 경우와는 양상이 다를 것이다. 그 사람들은 그 사람들 나름대로의 독특한 인스티튜션이 있고 관습과 정책이 있기 때문이다.

일본과 미국의 기업가 활동과 벤처캐피탈의 역할*

　미국 실리콘밸리의 성공과 현황, 이에 대응하는 일본의 상황을 요약한 강의였다. 도움이 많이 되었고 좋은 강연이었다고 생각한다. 미국 실리콘밸리 성공의 경과를 설명했는데, 이것은 단순히 미국의 경험뿐만 아니라 세계 어느 곳에서나 벤처산업이 성공하기 위한 여러 가지 조건이 무엇인지를 밝히는 일반이론이었다고 볼 수 있다.

　첫째, 실리콘밸리는 하이테크벤처의 생식지라고 말하고 벤처를 할 수 있는 여러 가지 조건이 구비되어 있기 때문에 성공했다고 했다. 둘째, 벤처는 대단히 위험성이 높은데 실리콘밸리의 성공의 이면에는 측면적으로 그 성공에 기여할 수 있는 사람들이 거기에 많이 모여 있었다고 했다. 변호사들이 많이 모였고, 회계사들도 많이 모여 성공할 수 있는 조건이 성립되어 있었다. 셋째, 그 당시 개발된 기술이 IT산업을 중심으로 하는 것이었기 때문에 소기업이 성공할 수 있었다. 소기업이 성공하기에 실리콘밸리가 적당했다. 넷째, 벤처캐피탈이 있어서 연금, 기금, 기관투자가들의 돈이 모여 여러 가지 시도를 했다. 다섯째, 단순한 파이낸스뿐만 아니라 경영하는 측면에서 도움이 되었다. 벤처캐피탈은 IT 기술에도 조예가 있고 산업정보도 많이 가지고 있었기 때문에 벤처산업의 성공에 많은 기여를 할 수 있었다. 그러나

---

* 2003년 9월 4일 제1316회 인간개발경영자 연구회에서 하타 노부유키(일본 국학원 대학 경제학부) 교수의 발표에 대한 논평을 녹취한 글임.

2000년 이후에는 실리콘밸리는 상당히 퇴색되어 지금은 전의 6분의 1밖에 안 되지만 아직도 1997년 수준은 유지하고 있다. 최근에는 미국도 벤처를 다시 강조하는 사회분위기가 만들어지고 있는 것 같다고 했다.

하다 교수가 말한 것은 실리콘밸리의 경험이자 벤처산업이 성공하기 위한 조건이라고 말할 수 있다. 일본의 경우는 한마디로 말해 속도가 더디다고 했다. 대학에서도 더디고 대기업에서 사람들이 나와서 벤처를 하는 사람들도 상당히 더딘 모양을 하고 있다. 말하자면 기업에서 push out, 벤처에서 pull in 하는 힘이 다 상당히 약하다는 점을 강조했다.

사실은 벤처라고 하는 것은 요즘의 실리콘밸리만이 아니고 옛날부터 자본주의 발전의 원동력이라고 할 수 있다. 벤처는 항상 존재하는데 시대에 따라서 한번 확 나오는 시대가 있고 잠잠해지는 시대가 있는 것 같다. 18세기 말 독일은 후진국에서 20~30년의 노력을 통해 세계 정상급인 공업국가가 되었다. 여러 가지 벤처가 많이 생겼기 때문이다. 특히 당시에는 은행가들의 역할이 굉장히 컸다. 은행가들은 단순히 돈을 빌려주는 역할뿐만 아니라 경영까지 지도해 주는 사회 전반의 지도자였다. 이것이 독일의 공업발전의 힘이 되었다. 우리가 볼 때에는 은행의 중요성, 금융의 중요성이 강조되어야 한다고 생각한다.

일본과 미국의 차이는 문화의 차이에서 비롯된다. 일본 자본주의와 미국 자본주의 사이에는 근본적인 차이가 있다. 미국 자본주의는 어디까지나 개인 자본주의, 강자가 이끄는 자본주의인 데 반해서, 일본 자본주의는 집단 자본주의고, 약자도 같이 나가는 자본주의다. 근본적으로 가치관도 다르고 생각의 근원도 다르기 때문에 미국은 벤처가 잘 나올 수 있는 풍토이고 일본은 벤처가 잘 안 나오는 풍토이다. 은행의 역할, 기업의 push out, 벤처에서의 pull in 하는 힘이 약하다 강하다 하는 것도 문화의 차이 때문이라고 생각한다.

동양 전체가 상당히 집단주의적인 문화를 갖고 있다. 한국은 미국과 일본 사이에 있는데, 어떻게 보면 일본과 좀 더 가깝고, 중국은 어떻게 보면 미국과 상당히 가까운 성향을 갖고 있다. 벤처의 발전도 이런 문화의 차이를 반영할 것으로 본다.

◁ 벤처는 경제발전의 원동력 ▷

벤처정신이 없는 사회는 발전을 할 수 없다. 벤처란 위험을 과감히 부담하는 정신을 말한다. 그러면 위험부담을 많이 하게 하는 데에는 무엇이 필요한가. 위험부담으로부터 나오는 보상이 많아야 한다. 司馬遷의 『史記』에 「重賞之下, 必有勇夫」(많은 보상이 있는 곳에는 반드시 용맹한 사나이가 있다)란 말이 있다.

벤처의 이론은 사실 옛날부터 있었다. 즉, 슘페터의 1911년의 저서인 『경제발전론』에 천명되어 있듯이, 자본주의 경제는 이노베이션에 의해 발전한다는 이론이 바로 이것이다. 이노베이션이 있으면 자연히 벤처가 나온다. 슘페터는 새로운 발명, 새로운 제품의 개발, 새로운 생산방법, 새로운 판로개척 등 네 가지를 이노베이션의 예로 들었다. 이러한 이윤을 올릴 수 있는 방법이 나오면 이노베이터가 나와서 이 방법을 채택하여 이윤을 올린다. 그것을 보고 많은 모방자들이 나와서 이 산업에 투자를 하고 이윤을 올린다. 새로운 기업의 진입에 따라 기존 업체의 이윤은 점차로 줄어가고, 새로운 방법이 점점 덜 새로워지면서 이윤도 줄어감으로써, 그 이노베이션은 끝내는 없어진다. 이러한 프로세스가 바로 벤처인데 이것이 자본주의 발전의 전형이다.

자본주의하에서의 이노베이션의 유인은 물론 이윤이다. 기업의 이익을 가장 잘 보장해 주는 나라가 미국이다. 이에 비해 일본은 그렇지 않다. 그래서 벤처가 적다. 한국은 일본과 비슷하다. 일본이나 한국의 전통이나 통념은 미국과 다르다. 미국을 완전히 모방할 수는 없다.

손자병법과 21세기의 기업경영*

　　박재희 박사는 孫子는 휴머니스트라는 말을 했다. 아주 옳은 말이다. 손자는 인본주의의 전략가, 전술가였다. 손자만이 휴머니스트가 아니라 중국의 사상가라면 누구를 막론하고 휴머니스트라고 봐야 될 것이다. 공자, 맹자, 묵자, 노자, 장자 할 것 없이 전부 인본주의자들이었다. 뿐만 아니라 최근의 사상가들에 이르기까지, 이를테면 손문, 양계초, 심지어 모택동에 이르기까지 크게 보면 휴머니스트라고 본다. 다시 말해 인본주의자다.

　　서양사상과 중국사상의 근본적인 차이는 서양사상은 神이라고 하는 절대적인 존재가 있다고 믿고, 신의 율법을 모든 것의 규범으로 삼고 있는 데 비해, 중국사상은 절대적인 것이 없다는 점이다. 중국사상은 우주, 세계, 인간, 모든 것의 근본은 陰陽이라고 본다. 음과 양이 대립하는 것이 자꾸 변화해서 세계가 구성되고 세계가 달라진다. 이것이 동양사상의 근본이다. 남자가 있으면 여자가 있고, 임금이 있으면 신하가 있고, 밝음이 있으면 어둠이 있다. 이런 식으로 양과 음으로 구성된 삼라만상이 자꾸 돌아가면서 세계가 달라지고, 인간의 명운도 항상 달라진다. 다시 말해서, 양이 성하는 사이에 음이 태동되어 이것이 점점 강해져서 양을 압도하고, 양이 한참 성하는 과

---

* 2003년 9월 18일 제1318회 인간개발경영자 연구회에서 박재희(중국철학) 박사의 발표에 대한 논평을 녹취한 글임.

정에 또 음이 생겨나서 양을 압도하게 되고…… 이것이 반복되는 세계관, 우주관에 있어서는 모든 것이 상대적인 것이다. 서양사상에는 신이 있어 신이 모든 것을 창조하고 절대적인 규칙을 마련했다. 그렇기 때문에 서양사상에는 휴머니스트가 적다. 그런데 중국사상은 누구나 막론하고 휴머니스트다. 예외가 별로 없다.

전 미국대통령 닉슨은 임기를 마치고 10권의 책을 썼다. 마지막 책의 타이틀이 『평화를 넘어서(Beyond Peace)』다. 닉슨이 마지막으로 모택동을 만나러 갔을 때 모택동이 닉슨에게 "당신 나라와 우리나라 사이가 어떻게 되는 것이 바람직하다고 생각하는가?"라고 물었다. 닉슨은 당황해서 뭐라고 해야할지 몰라서 "우리 두 나라가 평화롭게 잘 지내면 얼마든지 세계평화가 이루어질 것이 아니겠습니까"라고 대답했다. 모택동은 다시 "평화면 됩니까? 평화를 넘어서면 무엇입니까?"라고 했다. 『평화를 넘어서』라는 타이틀이 그 대화에서 나왔다.

닉슨이 쓴 책 중에 『The Leaders』라는 책이 있다. 주은래에 대해서 닉슨이 굉장히 높이 평가했다. 이렇게 주은래에 물어봤다. "당신은 공산주의자가 먼저요, 중국인이 먼저요?" 주은래는 "나야 물론 중국인이 먼저죠"라고 대답했다. 공산주의자이기에 앞서 중국인이라고 대답한 것이다. 닉슨은 책에서 "만약에 중국 사람들이 주은래와 마찬가지로 공산주의자이기에 앞서서 중국인이라고 하고 중국인처럼 행동을 하고 생각을 한다면 세계에서 가장 강력한 나라가 될 것이다"는 말을 했다.

나는 강력한 나라가 되고 안 되고 간에 닉슨은 주은래를 굉장히 잘

꿰뚫어봤다고 생각한다. 그는 주은래를 "유교적인 공산주의자다"라고 말했다. 인본주의적인 사고방식을 가진 사람이라는 뜻이다. 최근 어떤 세미나에서 어떤 북한 전문가가 하는 말에, 북한의 김정일을 유교주의자적인 공산주의자라고 한 것을 들은 적이 있다. 이것은 완전히 뭐가 뭔지 모르는 사람의 이야기다. 김정일의 생각 속에는 인본주의 사상이 일체 존재하지 않는다.

나는 손자를 읽어본 적이 있다. 손자는 휴머니스트, 즉 인본주의자였다. 따라서 전쟁을 좋아한 사람이 아니다. 전쟁을 가급적이면 피하는 것이 좋다는 사상을 가진 사람이었다. 전쟁은 사실 안 하는 것이 좋다고 생각했다. 싸우지 않고 이기는 승리가 제일 좋은 승리이다. 이것이 기본적인 그의 전쟁관 내지 인생관이었다. 그래도 만부득이 싸워야 한다면 이겨야 한다. 이기려면 결국 知彼知己를 해야 한다. 「知彼知己면 百戰不殆」, 즉 상대방을 알고 나를 안다면 백 번 싸워도 위태롭지 않다. 그러나 「不知彼 不知己면, 每戰必殆다」, 즉 상대방도 모르고 나도 모르면 싸움마다 위태롭다고 했다.

상대방을 알고 나를 알기 위해서는 모든 방법을 다 써야 한다. 만용을 부려서는 안 된다. 손자는 정보를 굉장히 중요시했다. 상대방에 대해서 정보를 잘 알아 와서 그것을 분석하는 것이 중요하다는 것을 아주 강조했다. 그리고 손자는 「速戰速決」을 중요시했다. 빨리 싸워서 빨리 이겨야 한다. 적진에 오래 있게 되면 비용을 감당할 도리가 없다. 양식도 무기도 공급하기 어렵다. 아무리 강한 나라라도 아주 멀리 가서 오랫동안 주둔하고 싸우면 안 된다. 이 점을 강조했다. 諸葛孔明처럼 촉나라를 멀리 떠나 五丈原까지 나와서 몇 해에 걸쳐 진을 치고 전쟁을 하면, 보급도 부족하고 군대도 피로해져서 지게 되어 있다. 손자가 諸葛孔明이었다면 절대 그런 무모한 전쟁은 하지 않았을 것이다. 손자가 부시라면 오랫동안 이라크에 남는 일은 하지 않을 것이라는 생각을 한다.

윤화진 박사가 손자는 공맹(孔子 孟子)을 어떻게 보았는지에 관해서 질문을 했다. 나는 입장을 바꾼다면 다 비슷하게 될 것이라고 생각한다. 공자도 맹자도 싸워야 한다면 손자와 비슷하게 했을 것이다. 손자도 공자 맹자처럼 싸움에 관한 관심을 버리고 천하를 다스리는 데에 관심을 가졌다면, 잔꾀를 부리는 것이 아니고 공자 맹자처럼 이론을 폈을 것이라는 생각을 갖는다. 결국 손자와 공맹은 관심의 포커스가 달라서 다른 내용의 저서를 남겼을 뿐이지, 휴머니스트라는 면에서는 공통된 면이 있다고 본다.

중국 사람들은 전통에 대한 관심이 희박하다고 했다. 그 사람들은 공자 맹자를 입에 담지도 않는다. 입에 담지는 않지만 그들의 행동은 굉장히 공자 맹자식이다. 지금 등소평, 강택민, 호금도가 하는 일들을 보면 인본주의적인 면이 많이 엿보인다. 그들은 공자 맹자를 신봉한다는 말을 하지 않을 뿐이지, 그들의 정책을 분석해 보면 공맹의 사상과 비슷한 점을 많이 본다. 우리는 공자 맹자를 많이 말하지만 행동은 하지 않는데, 그들은 말은 하지 않지만 행동은 그와 비슷한 면이 많다고 본다.

◁ 중국인과 전통 ▷

중국인은 전통을 무시하는가. 형식은 무시하는 것 같지만 정신은 그렇지 않다. 휴머니즘의 정신이 중국의 전통이다. 수 천 년의 역사를 통해 길러온 철학이 인간중심의 철학이다. 인간을 중요시하는 것은 서양보다도 중국이다. 그럼에도 불구하고 중국은 「人權」 때문에 시달리고 있으니 아이러니한 일이다.

◁ 손자는 휴머니스트였지만, 무자비한 면도 있는 전략가였다 ▷

나는 손자가 휴머니스트라고 한 박재희 박사의 말은 옳은 말이라고 했지만, 손자는 어디까지나 전쟁 전문가이고 전쟁에 이기기 위한 방법을 개발한 점에서, 한편으로는 무자비한 면이 있었다. 손자는 孫武子였다는 말도 있고 또 孫臏이었다는 말도 있지만, 司馬遷의 『史記』를 보면, 손무자나 손빈이나 싸움에 이기기 위해서 쓴 계략은 냉철하고 무자비하다. 특히 손빈이 적장 龐涓을 戰死로 몰아넣는 장면은 무자비하고도 통쾌한 드라마이다. 마치 주은래나 제갈공명이 휴머니스트였지만 무자비한 면도 얼마든지 있는 인물이었던 것과 마찬가지다. 기업경영에 있어서도 마찬가지이다. 이익을 내기 위해서는 비정하고 무자비한 면도 있어야 한다고 생각한다.

참여정부의 당면과제와 노무현 대통령의 성공조건[*]

오늘 김호진 박사께서 이렇게 어려운, 말하기 힘든 제목을 가지고 명쾌하게 그리고 평소 생각하고 있는 말을 확실하게 해주신 데 대해서 감사의 말씀을 드린다. 나는 한 번도 박수를 유도해본 적은 없지만 한 번 박수를 쳐주시기 바란다. 김박사가 발표하시고 질문하신 과정에서 느낀 몇 마디의 말씀을 드리고자 한다. 약 60년 전의 일이지만, 나는 삼국지를 읽었다. 그 후에는 한 번도 다시 읽어본 적은 없는데 諸葛孔明이 나이 27살에 劉玄德한테 갔다. 27살에 갔을 때 서서라고 하는 장래를 볼 수 있는 하나의 도사 비슷한 사람이 평하기를, "공명은 아주 좋은 주인을 만났지만 시대를 잘못 만났다"고 했다.

사람이 국정에서 성공하자면 아무리 개인이 뚜렷하고 지식이 많고 뭔가 많이 가지고 있어도 여러 가지 객관적 조건이 갖추어져야 한다는 것은 역사를 통해 알고 있다. 본인이 출중해서 비전이 있어야 하고, 비전에서 나오는 전략이 있어야 되고, 전략을 실천에 옮기기 위한 정치세력이 확실하게 있어야 한다. 김호진 박사도 간접적으로 지적했지만, 좋은 보좌역이 있어야 하는데 노무현 대통령은 아직도 밖에서 보기에는 지혜와 용기와 모든 것을 갖춘 사람을 제대로 만난 것 같지는 않다. 지지세력도 강력하기는 하지만 이 나라가 필요로 하는

---

[*] 2003년 9월 25일 제1319회 인간개발경영자 연구회에서 김호진(사회분쟁조정위원장/전 노동부 장관) 박사의 발표에 대한 논평을 녹취한 글임.

경륜을 공급할 수 있는 상태는 아니다. 여기에서 상당한 어려움을 겪고 있는 것이 현실이다.

누구를 막론하고 노무현 대통령이 성공하기를 기대한다. 왜냐하면 우리나라의 성공 또는 실패 여부가 노대통령의 성공 여부에 달려 있다. 우리나라는 성쇠의 분수령에 처해 있다. 나락으로 떨어지느냐 그렇지 않으면 앞으로 나갈 수 있느냐가 결정되는 중요한 시기에 이 나라를 맡았는데, 참으로 난제가 많다. 우선 첫째, 개혁이라는 것이 화두에 오르고 있다. 김호진 박사도 그 말씀을 많이 하였다. 그런데 분명한 것은 하나 있다. 무엇을 개혁하려는 것인지 불분명하다. 대처는 노조, 복지 등 뚜렷하게 개혁의 대상을 정했다. 대처여사의 회고록 첫 장에 그녀는 "아무리 힘들더라도 이것을 해내겠다"고 쓰여있다. 노대통령의 개혁은 무엇을 하겠다는 것인지 우리가 잘 모르고 있다. 개혁의 비전이 나오고, 비전이 나와야 전략이 서고, 전략이 나와야 정책이 나올 수 있는데, 그것이 없어서 걱정이라고 느낀다. YS때 "역사 바로 세우기"라는 구호를 내걸었는데, 그것도 개혁이라고 했다. DJ때 "제2의 건국", 그것도 개혁의 뜻을 함축한 구호였다. 지금은 〈참여〉라는 구호를 표방하는데, 이것도 물론 개혁의 뜻을 담은 것이다. 역대 정권의 개혁이 성공한 것이 없기 때문에 지금 국민은 참여를 주도한다는 개혁의 의미가 불분명하여, 〈개혁 피로증〉에 걸리고 있다. 아주 뚜렷한 목적을 가지고 실현가능한 방향을 제시하기 전에는 성공하기 어렵다. 어정쩡한 목표를 가지고는 안 된다.

우리 경제의 현황, 정치의 현황, 국제정세는 과거 어느 때보다 가혹하다고 볼 수 있다. 경제만 가지고 보더라도 IMF때보다 훨씬 더 어렵다. IMF가 왜 왔느냐 하면 우리가 자력으로 개혁을 못하기 때문에 타율적으로 개혁을 강요당한 것이 IMF사태이다. 어쨌든 IMF 때문에 두 해 동안 DJ정부는 별로 비판을 받지 않고 지낼 수가 있었다. 모든 것이 잘되었다고는 보지 않는다. IMF사태가 왔기 때문에 얼버무릴 수가 있었다. 그러나 지금은 그때보다 훨씬 더 어렵다. 노동부문은 전문적인 지식이 적은 경제분야이기 때문에 잘 모르므로 말씀드리지 않지만, 나는 지난 5년 동안 금융, 기업, 공공부문은 성공했다고 보지 않는다.

BIS 8% 달성, 부채비율 200% 달성 이것은 IMF의 방향에 따르기 위해서 설정된 기준이고, 사실 한국경제의 활성화와는 별로 관계가 없는 것이다. 이 외에도 빅딜이나 워크아웃, 공적자금의 투입 등을 했다. 우선 일단 그런 것을 가지고 기업이나 금융의 재무구조를 개선하는 데는 〈성공〉했다. 성공할 수밖에 없다. 왜냐하면, 우리나라의 재산이 얼마나 많이 팔렸는가? 은행이 몇 개가 팔렸고, 국민은행도 이를테면 거의 70%가 외국인의 수중에 들어갔다. 그 외에 한전, 포스코, 삼성전자도 시가 총액의 약 60% 이상이 외국 사람에게 팔렸다. 거기다가 공적자금이 많이 투입되었다. 그러니까 우리나라 재산 팔고 공적자금 투입으로 기업과 금융의 재무구조가 개선된 것이다. 우선 당장은 쓰러지려는 기업이 한숨 돌린 것은 틀림없지만, 따지고 보면 기업의 부실이 완전히 청산되었냐 하면 천만의 말씀이다. 금융도 제대로 되고 있지 않다. 금융의 여러 가지 잘못으로 인해서 지금 개인의 신용불량자가 330만명이나 된다. 이것을 어떻게 처리하느냐 하는 큰 문제를 가지고 있다. 이렇게 볼 때, 지금은 IMF도 없는 상태에서 약한 정부가 이 난국을 타개할 책임을 졌다. 참으로 어려운 처지에 놓여 있다고 생각한다.

　동북아시아의 금융허브 이야기가 나왔지만, 나는 별로 현실성이 없다고 본다. 그리고 국민소득 2만불, 이것도 어떤 정책을 통해 그것을 달성하려는 것인지 확실하게 제시해줘야지, 지금까지 하고 있는 것은 다소 막연하다고 생각한다. 소득 2만불은 현재의 2배이다. 1만불이 2만불이 되려면 해마다 7%로 성장을 해서 10년이 걸려야 된다. 우리나라의 지금 성장잠재력이 3~4%밖에 안 된다. 시대는 저성장의 시대로 들어갔다. 며칠 전에 KDI원장이 저한테 5%정도 성장잠재력을 계산하고 있다고 하는데 나는 이것도 너무 낙관적이 아닌가 생각한다. 노무현 대통령도 그저 2만불 목표만 내세우지 말고 나의 재임기간 동안에 몇 달러 정도 될 것이라고 확실하게 말해야 한다. 이제는 국민들한테 자꾸 장밋빛 사진만 제시해서는 안 된다. 이제는 어려우면 어렵다고 이야기를 하고, 내 재임기간 동안 2만불이 되기 위한 기초레일만 깔겠다는 겸허한 목표를 세워서 애를 쓰는 자세를 대통령은 국민한테 보여주기를 바란다. 그래야 국민들이 이 대통령은 그래도 열심히 노력하고 있구나 하는 느낌을 가지게 되고, 그것이 대통령에 대한 신뢰를 가지고 오게 된다. 그런 면에서 대통령 스스로가 가지는 패러다임을 새로 개발해 주기를 바란다.

국가균형발전의 의의와 과제*

논의의 상당부분이 수도 이전에 관한 것인데, 가장 큰 이슈이기 때문에 그렇긴 하겠지만, 균형은 여러 가지 의미를 담고 있다. 이를테면 지역간 발전의 균형, 소득의 균형, 도농간의 균형, 산업간의 균형 등이 있고, 요즘 중국에서 말하고 있듯이 인간과 자연과의 조화도 있다. 넓게 생각해서 전체적인 입장에서 많이 고려해 주기 바란다.

그 전에도 이런 문제가 많이 나왔다. 그때에도 말했지만, 사람도 건강을 유지하려면 균형과 조화가 이루어져야 된다. 우리 사회나 경제가 건강하기 위해서는 균형이 있어야 한다. 이것은 당연한 이야기다. 지금 국가균형발전위원회에서 아주 큰 문제를 안고 있다는 것을 느꼈다. 사실은 이 문제의 해결은 실제로 시기적으로 좀 늦었다. 30년 전에 했어야 할 문제가 요즘에 와서 대두되다보니, 목적은 대단히 좋고 또한 어떤 형태로든 추진될 수밖에 없겠지만, 상당한 정도의 비효율을 각오해야 할 것이다. 다시 말해, 큰 비용은 부담하면서 거기서 나오는 가시적인 성과는 적을 것이다. 이것을 적어도 초기에는 각오를 하고 감수를 해야 할 것이다. 수도권 같은 문제, 균형발전의 문제, 기업간의 균형의 문제를 30년 전 박정희 정권 때부터 했어야 했는데 그때부터 깨진 균형이 계속해서 불균형적으로 확대되다 보니 오늘과 같이 되고

---

* 2003년 10월 2일 제1320회 인간개발경영자 연구회에서 성경륭(국가균형발전위원회) 위원장의 발표에 대한 논평을 녹취한 글임.

그것이 국제경쟁력의 저하로 이어져서 오늘의 경제를 어렵게 만드는 하나의 요인이 되고 있다. 경제발전의 초기에 균형을 충분히 고려해서 성공을 했어야 할 문제인데, 한국은 그만 급하게 생각하다가 이것을 미리 생각하지 못하고 불균형성장으로 치닫고 말았다.

좋은 예가 한국과 대만의 예다. 나는 대만의 경제정책을 다소 연구해본 적이 있다. 대만은 50년부터 농업의 발전을 아주 강조했다. 공업도 물론 했지만 농업의 발전을 강조하고, 둘째로 물가의 안정을 강조했다. 셋째, 중소기업의 육성을 강조했다. 한국의 경제발전은 60년대 초부터 이 세 가지 면에서 전부 반대였다. 농업보다 공업을, 중소기업보다 대기업을, 인플레정책을 중시하게 되었다. 결과적으로는 지금 대만은 한국보다 국제적인 환경이 나빴음에도 불구하고 경제적으로는 훨씬 더 성공적이다. 일인당 소득도 더 높다. 한국이 자랑하는 IT산업면에서도 기술수준이 대만이 한국보다 오히려 높다.

참고로, 어제 파이낸셜 타임즈지에 나온 기사인데, 이번 새로 등장한 중국의 溫家寶 총리가 새로운 발전방향을 추진하기로 마음을 굳히고 있는 것 같다. 다시 말해, 균형발전의 비전이 나오고 있다. 그동안 주용기 총리가 하던 경제성장의 도형, 다시 말해 글로벌라이제이션에 순응하는 발전의 방향을 수정하는 것은 아니지만, 그 정책을 보완하기 위해 지역적으로 동북부(만주지역)를 발전시키겠다고 했다. 지금까지 추진되어 온 서부개발과 아울러, 이제는 동북부로 상당한 지원을 개시하고, 자연환경도 보호하고, 농업을 발전시키겠다는 것이다. 농업부분도 중국 농업은 상당한 경쟁력을 가지고 있다고 파이낸셜 타임즈지는 보도하고 있다. 중국으로 봐서는 이 시기를 놓치지 말고 균형

정책을 추진해야만 중국이 강대한 나라가 될 수 있다.

후쿠야마의 『트러스트: 사회도덕과 번영의 창조』라는 책을 언급하면서 성위원장은 그 책의 논지가 대체로 옳다고 하였다. 나는 그렇게 보지 않는다. 이런 책들이 결국 자꾸만 잘못된 인식을 일본과 한국이나 중국에 심어서, 하나의 잘못된 사회통념으로 되고 있다. 나아가서는 자존심마저 손상시키는 심리를 만들고 있다.

이 책의 요지는 한국과 중국은 신뢰가 없는 사회인데 비해 일본은 신뢰가 있는 나라라는 것이다. 일본에 신뢰가 있다? 그렇지 않다. 일본사람들은 신뢰가 없다. 그들은 자기들끼리는 신뢰를 지키지만, 자기들 이외의 사람들에게는, 즉 국제적으로는 신뢰가 없다. 최근에 와서는 일본 학자들은 일본에는 구석기시대가 없었음에도 불구하고 그런 것이 있다고 해서 증거물을 위조해서 땅에 파묻어 발굴하는 식으로 하는 것을 보았다. 우리 한국 사람들이 언제 그런 것을 조금이나마 상상이나 했는가. 우리는 역사가 갖다 준 여러 가지의 어려운 조건 때문에 서로가 미워하고 분열되는 과정에서 서로를 불신하는 것이 있는 것은 사실이지만, 기본적으로는 한국 사람들은 정직한 사람들이다. 일본보다 덜 교활하고 덜 간교한 사람들이다. 후쿠야마(일본인 2세)는 그가 90년대 접어들 무렵부터 별로 좋지 않은 저서를 내는 것으로 유명해졌다. 글로벌 시대가 왔을 때 『역사의 종언(The End of History)』이라는 책을 내어 세계는 앞으로 미국의 영도 하에서 아주 안정되고 평화로운 시대를 맞이할 것이라고 했다. 완전히 엉터리 이야기이다. 앞으로 성위원장이 그런 저서에 현혹되지 말기를 바란다.

지방대학 육성문제를 가지고 말씀하였다. 제발 과거의 실수를 범하지 말기를 바란다. 우리나라에서 지방대학을 육성한다고 할 때마다 자꾸 지방대학의 학생모집 인원을 증가시켰다. 그리고 지방대학을 크게 만들었다. 그럴 때마다 지방대학의 질이 떨어졌다. 이것을 지방대학 육성이라고 말한다. 완전히 거꾸로 가는 정책이다. 지방대를 육성하려면 작은 대학이라도 내실 있는 대학을 만들어야 한다. 참고로 어제 조선일보에는 서울대에서 몇 가지 과목을 폐강했다는 기사가 나왔다. 이유는 수강신청이 없기 때문이라고 한다. 그 폐강된 과목이야말로 필요한 과목들이었다. 서양문명에 관한 철학, 서양문명의 발전, 동양철학 등이다. 이런 것들이 들을 필요가 없다고 학생들은 느끼고 있어 수강신청을 하지 않아 폐강되었다고 한다. 적어도 서울대에서 이런 과목이 폐강되는 처지라면 대학이 이제 완전히 죽었다고 해도 과언이 아니다. 원인에 대해서는 어느 정도 생각한 것이 있지만 그것을 말씀드릴 겨를은 없다. 지방대의 육성뿐 아니라 균형이라는 면을 볼 때 우리 나라 대학과 교육 전체의 질이 떨어져 있기 때문에 큰 차원에서 생각하고, 교육 전체에 대한 처방을 내려야 한다. 마치 서울에 있는 대학은 굉장히 발전하고 있는데 지방대학만이 잘못되어 있기 때문에 여기에 대해서 돈만 들이면 제대로 된다고 생각하면 큰 잘못이다.

서울의 인구집중의 원인은 어디에 있는가. 그것은 간단한 이유에서이다. 서울에 먹을 것이 있기 때문이다. 모든 동물이 모여드는 것은 거기에 먹을 것이 있기 때문이다. 뱀이 있는 고장에는 틀림없이 개구리가 많다. 사람이 모이는 이유는 거기에 가야 먹을 것이 있기 때문이다. 거기에 가야 먹을 것이 있도록 정책을 계속 써왔기 때문에 서울과 경기도에 사람이 모이는 것이다. 자꾸만 아파트를 짓는다. 투기를 막는다는 구실 하에 신도시를 자꾸 만든다. 자꾸만 아파트를 공급하니까 건설하려면 돈이 나가게 되고, 돈이 나가니까 종사하는 사람들의 소득이 늘어나게 되고, 땅값이 오르고, 극장도 생기고 음식점도 생긴다. 또 건설이 생기고, 이렇게 되어 사람이 몰리게 된다. 지금까지 정책은 역대 정부에 의해 많이 추진되었지만, 지방을 위하고 수도권을 억제하는 것과는 완전히 거꾸로 가는 정책이 현재에도 집행되고 있다. 자고 일어나면 어디에 신도시를 만든다. 이렇게 해놓으면서 결국 돈을 뿌려서 사람을 모여들게 만들어 놓고 행정적으로 수도를 옮김으로써 수도권을 억제하려고 한다. 이것은 서로 모순된 정책이다. 성공하기 어렵다. 좀 더 크고 넓은 안목에서 검토해주기를 바란다.

고속철도 시대를 맞으면서[*]

우리나라 사회 모든 사정이 암울한 면이 많은데 오늘 아침 모처럼 정종환 이사장께서 오셔서 활기 있고, 미래를 여는 듯한 훌륭한 발표를 해줘서 많은 고무를 느꼈다. 가끔 종합정리를 하면서 낭패감을 가지는 적이 있는데 오늘이 제일 크지 않은가 생각한다. 첫째는, 아는 것이 거의 없다. 내가 안다고 하는 것은 경제, 역사 등 전공과 관련 있는 부분과 늘 하고 있는 독서에서 나오는 지식인데, 고속철도에 관해서는 읽은 것이 없기 때문에 아는 것이 없는 것이다. 또 한 가지는 이렇게 말씀을 잘 하시는 분 뒤에 나 같이 어눌한 사람이 말을 하는 것은 설사 아는 것이 있다고 하더라도 아주 불리하다. 가수가 노래를 한 직후에 여러분들은 절대 노래를 부르지 말라. 아무리 해봐야 별로 칭찬을 못 받는다.

단편적으로 느낀 점을 말한다면, 나도 일본 신간선이 개통되고 나서 얼마 안 되어 오사카에서 동경까지 타봤다. 별로 큰 감동을 못 느꼈다. 승차감을 이야기했는데 지금 생각해 보면 빠르다는 것뿐이지 별로 못 느꼈다. 내가 둔하기 때문인지도 모르겠다. 정 이사장께서는 고속철도가 신간선보다 승차감이 좋다고 하니까 안심을 한다.

---

[*] 2003년 10월 16일 제1322회 인간개발경영자 연구회에서 정종환(한국고속철도건설공단) 이사장의 발표에 대한 논평을 녹취한 글임.

일본을 많이 이야기 하였는데, 이를테면 신간선이 나오고 나서 일본의 경제문제 중의 하나가 東京一極 症勢라는 것이다. 동경에 모든 것이 집중되어 있다는 것이 일본 경제사회의 큰 문제로 부각되어 있고, 이것이 해결되지 않고 있다는 데에 아직도 일본의 고민이 있다. 우리나라의 서울일극 증세는 일본 동경은 문제가 안 될 정도로 심하다. 동경은 1,100만의 인구가 있다. 우리나라는 경기도가 지금 서울의 인구 1,100만을 능가하고 있다. 전국 인구의 반이 수도권에 집중되고 있는데, 내가 보기에는 고속철도가 다녀도 이 문제의 해결에는 도움이 안 된다고 본다. 일본의 경험을 봐도 그렇다.

철도의 수요가 증가하고 철도운송이 더 많아지면 자동차 수요와 도로의 수요가 그만큼 줄어간다고 기대하는 사람도 있겠지만, 반드시 그렇지는 않다. 철도에 대한 수요가 증가하는 동시에, 물론 탄력성의 차이는 있겠지만, 도로와 자동차의 수요도 증가하지 않을까 생각한다. 철도의 문제가 해결하는 부분은 우리 경제와 교통의 문제가 가지고 있는 것의 일부분에 불과하다고 본다. 너무 많은 기대를 갖지 않는 것이 좋다.

더 건강하게 더 오래살기* - 노화방지의학을 중심으로

옛날 말에 "五福之中, 一日壽"라는 말이 있다. 오복 가운데 제일 먼저가 오래 사는 일이라는 말이다. 나는 여기 계신 여러분들이 다 오래 살아야 한다고 본다. 특히 여러분들과 같이 사회에 좋은 공헌을 하는 분들은 더 오래 살고 건강을 유지해야 할, 어떤 의미에서는 사회적인, 의무가 있다고 생각한다. 오래 살지 못하면 업적을 낼 수 없다. 아무리 훌륭한 재주를 가지고 있어도 좀 오래 살아야 업적을 낼 수 있다. 업적은 그냥 부를 축적한다든지 경제발전에 기여하는 업적만이 아니라 후진을 위해서, 사회를 위해서 좋은 모범을 남기는 것이 더 중요한 업적일 수 있다.

우리는 물론 오래 살기 위해서 노력하고 항상 건강을 체크해야 한다. 오늘 강의의 내용을 그대로 실천하는 것이 좋다고 본다. 그렇다고 하더라도 늙는 것은 틀림없다. 늙으면 늙는 데 따른 德이 역시 따라 나온다. 나는 미숙하나마 나이가 들면서 '내가 좀 더 겸손해 졌구나' 하는 것을 느낀다. 또 '이제는 내가 남을 미워하거나 부러워하는 일의 어리석음을 아는구나' 하는 것도 느낀다. 다 좋은 일이라고 생각한다. 가족, 자녀에 대한 이해심이 전보다 많아진 것처럼 느낄 때도 있다. 이런 것을 실천함으로써 집안도 좋게 만들고 주변 분들에게도

---

* 2003년 10월 23일 제1323회 인간개발경영자 연구회에서 클로드 쇼샤르(프랑스 라 클리닉 드 파리 원장)의 발표에 대한 논평을 녹취한 글임.

덜 나쁜 영향을 미치겠구나 하는 것을 느낀다. 오래 사는 것이 좋다는 것을 느낀다.

나는 경제학을 전공하기 때문에 항상 사람의 건강과 사회의 건강을 결부시켜 많은 생각을 한다. 여기 계신 분들은 예외지만, 우리나라의 노년은 아주 말이 아니다. 처참한 경우가 있다. 얼마 전 명동에 나간 적이 있다. 명동은 우리나라에서 가장 화려한 거리다. 그곳에 가 보면 30대도 별로 없다. 40대는 거의 없다. 전부 10대 아니면 20대가 거리를 메우고 있다. 노년층은 주로 파고다 공원에 가 있다. 이것이 우리나라 노년의 실상이다. 외국 같으면 명동에는 늙은이들이 많이 있을 것이다. 젊은이들은 그런 곳에 갈 사이가 없다. 일해야 하고, 공부해야 한다. 그런데 우리나라는 그 화려한 곳에는 10대 20대만 있고, 늙은이들은 파고다 공원에 가 있다. 그것은 우리의 교육이 잘못돼 있기 때문이기도 하고 사회제도가 나쁘기 때문이기도 하다. 말하자면, 사회의 흐름에 우리의 의식과 행동이 따라가지 못해서 그렇다. 고쳐야 할 필요를 많이 느낀다.

우리나라뿐만 아니라 미국, 프랑스에도 예외 없이 병이 있다. 어떤 사회를 막론하고 완벽하게 건강한 사회는 없고 다 병이 있다. 병이 없는 사람이 없듯이 사회에도 많든 적든 종류가 무엇이든 병이 다소 있기 마련이다. 그 병은 깊어지기 전에 고쳐야 한다. 쇼샤르 박사 같은 분들이 나와서 자꾸 고쳐주고 호르몬도 바꾸어주고, 사회의 호르몬도 바꾸어 줘야 한다. 우리 사회의 의사라고 할 수 있는 경제학자, 사회과학자들은 어려움이 굉장히 많다. 인체보다 이 사회가 더 복잡하고 그 움직임이 불규칙하기 때문에 병을 알기 어렵고, 그래서 돌팔

이학자가 많다. 그리고 사회현상은 실험이 불가능하다. 그래서 엉터리 경제학자, 돌팔이 사회학자가 많이 있어도 별로 도움이 안 되는 것이 안타깝다.

우리나라에서는 자살이 하나의 일상 보는 현상이 되었다. 일본에서도 자살이 늘고 있다. 일본 어느 11월호 잡지에는 최근 1년 사이에 자살자 수가 32,000명으로 증가했다고 기술하고 있다. 얼마 전까지만 해도 2만명 대였다. 5년 동안 15만명 인구를 가진 도시 하나가 자살로 없어진다는 것이다. 자살은 일본사회의 하나의 병이다. 우리가 그 병을 쫓아가고 있다. 우리는 모든 것을 일본에 쫓아가고 있는데, 결국 이 병마저 옮아오고 있다. 특히 어려운 우리 사회의 병은 기러기 아빠, 기러기 엄마, 노숙자, 고시원 등이다.

최근에 나는 국립암센터의 박재갑 원장을 만난 적이 있다. 나의 후배인 동시에 매우 후덕한 원장은 나에게 "선생님, 병원에 가서 건강 체크를 해보셨습니까?"라고 물었다. 그래서 어느 병원에서 했다고 말했다. 그랬더니 그는 "그 병원은 좋은 병원인데 체크하기 전날에 설사를 하고 오라는 요구를 했습니까?"라고 물었다. "그런 요구는 못 받았습니다"라고 했더니, 그렇다면 그것은 완전히 철저한 검사는 아니라고 했다. 그는 최근에 대장암이 많이 늘고 있는 추세이기 때문에 대장암 검사를 해주겠다고 했다. "내일 아침에 제가 전화를 할까요?" "아니오. 내가 전화를 올리지요" 하고서는 잊고 있었다. 그랬더니 어제 "빨리 한 번 오십시오"라는 내용의 편지가 왔다. 박사께서 말했지만, 건강할 적에 많이 체크를 해야 한다. 그것이 우리들에게 주는 메시지가 아닌가 생각한다.

◁ 국립암센터의 암진단 ▷

　나는 결국 그 후 일산에 있는 「국립암센터」에 가서 진단을 받았다. 세계에서 가장 성능이 좋은 장비를 갖춘 국립암센터이기에 거기에서 대체로 건강하다는 진단결과를 받고 우선 안심을 했다. 개인의 건강이나 나라의 건강이나, 예방을 해야 한다. 일단 병에 걸리고 나면 고치기란 대단히 어렵다. IMF라는 난치병에 걸려 수술을 받고난 한국경제는 수술의 효과는 있었다고는 하나 그 전의 건강을 완전히 회복했는가? 아니다. IMF의 대수술은 내가 보기에는 한국경제를 더욱 약화시켰다. 국민경제의 장기적 건강에 관한 정부나 국민의 관심과 그 예방을 위한 노력에 별로 개선이 있는 것 같지 않으니 걱정이다.

CEO를 위한 휴테크 성공학*

　나는 경제학을 배웠기 때문에 오늘의 주제인 휴테크의 문제, 즉 여가의 선용문제를 경제와 관련시켜 보고자 한다. 첫째, 여가가 왜 생겼는가를 먼저 살펴보자. 사자, 소, 양 등 동물은 자기 먹는 것을 찾는데에 일생을 바친다. 그 이외에는 별로 관심이 없다. 그리고 먹는 것이 많지 않기 때문에 아침부터 저녁까지 먹을 것을 찾아다니기에 바빠서 여가라는 것이 있을 수가 없다. 이와 마찬가지로, 인간도 원시시대 때 생산력이 적었을 때에는 여가가 있을 수 없었을 것이다. 여가가 생기기 시작한 것은 농업이 상당히 발달하면서 잉여농산물이 생겨서 먹을 것이 충분해지고 일을 안 해도 될 수 있는 상황이 되었기 때문이다.

　18세기 말 로버트 맬더스(Thomas Robert Malthus)라는 영국 경제인구학자가 『인구론』(An Essay on the Principle of Population, 1798)이라는 책을 썼다. 그는 농업생산은 산술급수적으로밖에 증가하지 않는데 인구는 기하급수적으로 증가하기 때문에 결국 인류는 언젠가는 식량의 부족으로 파멸에 직면하게 되리라 예언했다. 뭔가 인구를 줄이는 방법을 강구해야 한다고 했다. 만약에 사람들이 그것을 강구하지 않고 실패한다면 기아현상이 일어나고, 전쟁이 일어나서 비참한 상황이 된

---

* 2003년 10월 30일 제1324회 인간개발경영자 연구회에서 김정운 교수(명지대 여가정보학과)의 발표에 대한 논평을 녹취한 글임.

다는 내용이었다. 그런데 요즘은 농업기술이 하도 발달되어 인구의 5%만 농업에 종사해도 먹는 것이 거의 해결되는 지경에 이르렀다. 많은 인구가 농업으로부터 해방되었다.

농업에서 해방된 인구는 제조업으로 갔다. 공업화가 시작됐다. 공업화로 자동차를 생산하고, 옷이나 양말 등을 생산하다보니까 상당히 바빠졌다. 그런데 요즘은 제조업이 옛날의 농업과 마찬가지로 되었다. 이제는 사람이 많이 필요가 없게 된 것이다. 전부 기계화, 컴퓨터화되어 인구의 일부분만 제조업에 종사하게 되어도 인간이 필요로 하는 제조업 생산물은 충분하게 되었다. 이렇게 되니 인구의 상당부분이 이제 여가를 조금 가지게 되었다. 다시 말해, 생산성의 향상에 의해서 인간은 여가를 즐길 수 있게 된 것이다.

둘째, 여가가 많이 생겼지만 두 가지 문제가 나타났다. 그 여가가 골고루 생기면 그나마 괜찮은데 여가를 도저히 가질 수 없는 처지에 있는데도 불구하고 강제적으로 여가가 생기는 경우가 있다. 그런 처지에 있는 사람을 실업자라고 한다. 여가를 가지고 있어서는 곤란한데도 불구하고 굉장히 많은 사람들이 여가를 가질 수밖에 없게 되었다. 한국이 풀어야 할 가장 큰 당면 문제가 바로 이것이다. 이 문제는 선진국이 된다든지 "1인당 국민소득 2만불" 달성보다도 훨씬 더 심각한 문제다. 두 번째 문제는 여가를 어떻게 처리하느냐의 문제이다. 이것이 여가를 가지는 사람들의 큰 문제가 되고 있다. 인간은 여가를 소중히 여기고 자유를 필요로 하지만 자유가 과하게 되면 이것은 처치 곤란한 문제가 될 수 있다. 만일 모든 것이 자유롭다면, 항상 뭔가 선택을 해야 하는데, 그때마다 괴로워진다. 선택하는 것마다 괴롭다.

여가가 계속된다면 그 여가가 즐거운 것이 아니라 桎梏으로 변하는 것이다. 이래서 이것을 어떻게 처리하느냐 하는 문제가 생긴다.

그렇다면, 여가라는 것은 무엇인가. 김 박사 말대로 여가는 단순히 '즐겁다', '즐겁게 논다'는 의미만은 아니라고 나는 생각한다. 이를테면 한국 사람이 여가를 잘 즐기는 민족처럼 보이지만 그렇지 않다. 우리의 문화가 여가를 잘 즐기는 그런 문화가 아니다. 우선, 우리에겐 여가라는 것이 없다. 우리는 같이 놀아도 혼자서 놀지 않는다. 몇 사람만 모이면 식사하고 노래를 시작한다. 노래를 시작하면 손뼉을 친다. 나는 미국에 오래 살았지만 미국 사람들이 노래를 하면서 식사를 하는 것을 본 적이 없다. 노래를 하라고 해도 손뼉을 치는 경우는 매우 드물다.

우리는 골프를 쳐도 남이 하니까 나도 해야 한다. 재미로 하는 것보다 의무적으로 하는 경우도 있다. 그것은 진정한 의미에 있어서의 생산적인 여가가 아니다. 골프라는 하나의 활동에 종사하고 있는 것이지 여가를 즐기는 일은 아니다. 그렇다면 여가의 본질은 무엇인가? 이것은 개인이 혼자서 즐겁게 살 수 있는 능력이 있을 때에 비로소 가치가 있다. 옛말에 "소인이 한가한 시간을 가지면 좋지 않은 일을 한다"(小人閑居, 爲不善)는 말이 있다. 좋지 못한 일밖에 할 수 없는 사람들에게는 여가란 나쁜 것이다. 사람들이 한가할 때 좋은 일을 할 수 있는 능력을 가지고 있는 문화 속에서 비로소 여가의 진정한 의미가 나올 수 있다.

김 박사가 '잔잔한 사소한 즐거움'이란 표현을 썼다. 그와 일맥상

통한 이야기일 수도 있다. 혼자서 능히 살 수 있으며 자살하지 않고
살 수 있는 능력, 이런 것이 여가가 아닌가 생각한다. 혼자서 생각하
고 즐길 수 있는 문화여야만 비로소 우수한 문화를 낼 수 있고 우수
한 저작을 만들 수 있고, 우수한 사고, 철학을 만들 수 있다. 우스갯
소리일지 모르지만, 여러분 CEO들은 너무 여가를 즐기지 마시기를
나는 바란다. 우리경제는 아직 그런 처지가 아니다.

그리고 끝으로 여자 말씀을 많이 하셨는데, 나는 거의 페미니스트
에 가깝다. 여자를 예우해야 한다는 주장은 누구보다도 지금까지 강
하게 갖고 있는데, 최근에는 여자 때문에 큰일이라고 생각한다. 왜냐
하면 여자들의 성취욕, 여자들이 벌이는 살벌한 광경 등이 남자들보
다 앞으로 더하지 않을까 우려되기 때문이다. 그들이 지금은 약한 것
같지만 그들의 힘이 막 올라오고 있다. 그들이 앞으로 세상을 압도한
다면 우리나라는 살벌한 나라가 될 수 있다고 생각한다. 일반적으로
여자의 의욕이 너무 강해지면 기러기 엄마, 기러기 아빠가 양산된다.
여자들이 말도 제대로 못하는 어린이를 데리고 영어교육을 한다고 미
국, 캐나다로 이민을 가는 것을 보면, 만약에 앞으로 이들이 이 나라
를 맡는다고 한다면 이 나라는 과연 어떻게 될지 걱정이 된다. 나는
지금까지 여자가 가지는 미덕, 남자보다 깨끗하고, 절제 있고, 더 정
직하기 때문에 여자에 대해 나름대로 존중하는 마음을 가졌다. 마하
트마 간디의 칭찬을 받은 여성의 미덕을 많이 평가해 왔다. 그러나
이제부터는 자꾸 여자를 찬미하는 이야기는 줄일까 생각한다.

노철학자가 바라보는 21세기 한국의 지도자상*

　　정열을 가지고 강의를 해주신 데 감사를 드린다. 평소 안 선생님은 나도 잘 알고 많은 지도를 받고 있다. 나한테는 직접 선배가 된다. 연령차이도 많아서 8년 차이가 된다. 과연 8년 후에 제가 안병욱 선생님처럼 정열적으로 이야기를 할 수 있을지 많은 반성을 했다. 앞으로도 계속해서 건강하시고 좋은 말씀을 후진한테 남겨주시기를 바란다.

　　안 선생 말씀을 들으면서 이렇게 반문을 해봤다. 도산이 오늘 다시 나신다면 도산은 오늘의 현상을 보시고 어떻게 생각하고 우리들한테 무엇이라고 말하실까? 도산 선생은 아마 우리나라가 어쨌든 남북이 갈렸지만 이제 남의 식민지가 아니라는 사실에 어느 정도 만족을 하시지 않을까 생각한다. 그러나 남북이 분단된 사실, 그리고 오늘날 우리가 처해있는 중대한 위기상황을 보신다면 많은 개탄을 하지 않을까 생각한다. 그래서 오늘 강연 주제가 "21세기의 지도자상"이기 때문에 나 나름대로의 생각을 몇 가지만 말씀드리겠다.

　　안 선생께서 처음 손문의 세 가지 인간의 유형을 말씀하셨다. 나는 손문이 평소 늘 좋아 하던 "행이지난(行易知難)"이라는 말을 상기 하고자 한다. "행하기는 쉽지만 아는 것이 어렵다"는 뜻이다. 흔히, 아

---

* 2003년 11월 6일 제1325회 인간개발경영자 연구회에서 안병욱 교수(숭실대학교)의 발표에 대한 논평을 녹취한 글임.

는 것은 쉽지만 행하기가 어렵다고 보통 생각하는데 손문은 반대로 행하기는 쉽지만 아는 것이 힘들다고 했다. 가만히 생각해보면 사실 손문의 말이 옳다. 행하기는 뭔가 용기를 내면 할 수 있지만 과연 무엇을 해야 되는지 알기는 정말 어렵다고 생각한다. 손문이 辛亥革命 당시에 동지들과 여러 가지 일을 하는 과정에서 도대체 이 나라가 어떤 방향으로 가야 하느냐 생각을 할 때 百人百色이고 정말 아는 것이 힘들어서 그가 이 말을 한 것이 아닌가 생각한다. 정말 아는 것이 힘들다.

우리나라 현실을 본다면, 제일 처음 장 회장이 이야기했지만, 어쩌면 총체적인 위기상황에 처해 있다. 사실 숨김없이 우리가 이 처지를 인정해야 한다고 본다. 어떻게 보면 거의 모든 제도가 고장나 있다. 각계가 솔직히 붕괴상황에 처해 있다고 해도 과언이 아닐 것이다. 그런데 붕괴상황은 오늘에 시작된 것이 아니다. 한꺼번에 시작된 것이 아니다. 노무현 대통령이 당선된 이후로 그렇게 된 것도 아니다. 그전부터 조금씩 조금씩 붕괴조짐이 쌓여서 그때그때 고치지 못함으로써 모순이 축적되어 한꺼번에 나타난 것이 오늘날의 상황이라고 말할 수 있다. 우리나라의 붕괴상황을 표현한다면, 첫째, 모든 부문이 부실하다. 겉으로 있지만 안을 들여다보면 텅텅 비었다. 둘째, 방향감각이 없다. 사회의 방향감각, 교육의 방향감각, 정치의 방향감각이 없다. 손문이 말한 대로 '행이지난'이다. 아는 것이 없이 무조건 뛰면 된다는 식으로 되어가고 있다. 셋째, 도덕성이 없다. 가치관이 없다. 넷째, 노력은 적게 하고 바라는 것은 많다. 과욕이다. 이런 것들로 총체적인 붕괴상황을 불러왔다.

정치를 봐도 부실이다. 도덕성도 없고, 방향감각도 없고, 자기는 노력을 안 하면서 과욕을 부린다. 이렇게 되어 우리나라의 민주주의는 비용은 많이 들어가는데 생산성은 없다. 붕괴상태에 있는 것이다. 경제를 보더라도 좋은 부분도 있지만 많은 경우에 부실이다. 이를테면 실업문제, 민간이 절제를 잃고 있고, 350만 명에 달하는 신용불량자가 생기게 되었다. 도덕성이 부족하고 방향감각이 없고 과욕을 해서 그렇다. 공업은 공동화의 길을 걷고 있고, 부실과 실업이 만연하고 있다. 교육을 봐도 거의 부실상태. 초등학교에서 대학에 이르기까지 각급 학교가 부실하다. 생산성이 부족하다. 그래서 인성이 잘 길러지지 않고 지성이 길러지지 않고 덕성이 길러지지 않는다. 어린애가 말을 하기도 전에 영어를 가르치고 피아노를 가르친다고 하면서 감성까지 파괴하고 있다.

사회 역시 부실이다. 이혼율이 세계 2위다. 미국 다음으로 한국이 되었다. 우리나라는 모든 것이 빨리빨리 진행된다. 저출산율은 세계 제 1위가 됐다고 한다. 얼마 전까지는 일본보다 좀 더 많았는데 이제는 더 적게 되었다. 여자들이 아이 낳기를 싫어한다. 그래서 결국 전체적으로 보면 도덕적인 에너지가 거의 없어지고 있다. 도산이 좋은 말씀을 많이 했지만 뼈아픈 말씀도 많이 하셨다. 우리의 상황은 안심할 수가 없는 상황에 있다.

어떻게 하면 좋은가? 정치의 부실, 경제의 부실, 교육의 부실, 사회의 부실, 문화의 저질화 이런 것들을 한꺼번에 척결할 만한 방법은 없다. 드골이 제5공화국을 프랑스에서 이룩했는데 프랑스는 그만한 잠재력을 가지고 있었기 때문에 4공화국 때의 그 어려움을 극복할 수 있었다. 드골만한 인물이 나왔기 때문에 그렇다. 우리도 드골과 같은 인물을 배출할 수 있을까. 등소평, 강택민 같은 인물이 나올 수 있을까. 힘들 것으로 보지만, 우리도 이순신과 안중근을 배출했다. 기대해보자.

우리는 현실적으로 사물을 봐야 한다. 완벽한 상태를 목표로 하여 한꺼번에 어떤 개조를 한다는 것은 현실적으로는 힘들다고 본다. 차선을 가지고 개인에서부터 조금씩 나아져서 몇 세대를 거쳐서 좋은 나라가 되는 것, 이렇게 현실적으로 바라야 한다. 이를테면 다음 선거 때는 이전 선거보다 조금 더 낫다는 식으로 되면 된다. 경제를 보더라도 다음 달이면 신용불량자가 줄어가는 식으로 사회 각계에서 조금씩이라도 진보해 나가야 한다. 積小成大하는 식으로 꾸준히 노력해야 한다.

새로운 네트워크 사회의 성공잣대, NQ로 성공하라*

좋은 강연에 감사를 드린다. 그리고 실제적으로 많은 도움이 되는 이야기였다. 질문에 대한 답변도 시간상 간략했지만 정곡을 찌른 답변이었다고 생각한다. 사실 우리는 어떻게 보면 혁명의 시대에 살고 있다. 가치관, 행동양식 등 이러한 것들이 완전히 전도되고 있다고 할 수는 없겠지만, 지금까지의 틀이 많이 바꾸어지는 시대에 살고 있는데 가장 중요한 변화의 일면을 김 교수가 말씀해 주셨다고 생각한다. 김 교수가 말씀하신 대로 지금까지는 연줄이 중요한 사회였고, IQ가 지상시되는 사회였다. 그런데 이제는 네트워크의 사회가 되어, 보편적인 인간관계가 중요한 것이 되었다는 전제 하에서 우리나라 사람들의 사고의 틀을 바꿔야 한다. 그리고 여러 가지 연줄사회의 치명적인 결점을 예로 들어 설명하였다.

회사원들은 "내가 도와 줄게", "일찍 퇴근하자", "수고 많았습니다", "감사합니다", "아주 잘 했습니다." 이런 말을 좋아한다. "그렇게 해서는 안 돼", "왜 이런 것도 몰라." 이런 말은 곤란하다. 이런 것을 종합해 보면, 나 자신이 항상 그렇게 느끼고 있는 점이지만, 바로 사회의 정서가 여성화되어 가고 있는 사회다. 위에서 말한 말들은 전부 여자가 좋아하는 말들이다. 그래서 여러분들이 회사에서, 가

---

* 2003년 11월 13일 제1326회 인간개발경영자 연구회에서 김무곤(동국대학교 신문방송학과) 교수의 발표에 대한 논평을 녹취한 글임.

령 어떤 말을 하면 좋을까를 생각할 때, 생각이 잘 떠오르지 않으면, 여자한테 뭐라고 하면 좋아할지를 생각해서 대답하거나 행동하면 70~80%는 성공할 것이라고 본다.

여자들의 힘이 굉장히 커지고 있다. 비단 우리나라뿐만이 아니다. 미국에 가 봐도 여자들이 대학 우등생의 대부분을 차지하는 것이 보통이다. 내가 속한 민족문화추진회는 아주 어려운 한문을 한글로 번역하는 단체다. 말하자면 우리나라 한문을 하는 사람들의 본산이다. 이곳에서도 세월이 갈수록 여자가 한문을 더 잘한다. 아주 놀랄만한 일이다. 옛날에는 남자밖에 안 했기 때문에 나이가 많은 남자들이 잘하지만, 지금부터는 한문을 잘하는 사람들은 여자다. 나도 슬그머니 여자직원을 보게 되면 신뢰가 가고 남자가 걸어가면 어딘가 부족한 사람들이라는 생각이 든다. 그런 시대가 되어버렸다. 한문조차도 그러니까 다른 부분은 더더욱 그렇다. 우리나라의 산업구조도 소수 대량을 위주로 하는 생산시스템, 소비시스템이 아니라 그야말로 여러 가지 소량의 생산, 아이디어의 생산을 안방에서 할 수 있는 체제로 바뀌어가기 때문에 안방의 중요성이 전 사회에 걸쳐서 더해가고 있다.

지금부터의 사회는 소수가 중요한 사회다. 소수가 다수보다 중요하다는 말은 아니지만, 소수가 응분의 중요성을 가지는 사회다. 그렇기 때문에 정당도 다수라고 해서 힘과 권위를 휘두르면 민심을 잃고 실패한다. 이젠 국민들이 그런 것을 좋아하지 않는다. 다시 말해서, 네트워크 시대의 불감증이 있으면 안 된다. 정당이나 회사나 학교나 마찬가지다. 지금부터는 약자가 그 힘을 나름대로 발휘할 수 있는 시대가 되었다. 옛날에는 강한 사람만 필요한 시대였다. 지금은 약자도 어느 정도 힘을 발휘할 수 있는 사회다. 너무 지나친 예가 될지 모르지만 미국이 국제적으로 그렇게 인기가 하락하는 이유는 힘을 너무 내세우기 때문이다. 다수의 약자들도 힘이 적지 않다. 옛날 같으면 漢제국, 로마제국, 唐제국, 宋제국, 英제국, 淸제국 등 강한 제국이 세상을 휘둘렀지만, 이제는 제국만의 시대는 아니다. 이래서 결국 네트워크의 시대는 약자도 어느 정도 힘을 발휘할 수 있는 시대가 되었다.

권위주의는 점차적으로 약화되고 있다. 민주주의 사회에 있어서도 권위주의는 약화되고, 중국과 같은 체제를 달리하는 사회에 있어서도 권위주의는 약화되는 시대다. 대중이 중요한 사회가 되고 있다.

다만 네트워크 시대에는 약점도 상당히 많이 있다. 이것도 우리가 간과할 수 없다. IQ가 지상시되는 시스템은 지났다고 했지만 IQ가 중요하지 않은 것이 아니다. 역시 IQ가 중요하고 도덕도 중요하다. 이것이 전제가 되어야 비로소 네트워크 시대를 잘 이끌어갈 수 있다. IQ는 무시해도 좋다든지 기존 가치관이 중요하지 않다는 것은 아니다.

나는 며칠 전에 중국을 다녀왔다. 동방항공 비행기 속에서 보는 신문이 『해방일보』다. 중국 공산당의 기관지다. 11월 9일자 해방일보에는 "우리나라(중국)의 기성 지식인들은 어린세대가 이해할 수 있는 시를 좀 많이 짓고 보급해야 한다. 이런 것을 많이 개발해서 젊은이들의 감성을 순화시켜야 한다"고 말하고 있다. 그리고 "우리나라(중국)의 젊은이들을 보면 인터넷에 매달리고 컴퓨터 게임만 많이 즐기기 때문에 큰일이다"는 내용이었다. 중국도 그렇게 되고 있구나 하는 것을 느꼈다.

요즘 사람들은 활자를 싫어한다. 큰 문제다. 컴퓨터의 화면만 중요시하지 활자를 싫어하는 시대가 되었다. 매우 곤란하다. 거기에서 문화가 저질화된다고 할 수 있다. 잘못하면 문화의 수준이 낮아진다. 그래서 대중화가 되고, 대중화가 너무 쉽게 되면 衆愚의 정치가 된다. 이것이 문제가 된다고 보기 때문에 역시 이 시대를 이끄는 지성인들은 너무 시대에 휩쓸릴 것이 아니라 시대를 이끌어갈 만한 아이디어의 창출, 지도력을 발휘해야 한다. 이렇게 본다면, 시대가 크게 바뀌고 있다는 것은 김 교수가 말한 대로 사실이지만, 과거와의 단절이 일어난다거나 사회 지도층이 그 역할을 잃어버려서는 곤란하다고 생각한다.

고령화시대의 도래,
한국 헬스케어산업 어디까지 왔나[*]

나는 의학에 관해서는 문외한이다. 우리나라에서는 지금 노인에게는 여러 가지가 불리하게 되어 있다. 좋은 사회라면 노인이 행복해야 할 것으로 보는데, 우리나라에서는 노인이 행복한 환경이 아닌 것 같아 유쾌하지 않다. 일반적으로 노령에 처한 사람이 과연 행복해질 수 있는가. 나는 행복해질 수가 있다고 생각한다. 죽는 순간에도 행복하게 죽을 수가 있다고 생각한다. 그러나 노인에 대해 불리하게 되어 있는 제도와 관행이 많아 안타깝다.

우리나라는 원래 노인에게는 대우를 하는 나라였는데, 왜 최근에 와서는 노인이 박대를 받는 사회가 되었는가. 여러 가지 이유가 있겠지만, 우선 나라가 너무 급격히 노령화사회로 되어 가고 있고, 노령화 사회를 지탱할 수 있는 힘은 오히려 줄어가고 있는 데에 이유가 있다. 가치관도 노인한테는 불리하게 되어 있고, 사회제도도 그렇다. 국가정책도 사실 지금 봐서는 가까운 장래에 많은 기대를 하기 어려운 상태다. 결과적으로 한국의 노인들은 자기가 알아서 자기의 노년을 설계해야 한다.

각자가 노령에 대비해서 노후설계를 해야 한다. 설계는 크게 봐서

---

[*] 2003년 11월 20일 제1327회 인간개발경영자 연구회에서 Henry K. Yoo(美 인피니티 메디컬컨설팅) 대표의 발표에 대한 논평을 녹취한 글임.

두 가지 방향으로 해야 한다. 첫째, 노령에 적당한 활동을 항상 유지해야 한다. 활동을 너무 많이 해도 안 되고 너무 적게 해도 안 된다. 청년시대, 장년시대는 재물이나 명성이나 자꾸만 쌓아야 하지만, 노년시대는 그런 것들을 차츰 줄여야 한다. 노령은 인생 중에서 뭔가 줄이는 기간이기 때문에, 줄이되 활동을 적당히 해야 한다. 노령이 돼도 심심하지 않도록 취미를 가지는 것이 중요할 것이다. 둘째, 경제력을 어느 정도 유지해야 한다. 건강도 확보해야 하고 개인 예산도 확보해야 한다. 국가나 자녀에 기대해서는 안 된다.

◁ 떨어지는 꽃도 아름다울 수 있다 ▷

꽃이 떨어질 때 다소 처량하게 보이는 것은 어쩔 수 없다. 그러나 처량하게 보이는 것이 늙은 꽃의 경우 당연하고 아름다운 것이다. 떨어지는 꽃이 씩씩하다면 아름다울 리가 없다. 자연에 따라 살다가 죽는 모습, 다 아름다운 것이 아닐까. 인생의 어느 기간은 아름답고 어느 기간은 더럽고 추할 리가 없다. 젊음에는 젊음의 기쁨이 있지만, 늙음에는 늙음의 기쁨이 있을 것이다. 늙은이가 가질 수 있는 인생의 관조가 있지 않겠는가.

사는 문제와 죽는 문제는 다 같은 문제다. 세상의 모든 사물은 시시각각으로 변한다. 인간도 간단없이 변한다. 매일 매일, 시시각각으로 우리의 육체는 한편으로는 죽어가고 한편으로는 새로운 것이 살아나온다. 젊었을 때에는 죽어가는 것보다 살아 나오는 것이 많지만, 늙어감에 따라 죽어가는 것이 살아 나오는 것보다 많아질 것이다. 죽는 것과 사는 이 두 가지 것이 우리 몸 속에서도 간단없이 일어나는 것만은 확실하다. 어렸을 때의 나라고 하는 얼굴, 도저히 나 같질 않다. 왜냐하면, 그 얼굴은 이미 현재의 나와 같은 것이 아니다. 죽어간 옛날의 어떤 사람의 것이다. 남의 것이나 다름없다.

인간의 생각과 활동의 변화도 물론 육체의 변화와 마찬가지이다. 모두 간단없이 죽어가고 살아 나온다. 모든 것이 마지막 종착역, 죽음을 향하여 시시각각 변한다. 죽음에 대한 준비를 철저하게 해야 할 것 같다. 준비라고 해봤자 별 것이 아니다. 자연에 따라 살고 자연에 따라 죽으면 된다. 그것이 가장 큰 행복일 것이다. 나는 2000년 9월 2일부터 10월 29일까지, James Boswell이 쓴 『The Life of Samuel Johnson(1791)』을 다 읽었다. 옛날 문장이고 프랑스어와 라틴어가 많이 나와 어려웠으나, 어쨌든 이 거대한 책을 독파하는 데 성공했다. 이 책의 주인공인 존슨 박사는 영국 최대의 지성인 중의 한 사람이었고, 그의 말에는 不朽의 명언들이 많아서 참으로 좋았다. 당시의 영국을 상상하는 것도 재미있는 일이었다. 나의 최대의 관심사는 그가 어떻게 죽었는가에 관한 것이었다. 여기에서 매우 아쉽게 느낀 바 있다. 많이 실망했다. 그는 75세에 세상을 떠날 때까지, 특히 만년이 가까워짐에 따라 그는 죽음에 대하여 엄청난 두려움을 가지고 있었다는 점이 참으로 실망스럽게 느껴진 것이다. 그 당시의 영국인들은 대부분 Hell-fire, 지옥의 火攻을 두려워 한 것 같고, Johnson과 같은 지성인도 그것으로부터 자유롭지 못했었던 것 같다. 그는 내가 보기에는 거의 병적으로 귀신을 무서워하고 죽음을 두려워했던 것 같았다. 다른 점에 있어서는 한없이 위대한 사람이 安心立命하는 모습을 보이지 못한 것은 솔직히 실망이었다. 어째서 그랬을까. 不可思議한 일이다.

2004년도 세계정세와 한반도 안보[*]

　문정인 교수의 아주 전문적인 지식과 분석뿐만 아니라 기본적인 철학에 대해 좋은 말씀을 들었다. 감사의 말씀을 드리고 비전문가의 입장에서 몇 가지 추가하고자 한다. 전문가의 입장에서도 나 같은 문외한의 상식론도 가끔은 참고할 필요가 있기 때문에 말씀드리겠다.

　미국은 북한을 어떻게 보고 있는가? 그것이 핵심이다. 북한이라는 상대를 미국은 어떻게 평가하고 해석하는가에 따라 미국의 대북한 전략이 나올 것이다. 그래서 그것에 대한 나의 소감을 비전문가의 입장에서 말하겠다. 미국은 분명히 이라크, 이란과 아울러 북한을 불량국가로 일찍이 규정한 적이 있다. 그렇지만 북한을 집어넣은 이유 중의 하나는 '악의 축'을 이루는 국가에 이라크나 이란과 같은 회교국가만을 지목하기가 좀 거북하기 때문에 북한을 이에 포함시킨 것이 아닌가 해석한다. 물론 북한은 분명히 미국으로서는 불량국가이기는 하지만 그 성격은 이란과 이라크와는 다르다고 미국은 여기고 있을 것으로 나는 생각한다. 무엇이 다른가. 물론 북한은 분명히 테러를 많이 감행한 나라이다. KAL기 폭파사건, 아웅산 국립묘지 폭파사건 등을 보아도 그것을 알 수 있다. 그렇지만 북한의 테러는 아랍권의 나라와는 다르다. 그것은 보통 남한을 상대로 한 테러였지 미국을 상대

---

[*] 2003년 12월 4일 제1329회 인간개발경영자 연구회에서 문정인 교수(연세대학교 정치외교학과)의 발표에 대한 논평을 녹취한 글임.

로 하거나 세계 전략적인 차원에서 나온 테러는 아니었다. 이 점이 북한과 이라크, 이란과 다른 점이다.

그리고 북한은 그 주변에 한국을 가지고 있다. 그래서 한국에 대해서 북한의 위협이 크다. 군사적인 공격이 가해질 가능성도 있다. 또 북한의 서북쪽으로는 중국이 있다. 미국의 북한정책은 크게 보면 대중국정책의 일환이 될 것이다. 그런 의미에서도 결국 이란, 이라크와 북한은 다르다. 나는 미국이 북한을 좀 필요로 하는 점이 있다고 생각한다. 북한이 존재함으로써 일본을 무장시킬 수가 있고, 중국에 대한 포진을 할 수가 있다. 고도의 전략적인 차원에서 본다면, 미국이 당장 내일이라도 북한이 붕괴되기를 원하지는 않을지도 모른다. 북한이 미국에 대한 중대한 위협이 되지 않는 범위 내에서는, 존재해 주는 것이 미국으로서는 해롭지 않다. 고이즈미는 항상 북한을 구실로 내세워 신사참배를 하고 유사시법안을 추진해 왔다. 북한이 없다면 그런 것을 할 구실이 없게 된다. 북한이 없으면 미국도 대중국 전략 수행에서 일본을 지렛대로 사용할 수 있는 여지가 줄어든다. 이렇게도 보기 때문에 미국은 북한을 위협적인 존재로 어느 정도는 보겠지만 그렇게 과대평가하지도 않으면서 세계전략 추진에 이용할 수 있는 존재로 생각할 수도 있다.

이렇게 본다면, 이번 6자회담에서도 빨리 북한의 동의를 구해 진행한다는 희망은 미국으로서도 당장 가지고 있지 않기 때문에, 겉으로는 하는 체 하면서도 결국은 별로 양보할 생각은 없을 것이다. 6자회담은 북한으로 봐서는 자기의 존립을 보장받는 대가를 원하는데, 미국은 대가까지 치를 생각은 없다. 미국은 시간은 미국한데 있다고 확실히 믿고 있다. 미국은 날이 갈수록 너희들의 입장은 약화되고 우리의 입장은 좋아질 테니 어디 할 테면 해보라고 하는 태도로 나올 것이다. 따라서 미국은 힘을 가지고 있으면서도 양보도 하지 않을 것이며, 도발적인 행위를 취하지도 않을 것이다. 이런 이유 때문에 나는 6자회담이 꼭 성공하리라고 성급히 기대할 수 없다고 생각한다. 이것이 미국의 대 북한 태도이기 때문에 우리가 여기에서 안보를 외치고, 통일을 외친다고 해서 당장 한반도에 평화가 정착되거나 또는 전쟁이 일어나거나 하는 일은 나의 상식적인 판단 속에서는 없다고 본다.

안보뿐만이 아니라 경제, 정치, 사회 등에서도 한국의 문제는 분열 지향적이라는 데 있다. 미국의 역사학자 윌리엄 에플턴 윌리엄즈(William Appleton Williams)의 이론에 의하면, 대외정책은 어디까지나 대내정책의 연장이다. 한국은 내부적으로 분열이 되어 있으니까 대외정책에서도 분열되지 않을 수 없다. 이를테면 칠레 FTA를 보라. 이 것이 통과가 안 될 이유가 있는가? 내부가 분열되어 있으니 잘 안 되는 것이다. 나는 북한이 쉽게 우리한테 도전을 안 하리라고 본다. 모순같이 들리지만 아주 안하는 것이 아니라 조금은 하리라고도 본다. 왜냐하면 북한은 남북간의 긴장을 어느 정도 필요로 하는 나라이다. 그래야 체제가 유지된다. 그리고 세계적인 이목을 집중시키기 위해서도 항상 남북한 사이의 긴장은 있다고 알리는 것이 필요하다고 볼 것이다. 남북관계에 아무런 사건이 일어나지 않는다면 북한은 자멸한다는 의식이 항상 있을 것이다. 그렇기 때문에 약간씩 도발과 비슷한 행동은 앞으로도 있을 것이다. 반면에 큰 분쟁은 일어나지 않을 것이다. 이렇게 본다면 우리의 안보정책에 대한 숨意는 무엇인가. 자꾸만 무엇을 하겠다고 해서 가뜩이나 분열지향적인 사회에 더 많은 분열을 만들어내는 것은 바람직하지 않다. 내부적으로 힘을 비축하고 내부적인 단결을 도모해서 대처하는 것이 필요하다.

◁ 북경 6자회담의 성과 ▷

예견한 대로 6자회담은 성과 없이 끝났다. 북한은 미국을 공격하면서, 미국 때문에 성과를 거두지 못했다는 성명을 발표했다. 미국은 11월에 오는 대선을 생각해서 북한에게 양보할 생각은 없었고, 또 위에서 지적한대로, 대 아시아 전략추진에 있어서도 6자회담의 성공을 서두를 이유가 없었던 것이다. 중국도 북한이 미국과의 화해를 통해 급격히 미국에 접근하는 일은 없어야 한다고 볼 것이기 때문에 북한이 미국에 대해 중대한 양보를 하면서까지 이 회담이 성공하기를 원할 리가 없다. 또 중국도 북한 카드가 있어야 대만문제에 있어서도 미국에 대해 지렛대를 가질 수 있을 것이기 때문에 겉으로는 이 회담의 성공을 위해 있는 힘을 다하고 있는 것 같지만, 내심은 딴판일 수도 있다. 결국 미국이나 중국이나, 그리고 북한을 제외한 다른 나라들이나, 우선은 현상유지를 바랄 것이 아닐까. 이것이 이 회담이 "성과 없이" 끝나게 된 이유가 아니었던가 생각한다. 이렇게 볼 때, 회담은 실패한 것이 아니라 오히려 성공한 것으로 볼 수도 있다.

| 제 3 부 |

인간개발경영자 연구회 종합정리

2004년 이후

. . . .

한미관계와 경제협력 방안[*]

나는 항상 어떤 전문지식을 가지고 많은 경험을 가지고 발표를 하는 분에 대해서 즉석에서 몇 마디씩 한다는 것이 대단히 어렵고 위험스럽다고 느껴왔다. 오늘도 그런 느낌을 갖는다. 오벌린 회장은 오늘 세계화의 의미를 이야기하고, 한국이 세계화 시대에 어떻게 적응하고 있는지, 그리고 한국이 세계화에 대해 대응하고 있는 모양을 AMCHAM(미국상공회의소)은 어떻게 보고 있는가, 그리고 한국의 장래 등에 대해 말씀해 주었다. 그의 말씀에 대해서 이견은 없다.

지난 수십 년을 돌아보자. 한국은 냉전시대 때에는 공사 간에 경제 운영을 잘했다. 정부 주도하에 경제발전 전략을 채택해서 한국은 아주 잘 올라왔다. 그런데 냉전이 지나가고 세계화 시대가 오면서 한국은 그전처럼 잘하지 못하고 있다. 그래서 결국 1997년 IMF의 구제금융을 받지 않으면 안 되는 사태를 맞이했다. IMF의 구제금융을 받은 다음해 1998년에는 우리의 GDP성장률이 −6.7%였다. 그러다가 다음해 1999년에는 무려 +10.9%라는 경이적인 GDP성장률을 이룩했다. 이것을 보고 정부는 재빨리 IMF를 졸업했다고 선언했다. 정부는 그 당시 IMF를 〈졸업〉한다는 것이 무슨 의미인지 잘 몰랐다고 나는 본다. 외환위기의 본질이 무엇이었느냐에 대한 인식도 제대로 되지

---

[*] 2004년 1월 6일 제1333회 인간개발경영자 연구회에서 윌리엄 오벌린(주한미상공회의소) 회장의 발표에 대한 논평을 녹취한 글임.

못했기 때문에 이러한 선언을 했다고 생각된다.

　정부가 IMF를 졸업했다고 하니까, 그것이 무엇인지 모르는 국민들은 각자가 자기 몫 찾기에 열중하기 시작했다. 노사분규가 더 많게 되었고, 국민의 정신이 해이해졌다. 모든 것이 IMF 전으로 돌아갔다. 경제는 점차 어려워지고 2000년에 와서는 GDP성장률이 3%로 추락했다. 그 이후 현재까지 한국은 계속해서 어려움을 겪고 있다. IMF를 졸업하면 성장도 빨라지고 모든 것이 잘 될 것을 기대했던 정부는 성장의 둔화를 보고 당황해서 건설경기를 부추기고 소비를 부풀리는 여러 가지 정책을 채택했다. 그 덕택으로 2001년에는 GDP 성장률은 6%로 올라갔다. 그러나 그 성장은 거품을 먹고 부풀어 오른 불건전한 성장이었다. 모든 거품은 꺼지게 마련이며, 2001년 당시부터 조성된 거품 또한 예외가 아니었다. 더구나 한국의 소비는 무려 350만 명에 달하는 신용불량자를 만들어낸 신용카드의 남발에 의해 지탱된 것으로써 이런 거품은 세계 어느 곳에서도 보기 어려운 기이한 것이었다. 작년부터 한국경제는 내수의 붕괴, 실업의 증가 등으로 어려움을 겪기 시작해서 금년에는 3%대로 성장률이 추락하고 있다.

　한국경제의 문제는 우리가 앞으로 어떤 성장을 해야 할 것이냐의 문제에 대해서 방향을 잡지 못하고 있는 점이다. 이동희 박사가 지적하신 대로, 오벌린 회장은 사실은 반쯤은 외교관이다. 그의 직책상 그렇게 되지 않을 수 없다. 그렇기 때문에 한국정부는 옳은 방향으로 가고 있다고 말한다. 그러면서 증거를 제시하는 것을 보면 전혀 옳은 방향으로 가고 있는 증거 같지 않다. 우리는 잘 새겨들어야 한다. 한국경제에 대하여 후한 점수를 주고는 있지만, 자세히 보면 그것은 그의 본심이 아님을 알 수 있다는 것이 나의 느낌이다.

나는 정부가 물류 허브, 교통의 허브, 금융의 허브가 되겠다고 하는 자체가 잘못된 방향설정이라고 본다. 이를테면 우리가 필요로 하는 것은 경제 전체가 새로운 성장동력을 갖추는 것, 새로운 산업을 발견하고 모든 사람이 활발하게 활동하고, 강원도나 충청도나 부산이나 대구나 어디서든지 올라오는 원동력일 것이다. 인천공항이 잘되고, 부산이 물류센터가 되고, 제주도가 국제도시가 되는 것은 바람직한 것이기는 하나, 나라 전체로 보아서는 이런 것들이 그리 큰 중요성은 없다. 그런데 정부는 이런 것을 목표로 내걸었다. 그래서 그 목표가 다른 어려움을 가리고 있다. 한국에서 사업을 하는 AMCHAM 회장이 이 자리에서 그것이 잘못되었다고 말할 수 있겠는가? 그러니까 그것은 좋은 정책방향인데, 그 전에 할 일이 많다고 이야기하는 것이 아닌가. 동북아 중심국가라는 말은 듣기는 좋지만 현실성이 별로 없다. 그런데도 그것을 빨리 해야 한다고 이야기한다. 정부가 할 일은 노사분규를 어떻게 하겠다든지, 발전전략을 어떻게 하겠다든지, 성장잠재력을 어떻게 배양해야 하는가에 대해 확실한 비전을 가지고 국민을 이끄는 일이다. 그런 것은 하지 않고 물류 중심, 금융 중심을 내걸면서 마치 그것의 달성이 나라의 목표인 것처럼 선전하고 있다. 별로 현실성이 없는 목표를 내 걸면서 시간을 소비하고 있는 것이나 아닌가.

끝으로, 국가 이미지에 관해 언급했다. 지금은 국가 이미지가 중요하다. 세계는 텔레비전을 보고 한국을 판단한다. 한국 사람의 심성이 정말 어떻다는 것을 이를테면 말레이시아 사람들이 어떻게 알겠는가?

TV에서 보는 것으로 한국을 판단하고 그 판단에 따라 한국인과 경제 활동을 벌인다. 한국사람들처럼 정부나 국민들을 막론하고 자기의 이미지 관리를 못하는 국민도 별로 없는 것 같다. 이를테면 외국 근로자에 대한 대우도 지금과 같이 해서는 안 된다. 이 사람들을 농성하게 만들고 자살을 하게 만들고 있다. 이 사람들 몇 만 명을 강제로 추방하게 된다면, 그것은 해외에서의 우리나라 이미지를 우리가 생각하는 것보다 훨씬 더 나쁘게 만들 것이다. 외국 사람들은 한국은 야만의 나라라고 볼 것이 틀림없다. 정부정책도 일반국민이 하는 행동도 훨씬 더 문화적인 시각에서 나라의 좋은 이미지를 해외에 심는 데 힘을 기울여야 하지 않을까 생각한다.

우리 기업이 가야 할 길*

우선 박 회장의 아주 훌륭한 좋은 강의에 대해서 감사의 말씀을 드린다. 박 회장은 양대에 걸쳐서 대한상공회의소 회장을 하셨는데, 서울상대 동창회에서도 똑같이 양대에 걸쳐 회장의 일을 보고 있다. 박두병 회장께서 오랜 세월동안 서울상대 동창회장을 하셨고, 지금 박용성 회장이 상대동창회장직을 맡고 있다. 이것은 큰 영광이고 드물게 보는 일이다. 박회장은 항상 바른 소리를 많이 한다. 바른 소리를 하는 이유는 생각이 바르기 때문이다. 말은 생각에서 나오고, 생각은 사람에서 나오는데, 박용성 회장은 사람이 바르고 생각이 바르기 때문에 그렇다고 본다.

포괄적으로 강의를 들으면서 느낀 점 몇 가지를 말씀드리고자 한다. 박용성 회장은 정치, 사회, 교육, 문화, 국민소득 모두 2만불 수준으로 올라가야 우리나라 경제도 2만불이 되지, 경제와 기업만이 2만불을 달성할 수 있는 것은 아니라고 강조했다. 우리 각 개인이 우수하다고 많은 사람이 자부하고, 우리의 학력도 높기 때문에 2만불 수준이 뭐 그렇게 어렵겠느냐고 생각을 많이 하는 것 같다. 그러나 그것이 그렇게 쉽지 않다. 1만불에서 2만불이 되자면 매년 7%의 성장을 계속해서 10년이 걸려야 달성된다. 그것이 그렇게 쉬운 일이겠는가.

---

* 2004년 1월 29일 제1336회 인간개발경영자 연구회에서 박용성(대한상공회의소) 회장의 발표에 대한 논평을 녹취한 글임.

사람과 제도의 질이 2만불 수준이 되어야 한다. 박 회장이 항상 강조를 하지만 정치 리더십도 2만불 수준이 되어야 된다. 정치 리더십이라는 것은 우리나라를 이끌어 가는 대통령 한 분만을 이야기하는 것이 아니다. 정치하는 엘리트그룹을 지칭하는 말이다. 그 그룹의 대표자가 대통령인데, 그 그룹 전체의 수준이 올라가야 대통령의 수준이 올라 갈 수 있다. 또 정치가 잘되려면 국민이 정치 엘리트를 잘 뽑아야 하는데, 순환논리인 것 같지만, 우리나라의 정치가 잘 되자면 국민수준이 많이 올라가야 된다.

"한 나라의 흥망성쇠에는 필부(보통 남자)에게도 책임이 있다(天下興亡匹夫有責)"는 고염무(顧炎武)의 말이 있다. 국민 각자가 전부 책임이 있지 한 사람한테 책임이 있는 게 아니라는 것이다. 일본의 초기 계몽사상가 후쿠자와 유키치(福澤諭吉)가 한 말을 되새겨 본다. 나는 이 사람을 좋아하진 않는다. 그는 민권을 주장하는 체했지만, 나중에는 대륙침략을 적극 지지했다. 어쨌든 그는 훌륭한 재미있는 말을 많이 한 사람임은 분명한데, 그 중에서도 특히 좋은 말은 "一身이 독립해야 一國이 독립한다". 즉, 국민 각자가 독립정신을 가지고 남에게 의존하는 정신이 없어야 나라가 독립할 수 있다는 말을 했다. 당시 일본사람들이 나라에 의존하는 심리를 비판한 말이다. 아주 간단한 말이지만 멋있는 말이라고 나는 생각한다. 우리 국민은 지금도 모든 것을 정부한테 의존한다. 의존해서 부패한 정부를 만들어 놓고 그러고 나서 자꾸만 정부를 비난한다. 이렇게 되다보니 정치가 제대로 될 리가 없다. 그래서 결국 국민이 좀 더 수준이 높고 좋아져야 우리나라 정부가 제대로 되지 않을까 생각한다. 그렇게 되는 데에는 상당한 시간이 걸릴 것 같다.

우리나라 국민은 지역간의 분열, 계급간의 분열, 학교간의 분열, 노사간의 분열, 남녀간의 분열, 가정의 분열 등 국민은 매일같이 분열 속에 살고 있다. 분열이 비교적 적은 또는 없는 단체가 있다면 아마 인간개발연구원 정도가 아닐까 생각하지만, 사실 분열이 없는 데가 거의 없는 것이 우리의 현황이다. 앞으로 새 정치인들이 나올 때 또 서로 공격을 할 것이고, 오래 쌓여진 폐습이 당장 없어질 리가 없다. 그래서 뭔가 하려고 하면 또 공격을 당하고, 공격을 피하기 위해 무리한 약속을 하고, 약속이 실행되지 않으니 또 공격을 당한다. 이래가지고 결국 모든 사람들이 약속을 어기게 되고, 가끔은 형무소에 들어가기도 하고, 이런 식으로 나라가 운영되고 있다. 결국 나라가 잘 되자면 여러 번 말한 대로 사람이 제대로 돼야 된다. 특히 정치지도자, 문화지도자, 경제지도자 등 리더그룹이 제대로 역할을 해야 한다. 제대로 된 가치관을 가지고 중심을 찾고 이 나라를 이끌어야 하는 것이다.

우리나라의 특징 중 하나가 이 리더그룹이 아주 약하다는 데 있다. 동남아 나라의 지역에 비해서 이게 우리나라의 특징이다. 동남아 나라들에 가보면 국민소득은 낮지만 리더십은 그래도 비교적 확실한 경우가 많다. 거기에 비해서 우리는 박사학위 소지자도 많고 대학졸업생도 많은데 리더십이 상대적으로 약하고 국민의 신뢰를 받지 못하고 있다. 매우 기이한 일이다.

사람 다음에 중요한 것이 사회제도이다. 아까 박회장이 규제 말씀을 많이 했는데, 사실 우리나라의 많은 제도가 현실에 맞지 않고, 낡아서 노후되어 있다. 그래서 국민생활의 규범이 되지 못하고 있다.

갈피를 잡을 수 없을 정도이다. 어떤 것은 너무 앞서 가 있고 어떤 것은 너무 낙후돼 있고, 또 어떤 것은 전혀 현실과는 거리가 먼 것도 있다. 이 엄청난 경쟁시대에 사는 국민의 경제생활이 경쟁을 저해하는 제도 속에서 살고 있다. 우리나라의 많은 제도가 올바른 경쟁의 룰을 제공해 주지 않고 있다. 이것이 박회장 연설의 상당부분을 차지했다. 결국 무리한 법과 낡은 관념 속에 살다 보니, 멀쩡한 사람이 죄를 범하게 된다. 멀쩡한 정치인이 형무소에 들어가게 되고, 멀쩡한 기업가가 누명을 쓰게 된다. 처음 정계에 투신했을 때는 괜찮은 사람들이라고 보이던 사람들도 형무소에서 신세를 망친다. 왜 그렇게 되느냐 하면 공정한 룰이 없기 때문에, 또 그런 무리한 법률을 국회가 만들어 놨기 때문에, 정치인이나 기업인이 걸리지 않을 도리가 없단 말이다.

　박 회장의 말씀대로 지난 8년 동안은 잃어버린 세월이 됐다. 왜 그렇게 잃어버린 8년이 됐냐 하면, 70년대로부터 물려받은 우리의 온갖 제도가 우리 국민이 가진 창의성을 발휘할 수 없게 하고 있기 때문이다. 그래서 80년대 이후부터 우리의 국제경쟁력이 점점 떨어져서 국제수지가 나빠지고 결국엔 외채를 갚지 못하게 되고, 이 상황이 오래 계속되면서 끝내는 IMF를 맞는 사태가 됐다. IMF를 맞아 가지고 정부는 약화될 대로 약화된 경제에 맞지 않는 대수술을 질풍노도와 같이 감행하고, 공적자금의 긴급수혈을 함으로써 초기에는 뭔가 좋은 결과가 있는 듯 했다. 그것을 보고 고무된 정부는 우리는 이제 IMF를 졸업했다고 했다. 그동안 우리가 무엇을 만들어 냈는가? 여러 가지 새로운 제도를 만들어 냈다. 이를테면 금융감독위원회, 노사정위원회 등이 대표적인 IMF 시대에 만들어낸 제도들이다. 요새 그 제도가 어떻게 됐는가? 금융감독위원회는 있는지 없는지조차도 잘 모를 정도로 기능을 발휘하지 못하고 있다. 노사정위원회도 처음에는 뭔가 일을 한다고 하더니 요즘 보면 있는지 없는지 모를 정도로 돼 버렸다. 다시 말해, 벌써 그때 만들어낸 모든 제도가 사실 현실과 맞지 않게되었다. 이것을 다시 손질해야 할 그런 시점에 있다.

아까 박 회장이 말씀했듯이, 특히 중요한 것이 교육인데 우리나라의 많은 문제는 근본적으로 교육이 잘못되어 있기 때문에 일어났다. 지금 와서는 고치기도 매우 어렵게 됐다. 나 자신이 오랫동안 교육계에 몸담고 있었기 때문에 큰소리를 칠 입장은 못 되지만, 경쟁이라는 것을 싫어하는 것이 바로 우리 교육의 기본 틀이 돼 있다. 평준화는경쟁을 하지 말자는 이야기다. 경쟁시대에 경쟁을 하지 말자니, 이게어떻게 우리나라의 경쟁력을 부추길 수 있겠는가.

우리나라 재계의 총사령탑이 전경련이다. 전경련 회장 자리는 매우명예스러운 자리이다. 당연히 권위도 있고, 누가 보든지 국민이 신뢰할 수 있는 사람이 앉을 자리이다. 당연히 회장 할 사람이 많이 있어야 할 것이다. 회장 할 사람이 있다면 자진해서 내가 이 자리를 맡겠다고 나서는 것이 상식일 것이다. 그런데 아무도 이 자리를 맡겠다는사람이 없다. 이것이 우리 경제의 현실이다.

우리 장래는 어떤가. 우리 국민들은 어려움을 이겨낼 것으로 본다. 다 살아남을 수 있다. 우리 국민은 순발력이 있다. 또 후다닥 해치우는 능력이 탁월하다. 그러나 앞날을 그리 쉽게 낙관해서는 안 된다. 저성장 시대를 감내하면서 모든 것을 합리적으로 생각하고 처리하는참을성과 용기를 가져야 한다.

북한민주화의 기본문제*

　나는 항상 이 마지막 말을 할 때마다 다소의 낭패감을 느껴 왔다. 그 낭패감은 오늘도 마찬가지 같다. 첫째는 주제의 무게가 너무 무겁다는 이유 때문에, 그리고 둘째는 여기 오신 분들이 모두 이 분야의 권위자들이기 때문이다.

　먼저 황장엽 선생이 그동안 자유를 찾아서 북한체제를 부인하고 남한으로 오게 된 동기에 대해 경의를 표하고자 한다. 나는 황장엽선생의 글을 읽고 공감한 점도 많았지만 이해가 어려운 부분도 상당히 있었다. 황 선생이 지금까지 정직하게 살아오신 분이고 오늘 한 발표도 혼신의 힘을 다해서 했으리라 생각한다. 그런 분에 대한 대접을 하기 위해서라도 나도 정직하게 말하지 않을 수 없다. 북한이 얼마만큼 김정일에 대해 독재를 경험하고 있고 국민이 얼마나 고생을 하고 있는지 다시 한 번 확인을 했다.

　나는 여기에 한 가지 의문이 있다. 황 선생은 김정일과 김일성 두 사람의 차이에 대해 많이 강조했다. 두 사람의 정책의 차이를 이야기하고 그 휘하에서의 북한 인민이 겪은 고생의 차이도 말했다. "김일성은 스탈린주의자였다. 그러나 김정일은 스탈린주의자일 뿐 아니라

---

　* 2004년 2월 5일 제1337회 인간개발경영자 연구회에서 황장엽 선생(탈북자 동지회 명예회장/전 노동당 비서)의 발표에 대한 논평을 녹취한 글임.

가부장적인 세습체제를 가지고 있어서 더욱 혼란해졌다"라는 말씀을
했다. 이 말에 어느 정도는 수긍이 갈 수도 있으나, 다만 "스탈린체
제는 괜찮았다"는 뜻으로 많은 사람들이 들었다면, 이것은 대단히 곤
란하다고 생각한다. 스탈린체제라는 것이 얼마나 혹독한 독재체제였
는가. 이것은 우리가 그 시대의 역사를 들여다보면 다 알 수 있는 일
이다. 동구라파의 여러 나라들과 구소련의 각 지방이 다 독립을 했
다. 그리고 전부 스탈린 체제를 혐오하고 있다. 많은 역사적인 사실
에서 우리는 스탈린체제라는 것이 얼마나 고약한지를 쉽게 알 수 있
다. 나는 황장엽 선생이 앞으로 "스탈린주의도 나쁜 체제였다", 이렇
게 말해 주시면 좋겠다고 생각한다.

　남북한의 문제가 오늘날에 있어서와 같이 절박하면 절박할수록 우
리는 大局的으로 보고 길게 보는 비전이 필요하다고 생각한다. 남북
한의 문제는 우리 민족의 문제이고 따라서 남북한의 협의에 의해 민
족 자주적으로 푸는 것이 가장 좋은 일이었겠으나, 불행하게도 그렇
게 되지 못했다. 그래서 지금은 남북문제는 단순히 남북한 사이의 문
제만은 아니고 커다란 세계적인 문제로 부각이 되고 있다. 그렇다면
북한에 일어날 수 있는 여러 가지 일들은 앞으로 국제적인 시각에서
국제여론 등의 시각에서 해결의 실마리를 찾아야 한다.

　황장엽 선생의 강연에서 유엔이란 말이 한 마디도 나오지 않은 것
을 보면, 우리가 아직까지도 북한의 문제를 단순히 남북한의 문제라
고 보고, 우리의 시야를 단순히 남북한의 관계로 국한시켜 생각하는
것은 아닌지 되새겨 볼 필요가 있다. 우리는 남북간의 문제의 본질을
제대로 세계에 알리고 통일을 이룩하기 위해서는 고도의 외교실력과

대국적인 비전이 필요하다는 것을 강조하고 싶다.

황 선생은 남북간의 관계를 善惡의 관점에서 보고, 어떤 것이 선이고 악이냐 하는 관점에서 모든 것을 판단하고 있는 것 같다. 그런데, 선악이라는 것은 종교적인 명제이지 정치적인 명제가 아니다. "정치를 선악의 기준, 도의의 잣대를 가지고 생각해서는 안 된다"는 것이 마키아벨리의 정치론의 기본이론이라고 할 수 있다. 김정일이 나쁜 사람이고 그의 체제가 나쁘다고 하더라도, 현실적으로 정치를 하기 위해서는 그 사람과 협상도 해야 하고 때에 따라서는 그 사람의 입장도 고려해 줘야 한다. 협상을 해야 하고 회유 또는 협박도 해야 한다. 우리는 이러한 고도의 정치적 외교적인 능력을 필요로 하고 있다고 본다.

황 선생은 "평화를 위해서 민주주의를 희생할 수 없다"라고 했는데, 사실 그 평화라는 것이 대단히 중요하다고 생각한다. 우리 한국의 입장으로서 민주주의를 주장하는 목적 차체가 평화에 있다고 생각한다. 만약 이 땅에 전쟁이 일어난다면 이 전쟁은 이라크전쟁과는 비교가 안 될 정도로 가혹할 것이다. 북한 전체가 완전히 파괴되는 전쟁이 될 것이다. 남한 또한 절대 편하지 않을 것이다. 만일 한반도에 전쟁이 일어난다면, 일본이 한반도에 군대를 파견하게 될 것이다. 이것이 미일 동맹의, 그리고 유사시법의 핵심이라고 본다. 이와 같이 볼 때, 절대 전쟁은 막아야 한다고 생각한다. 이 점에서 여러분들의 여러 가지 성찰을 바라는 바이다.

결국 통일을 하고 우리가 남북관계를 제대로 풀기 위해서는 우리의 실력이 중요하다. 우리 자신이 실력을 가져야 한다. 현재 우리가 실현하고 있는 정도의 민주주의 정신자세를 가지고는 북한을 어떻게 고쳐보겠다는 생각을 하는 것 자체가 어이없는 일이라 생각한다. 우리가 정신적인 타락을 막고 정치를 바로 잡아야 한다.

황선생은 중국을 북한으로부터 떼어내야 한다고 했다. 이것이 바람직한 면이 있을 수 있다는 것을 인정하면서도, 나는 오히려 이렇게 '떼어낸다'는 생각보다는 중국을 잘 '활용'하는 외교능력을 발휘해야 한다고 생각한다. 중국마저 없다면 북한과 여타의 세계 사이에는 모든 대화의 끈이 끊어진다. 6자회담을 갖는 것도 사실상 중국의 힘이 대단히 큰 작용을 했다. 중국의 영향력은 현실적으로 남북문제를 푸는 데 있어 대단히 중요하다. 중국이 북한으로부터 손을 떼게 되면 황선생의 말대로 당장 북한은 붕괴할지도 모른다. 그것이 남한에게 좋은 선물이 되리라고 볼 수는 없다. 북한 붕괴의 부담은 남한이 져야 할 판인데, 남한이 그것을 지기엔 그 무게가 너무나 크다.

끝으로 통일은 절대로 쉽지 않다는 것을 강조하고 싶다. 또 통일이 된다고 해도 우리의 문제가 우리가 원하는 대로 해결될 수도 없다는 것도 염두에 두어야 한다. 절대 남북문제를 낭만적으로 조급하게 생각하지 말고 우리는 우리의 실력을 기르면서 길게 기다리는 자세가 필요하지 않은가 생각한다.

◁ 평화를 위해 민주주의를 희생할 수는 없다? 민주주의와 평화를 양자택일로 볼 수 없다 ▷

지난 150년 동안의 동양사를 보면, 아시아의 거의 모든 전쟁은 한반도를 누가 차지하느냐를 결정하는 전쟁이었다고 해도 과언이 아니었다. 한반도는 高宗 초년으로부터 하루도 편안한 날이 없었다. 밀려드는 외세를 감당할 수 없어 한반도는 항상 시달렸다. 1864년에 甲申政變이 일어났다. 이것도 따지고 보면, 그 뒤에는 外勢가 있었기 때문에 일어난 국가적인 참변이었다. 김옥균은 일본의 의도도 모르면서 일본의 원조를 믿고 쿠데타를 감행함으로써 망국으로 가는 길을 열었다.

1894년의 淸日戰爭은 한반도를 청나라로부터 떼어내서 일본의 지배하에 두고자 하는 일본과 청국와의 전쟁이었다. 10년 후, 1904년에 일어난 러일전쟁은 한반도의 지배를 둘러싼 일본과 러시아의 角逐戰이었다. 해방 후 1950년에 일어난 6·25 전쟁은 유사 이래 처음 보는 가장 처절한 내란이었다. 이런 모든 전쟁의 비극을 겪은 나라가 이 땅에서 평화를 지키지 못한다면, 나는 민족으로서의 가치가 없다고 생각한다. 민주주의를 위한 것이라면 전쟁을 해도 좋다는 생각은 민주주의를 지상시하는 좋은 생각 같지만, 나로서는 얼른 납득이 가지 않는다. 민주주의라고 해도 한 가지만이 있는 것은 아니다. 미국에는 미국식 민주주의가 있고, 우리에게는 우리의 민주주의가 있다. 물론 우리는 민주주의를 지향하는 나라다. 우리는 민주주의를 포기할 수는 없다. 그렇다고 평화도 내버릴 수 없다. 두 가지를 다 같이 지켜야 하며, 그것을 위해 민족의 역량을 발휘해야 한다. (2004. 4. 4.)

박정자의 연극 이야기*

오늘 박정자씨의 강연은 진지하면서도 아주 밝고 훌륭한 것이어서 감사드린다. 지금으로부터 수 십 년 전이지만 내가 영국 런던에 '국립 초상화 박물관(National Portrait Gallery)', 즉 영국의 역대 저명인사들의 초상화를 보관 전시하는 박물관을 가 봤다. 내가 그곳에 간 목적은 경제학자 중에서 누구의 초상화가 걸려 있는지 궁금해서였다. 경제학자 중에서는 단 두 사람만 있었다. 그곳을 나오면서 보니 박물관 전면에 커다란 동상이 하나 서 있었다. 가깝게 가서 누구의 동상인가 봤더니 그것은 연극배우의 동상이었다. 연극배우의 동상이 왜 유명한 박물관 앞에 있는가. 그것은 영국 사람들이 연극을 굉장히 좋아했기 때문이다. 그 배우가 많은 영국인을 즐겁게 해줬기 때문에 그의 동상을 거기에 세운 것이다. 우리나라와의 문화의 차이를 많이 느꼈다.

동양에서는 중국 북경에는 '京劇'이 있고, 절강성 소흥에는 '越劇'이 있다. 일본에는 '가부끼'라는 연극이 있다. 우리나라에는 역사적으로 연극이 발달하지 못했다. 국민은 우수한 연극 소질이 있었음에도 불구하고 제대로 연극인을 대접하지 못했다. 옛날 왕조시대에 숨어서 겨우 탈춤이라든지 얼굴을 가리고 나가서 관객을 즐겁게 하고

---

* 2004년 2월 12일 제1338회 인간개발경영자 연구회에서 박정자(연극인)씨의 발표에 대한 논평을 녹취한 글임.

풍자를 하는 정도밖에는 없었다. 근래에 와서는 나아지고 있긴 하지만 아직도 연극은 충분히 발달했다고 할 수는 없다. 이러한 환경 속에서 이렇게 훌륭하게 일생을 바쳐서 이 길에 매진해 온 박정자씨에게 찬사를 보낸다.

내가 연극에 대해서 지식과 경험은 없지만 몇 가지 느낀 점을 말하겠다. 오늘 박정자씨의 말과 행동과 교육, 그리고 앞으로의 살아가야 할 태도를 보면, 이분이 아직도 '문학소녀'나 '여학생' 같은 순수한 분이라는 걸 느낀다. 이러한 순수성은 굉장히 좋은 것으로 생각한다. 「不失赤子之心」, '어린이의 마음을 잃지 않는 것이 좋다'는 뜻인데, 그런 순수한 마음으로 일생을 살 수 있다면 이것이야말로 훌륭한 일생이 아니겠는가.

'좋은 관중이 좋은 연극을 만든다'라는 말에 공감한다. 관중이 좋아야 좋은 연극이 나온다. 우리나라에는 지금 정치연극이 벌어지고 있다. 나는 사회과학을 하는 사람이기 때문에 박정자씨의 말을 들으면서도 그것을 우리의 사회현실이나 정치현실과 결부하여 생각하게 된다. 정치를 보는 관객, 즉 국민이 좋아야 좋은 정치쇼가 나온다고 한다면, '우리는 과연 좋은 정치 관객인가?'를 생각하지 않을 수 없다.

다음에 '고정관념의 탈피가 중요하다'라는 것을 강조한 박정자씨의 말을 듣고 느끼는 바가 많다. 사람에게는 항시 고정관념이 있다. 없을 수는 없다. 사실 어느 정도까지는 고정관념도 필요하다. 이것이 바로 전통이다. 옳은 전통은 유지되어야 하듯이, 좋은 고정관념은 지켜야 한다. 그러나 좋은 전통도 시대에 따라서는 좋지 않게 된다. 전통을 무조건 지키는 것은 곤란하다. 전통을 현실에 맞게 고쳐야 한다. 이것이 개혁이다. 개혁이란 항상 필요하다.

또 한 가지, 박정자씨는 '누더기를 입었을 때 가장 마음이 편하다' 라는 말을 했는데, 실제로 사회에 있어서도 마찬가지다. 아주 부자마을에 사는 것은 참 불편할 것 같다. 나는 지금 그런 마을에 살고 있지 않기 때문에 편하다고 항상 느끼고 있다. 솔직하고 우애 있고 인심도 좋고 하기 때문에 서민, 평민이 좋다고 항상 느끼고 있다. 박정자씨는 또 '좋은 역할을 하면 눈에서 빛이 나고 악역을 하면 모양이 일그러진다' 라는 말을 했는데, 이것도 아주 좋은 말이다. 여러분들도 실사회에서 악역을 담당하지 말기를 부탁한다.

또 '항상 나는 삶의 絶頂에 있길 바란다' 라는 말씀을 했는데, 참으로 좋은 말이다. 나도 이것과 비슷한 느낌을 항상 가지고 있다. 인생이라는 연극의 전 과정을 통해 우리는 끝까지 이상을 추구하며, 전력투구를 해야 한다. 모든 것이 마음에 달려 있다. 행복하기를 원하는 사람에게 그것이 오지 않을 리가 없다. 행복은 반드시 이루어진다는 것을 나는 굳게 믿는다. 이런 확신을 가지고 나는 죽을 때까지 행복을 유지하여야 하며, 또 그렇게 할 자신이 있다고 생각한다.

끝으로 배우는 모든 역할을 하지만 실제 우리 인생은 그렇지 못하다. 한 번의 역할 밖에는 주어지지 않는다. 그래서 우리 모두는 이 한 가지 역할을 충실히 해서 좋은 연기를 해야 한다.

동북아 경제중심의 비전과 과제*

오늘 배순훈 박사의 강의는 사족을 달 필요가 없는 좋은 강의였다. 전기공학을 전공한 사람인데 경제나 사회에 관해서는 우리보다 나은 것 같다. 그러나 이렇게 머리가 좋은 사람도 지금의 직책을 수행하는 데에는 나름대로의 고민이 있을 것이다. 물류중심과 금융중심 등 여러 가지를 구상하는 것은 힘들 것이고, 또 부분적으로는 좋게 보이지만 전체적으로 볼 때에는 현실에 맞지 않는 것도 많으리라고 생각한다. 머리만 가지고는 해결하기 어려운 문제들이 많을 것이다.

우리 정부가 설정한 목표 중의 하나에 동북아시아 중심국가의 달성이라는 것이 있다. 우리가 동북아시아의 "중심" 국가가 되고자 하는 데에는 그럴만한 이유가 있다. 우리나라는 역사적으로 남의 나라의 주변국가인 경우가 많았기 때문에, 이제는 무언가 중심적인 역할을 해보자는 소망이 우리의 머릿속에 있다. 우리나라는 지금 끝없는 분열과 갈등을 경험하고 있다. 왜 이렇게 분열과 갈등이 많은가. 나는 그 이유의 一端이 '정체성의 위기'가 아닌가 생각한다. 다시 말해서, 우리 국민은 '내가 누구이며 무엇을 하는 사람인가?'의 문제, 즉 우리의 正體가 무엇인가의 문제를 놓고 항상 고민하고 있다. 그런데 우리의 정체성의 해석은 사람마다 다르다. 여기에 우리의 갈등의 뿌리

---

* 2004년 3월 4일 제1341회 인간개발경영자 연구회에서 배순훈(동북아경제중심추진위원회 위원장) 박사의 발표에 대한 논평을 녹취한 글임.

가 있다고 본다. 어떤 사람의 의식 속에는 우리는 지금 미국의 주변 국이라는 의식 또는 주변국이 되고 있다는 의식이 있다. 이 의식이 있으면 이런 의식이 없는 사람과는 의사가 잘 통할 수 없다. 그래서 사람들 사이의 갈등이 많아지고 이 때문에 합의가 되질 않는다. 둘이 모이면 의견이 나뉘고 셋이 모이면 셋으로 의견이 갈라지고 있다. 그래서 이 '정체성의 위기를 어떻게 극복하느냐?' 는 것이 우리의 국가적인 과제가 되고 있다. 이 정체성의 하나의 표현이 동북아 중심국가, 또는 동북아 중심경제의 목표이다. 즉, 중심이 돼야 우리의 역사적인 숙원이 풀린다는 것이다.

우리 역사를 들여다보자. 지금 高句麗史 문제가 나오고 있지만 고구려가 망하고 신라가 통일을 한 후, 천이삼백년 동안은 우리는 중국의 하나의 주변국가였다. 중국의 주변국가였다가 淸日戰爭 이후로는 일본의 주변국가 및 식민지가 되었다. 해방 이후 남북으로 갈라진 후에는 북은 소련과 중국의 주변국가가 되었고 남한은 미국의 주변국가가 되었다. 우리의 소망은 중심국가가 되고 싶지만, 그것은 희망사항일 뿐 행동과 이념으로 보면 오히려 주변국가가 더 편하다는 의견을 가지는 사람도 있다.

우리는 지금 소득 2만 달러를 달성하자는 의욕이 있다. 그러나 문제는 동북아 중심국이 되자면 소득만 2만불의 수준이 되는 것으로는 부족하다. 사실 소득이 2만불이 되자면 정치, 교육, 사회도 만불의 수준에서 2만불의 수준으로 향상되어야 한다. 요즘 아시아 대륙횡단 철도와 같은 것이 많이 선전되고 있는데, 이것이 이루어지면 곧 동북아 중심이 되는 것으로 착각하는 사람이 있는 듯하다. 동북아 중심국가가 되자면 이와 같은 시설도 도움이 되기는 하겠지만, 이런 시설과 아울러 우리 마음의 문화적인 인프라도 그 수준으로 높아져야 한다. 문화의 수준이 높아지지 않는다면 아무리 철도가 많이 부설돼도 소용이 없다. 문화에 대해서는 신경 쓰지 않고 물류중심과 경제중심이 되겠다고 한다면 말이 안 된다.

많은 신문보도는 지금 부산의 물류량이 중국 상해의 그것보다 뒤지기 시작했다고 야단을 치는데 그것은 걱정거리가 안 된다. 상해는 부산보다 물류가 많게 되는 것은 당연하다. 상해의 이면에는 중국대륙이 있다. 그 주변의 양자강 델타는 중국경제의 중심이다. 뿐만 아니라, 부산이 설사 물류의 허브가 된다고 하더라도 그것 자체는 한국경제와는 별로 관계가 없는 이야기이다. 한국이 물류를 가지고 발전한다고 생각하는 것 자체에 문제가 있다. 한국경제가 순조롭게 발전하면 한국의 항만은 자연히 물류의 허브가 되는 것이지 물류의 허브를 만든다고 한국경제가 발전하는 것은 아니다.

또, 한국은 금융의 허브가 돼야 한다고 법석을 떠는 사람이 있다. 이것도 한마디로 금융의 허브가 되자면 어떤 조건이 필요한가에 대한 인식의 부족에서 나오는 발상이다. 금융의 허브가 되자면 그 허브가 되는 곳에 금융거래가 활발히 이루어지고, 각국의 돈이 자연히 모여들어야 한다. 한국의 금융은 지금도 매우 낙후되어 있다. 신용불량자의 수가 400만에 달하고 있는데, 이런 낙후된 나라가 어떻게 국제금융의 허브가 될 수 있는가. 이번에 시티은행이 한미은행을 인수한 것은 금융허브가 되고자 하는 우리의 목표 달성에 도움이 된다고 하는 사람도 있다. 한마디로 말이 안 되는 이야기이다. 금융의 허브가 된

다는 것은 외국 금융업자가 이곳으로 와서 금융거래를 하는 기회가
많아짐으로써 자연스럽게 이루어지는 것이지 우리의 금융기관을 외국
금융기관이 인수함으로써 이루어지는 것은 아니다. 또 외국 금융기관
이 들어오면 한국금융이 자동적으로 발달하는 것처럼 생각하는 사람
도 있는 것 같은데 이것도 잘못된 생각이다.

'부자가 솔선수범해야 한다' 는 말에 대해서는 많은 사람들이 공
감할 것이다. 사회사업을 통해서 부자들이 그들의 부를 사회에 환원
하는 것도 좋지만, 우선 필요한 것은 그것보다는 우리나라의 재벌이
좀 더 투명경영을 해야 한다고 생각한다. 그것 없이는 아무리 인심을
쓴다고 해도 소용이 없다. 투명경영을 하면 노사관계도 원활해지고
또 국민의 신임도 받을 수 있다.

◁ 탄핵정국 이후의 참여정부의 과제 ▷

야당이 자살골을 터뜨림으로써 노무현 대통령은 예기치 않은
큰 선물을 받았다. 물론 아직 총선은 멀었으며, 헌법재판소의
"판결"이 나오지도 않았지만, 노무현 대통령의 "승리"는 확실
할 것으로 나는 본다. 앞으로 노무현정부의 정책방향은 어떻게
될 것인가.

"시민혁명"을 주장한 노대통령이 그동안 어떤 생각을 하고
있는지에 대하여는 나는 물론 알 길이 없다. 다만 나는 대통령이

다음과 같은 점을 고려하면 좋을 것으로 본다.

우선, 이 시점에 대통령이 해야 할 일은 지금의 한국의 정치, 경제, 문화, 교육 등을 세심하게 분석하여 우리의 좌표를 설정하는 일일 것이다. 지난날에 있어서와 같은 장밋빛 정책방향(동북아 경제중심, 물류 허브, 금융 허브 등)을 그대로 이번 총선 이후로 移越한다면 성공하기 어려울 것으로 나는 본다.

대통령이 필요로 하는 것은 높은 성장률이라기보다는 국민의 신뢰이다. 그동안 많은 시간을 가지고 정책구상을 했을 것이므로, 국민은 뭔가 새로운 방향, 납득할 수 있는 정책방향을 원할 것이다. 국민은 대통령이 장밋빛 청사진을 제시할 것을 바라는 것이 아니라, 솔직하고 겸허하고 현실적이고 확실한 방향제시를 원한다고 보아야 한다. 국민이 바라는 것이 무엇인가를 정확히 짚어야 한다. 국민은 많은 정치인이 생각하는 것보다 현명하다. 국민을 믿고 또 국민의 신뢰를 얻는 것이 무엇보다 중요하다. 만일 국민이 대통령과 여당에 승리를 안겨준다면, 그것은 결코 공짜가 아닐 것이다. 대통령과 여당은 전보다 오히려 더 벅찬 과제를 수행하여야 할 것으로 본다. (2004. 4. 4.)

한국정치의 미래를 위하여*

김형오 의장께서 이 자리에 나오셔서 좋은 말씀 해주심에 대해 진심으로 감사의 뜻을 드린다. 김 의장이 지금까지 펼쳐오신 의정활동과 의장으로서의 직분 수행을 볼 때 많은 존경과 애정의 뜻을 가지고 있다. 김 의장께서는 정말로 소신을 가지고 지금까지 해왔다. 그 소신은 평소에 강경한 발언과 강경한 행동으로 나타나고 있지 않을 뿐이지 오히려 柔能制剛(柔한 것이 剛한 것을 제압한다)의 태도로 이 분은 그 어려운 시절을 인고의 자세를 가지고 지금까지 의장직을 수행해왔다. 앞으로 부디 건강하시고 잘해 주시길 바란다.

김 의장이 인고의 나날을 가장 잘 표현하고 있는 것이 입술이다. 입술이 부르텄다. 왜 그럴까. 고민하지 않는 생활이라면 입술이 부르틀 이유가 없었을 것이다. 그만큼 인고의 세월이 힘들었음을 말해 주는 것이다. 반면에 김 의장을 보면 평소 굉장히 몸이 날씬하고 핸섬하게 보인다. 이것을 볼 때에도 괴로운 과정에서의 마이너스가 있었다면 플러스도 있다는 것을 느낀다. 부디 잘해 주시기를 바라겠다.

오늘 강의 도중 훌륭한 경제학자로 평가받는 방법을 알려 주었다.

---

* 2009년 6월 11일 제1600회 인간개발경영자 연구회에서 김형오 국회의장의 발표에 대한 논평을 녹취한 글임.

'한국은 10년만 기다리면 큰일 난다' 그 다음에 '자본주의는 앞으로 몰락한다' 라는 말을 하게 되면 언젠가는 유명해질 것이라는 말씀을 하셨는데, 나에게 한 말씀이 아닌가 생각한다. 내가 약간 그런 식으로 해왔다. 그런데 좀 부족했다고 생각한다. 앞으로 더욱 더 강하게 하겠다.

김형오 의장께서는 우리 경제가 20년 전에 비해서 훨씬 발전했다고 했다. 그 점은 백 번이고 시인한다. 이를테면 보스정치가 해결되었다. 안방정치가 해결되었고, 정당정치로 전환했다. 또 돈 안 드는 선거를 하게 되었다. 옳은 말씀이다. 그런데 여기에 약간의 사족이 필요하다. 내가 보기에 정치라는 것은 기본이 깨끗한 데 있다. 그러나 꼭 그렇다고 볼 수는 없다. 안방정치, 그거 필요하다. 거기에서 타협이 일어나고 거기에서 양보가 이루어진다. 미국 하원의장을 했던 유진 오닐은 'All politics is local(모든 정치는 지방에서 비롯된다)'라고 말했다. 지방이라는 것은 자기 집에서 비롯된다는 말과 통한다는 이야기다. 그리고 내가 보기에는 보스정치 그것은 필요하다. 국회에도 보스가 있어야 한다. 김형오 의장은 앞으로 잘하셔서 보스가 되길 바란다. 보스가 되어야 한다. 보스가 있어서 사람 중심으로 해야 뭔가 질서를 찾을 수 있다. 미국 국회가 왜 저렇게 무력하고 성과를 못 내고 있을까. 보스가 없어서 그렇다. 그 전에는 하원에 샘 레이번이 있었고, 상원에 윌리엄 풀브라이트가 있어서 그들을 중심으로 움직였다. 그 사람들의 말 한 마디가 법률과 같은 위엄을 가지고 있었다. 그래서 국회가 상원이나 하원이나 충분히 제 역할을 할 수 있었다고 본다. 다만 보스의 질이 좋은 보스냐, 나쁜 보스냐가 문제다.

국회가 생산성을 지녀야 한다. 생산성이 없는 국회는 아무리 깨끗하고, 보스가 없고, 안방정치가 아니라 어떤 정치를 해도 소용없다. 지금 정당정치를 하고 있다고 하는데 잘 모르겠다. 보스는 지금도 있다. 친이, 친박 등 어디 보스가 없다고 볼 수 있겠는가. 이것은 말하자면 정치는 기본적으로 그렇게 깨끗할 수 없다. 나도 국회의원을 조금은 해봤다. 나는 사실 깨끗했지만 깨끗함으로써 제대로 했느냐? 제대로 한 것 같지는 않다. 그 점을 유념해 주시기 바란다.

오늘 김형오 의장의 말씀을 들으면서 또 여러 질문을 하는 것을 보면서 생각한 것이 이율곡 선생의 말씀이다. 율곡은 1536년 출생해서 50세가 안 되어 세상을 떠났다. 임진왜란 직전에 떠났다. 이 분이 유명한 말을 많이 남겼다. 그분이 이런 말을 한 적이 있다. 선조에게 올렸던 進言에서 이다.

"天下之事 不進卽退(천하지사 부진즉퇴), 國家之勢 不治卽亂(국가지세 불치즉란), 進退治亂, 實在於人(진퇴치란 실재어인) / 천하의 일은 나아가지 않으면 물러난다. 국가의 세는 다스려지지 않으면 어지러워진다. 나아가고 물러나고 다스려지고 어지러워지는 것은 실로 사람에게 달려 있다."

세상은 間斷없이 변화한다. 모름지기 변화에 시의적절하게 부응하는 것이 정치다. 그래서 이번에, 여당과 청와대도 마찬가지지만, 멀리 20년 전까지 볼 필요는 없이 지난 1년 4개월 동안 우리의 정치, 경제, 사회, 기타 여러 가지가 어떻게 진행되어 왔느냐 하는 것을 쭉 정리해 보기 바란다. 아까 노무현 전 대통령이 세상을 떠난 것을 계

기로 일어나고 있는 이 혼란을 수습하는 것이 지금 급선무라는 말씀
을 하셨는데, 그렇게 하기 위해서 어떻게 광장을 여느냐, 안 여느냐,
이런 차원이 아니다. 또 분향소를 철폐하느냐 그냥 허용하느냐, 이런
차원이 아니다. 지난 1년 반 동안 우리나라 정치와 경제 모든 것의
경과를 한번 살펴보는 것이 좋을 것 같다. 그래서 이 국가지세가 다
스려지고 있느냐 어지러워지고 있느냐, 천하의 대세가 좋아지고 있느
냐, 나빠지고 있느냐, 이것을 한번 비교해 보기 바란다. 좋아진 점도
많을 것이고 나빠진 점도 많을 것이다. 그것을 긴 안목에서 바라보고
나라의 정세를 다스려보면 좋겠다.

李栗谷은 이렇게 말했다. "국가의 정세나 천하의 대세를 말하자면,
다스려지지 않으면 어지러워지는 방향으로 이끌거나, 좋지 않으면 나
빠지게 만드는, 말하자면 변화를 만들어내는 것이 무엇인가? 바로 사
람이다." 그가 사람이라고 이야기한 것은 지도층을 말한 것이다. 아
주 함축된 의미는 임금 자신을 말한 것이다. 그리고 계속해서 뭐라고
말했냐하면 "자, 지금 우리나라의 大官을 보십시오. 큰 직책에 있는
정승, 판서를 보십시오. 그 사람들은 자기 직위를 지키고 있기 위해
그것만 하고 있는 사람들 아닙니까? 또 지방에 있는 小官을 보십시
오. 조그마한 관청의 책임자를 보십시오. 그 사람들은 자기 몫을 찾
느라 동분서주하는 것이지 어떻게 이 백성을 제대로 잘 다스려서 나
라를 지키려는 태도가 있다고 보십니까?"

지금도 그런 것이 아닌가 하는 생각을 가끔 갖는다. 율곡은 지금으
로부터 450년 전에 그런 말을 했다. 결국 450년 전이나 지금이나 비
슷한 면이 있다. 정당의 이름이 다르지만 한국 사람들이 표출하는 태

도는 일반적인 패턴이 있는데, 그 패턴은 그때나 지금이나 마찬가지라는 생각을 한다.

김 의장께서는 우리가 절박한 정치상태로부터 탈피하자면 국회의원들이 세 가지로부터 자유로워야 한다고 했다. 공천으로부터의 자유, 정당으로부터의 자유, 기업이나 국민으로부터의 자유를 말씀하셨다. 옳은 말이고 전혀 정당성을 부인할 것이 없지만, 내가 보기에는 여기에 살이 좀 필요하다. 우리나라 제도의 개혁, 대통령제냐, 내각제냐, 또는 중립이냐 아니냐, 권력의 구조가 어떻다고 하지만, 지금 보면 권력 구조가 어떻게 되었든지, 임기가 어떻게 되었든지, 나는 한국 사람의 생각과 행동의 패턴이 달라지지 않으면 마찬가지라는 생각을 한다.

구체적으로 말씀드리면, 한국 사람들은 굉장히 독선적이다. 자기 말이 항상 옳고 남의 말이 틀리다고 생각한다고 김 의장이 말씀하셨다. 전부 네 탓이라는 습성을 가지고 있다고 말씀하셨는데, 그것과 마찬가지로 독선적이다. 항상 나는 옳다고 생각한다. 그래서 옳다고 생각하는 것을 관철하기 위해서 결국에는 폭력에 의존한다. 일종의 조폭 비슷한 행동을 보이는 것이다. 누구든지 그렇다. 야당도 그렇고 여당도 그렇고, 말하자면 폭력에 의존하는 습성을 가지고 있다. 폭력이라는 것은 주먹을 가지고 남의 얼굴을 때리는 차원뿐 아니라 행동 자체가 상대방에게 상처를 준다. 이것이 다 폭력이다. 말하자면 물리적인 폭력은 아니지만 정신적인 폭력, 또는 심리적인 폭력을 서슴지 않고 적용한다. 일반적으로 그런 경우가 많다는 것이다. 그러다 보니까 양보를 하지 않는다, 타협도 하지 않는다고 말씀하신 것이다.

정치는 결국 타협이다. 결국 이해관계가 다르다는 것에서 양보와 타협이 있지, 깨끗하다 깨끗하지 않다고 하는 것이 어떤 기준에서 나오는 것은 아니다. 그래서 타협할 줄 모르고 나만 옳다고 생각하는 타입이 북한의 태도이다. 지금 북한이 하고 있는 행동을 볼 때 그 민족이 우리와 같다고 우리가 말할 수 있는지 잘 모르겠다. 타협을 못 하니까 북한과 같이 역사의 재앙을 가져오려고 하고 있다.

그리고 내가 보기엔 우리나라 사람들의 성격이 너무 급하다. 천천히 할 줄 모른다. 김 의장께서는 여기에서는 자유롭다. 아주 천천히 해주고 천천히 생각하면서 하는 것이 좋다. 우리는 지금 속도전을 주장하고 있다. 빨리빨리 하니까 결국 그 뒤에 깊은 사고가 없고, 기준이 명확하지 않은 채 행동이 먼저 앞서 나간다. 그러니 왔다 갔다 할 수밖에 없다. 나중에는 어디로 가는 줄도 모르고 자꾸 뛰기만 한다. 내가 보기에는 이런 생각과 행동의 패턴이 있기 때문에 김 의장이 말씀하신 것처럼 국회의원이 아무리 박사학위를 받은 사람이 많고 전문지식이 있어도 잘해 나가지 못한다고 본다.

사실 나도 남 못지않은 애국심을 가지고 있고 우리나라의 업적에 대해서 남 못지않은 평가를 하고 있다. 말하자면 나라의 발전에 힘입어 나도 벼슬도 하고 여러 가지 좋은 직책도 맡았다. 그러나 때에 따라서는 이런 우리의 행동을 고치지 않는 한 힘들다는 것을 느낄 때가 있었다. 그래서 한나라당 명예총재 때 내가 일간신문에 정치에 대해서 글을 썼다. "우리나라 정치는 모든 대통령을 실패로 이끌고, 모든 정당을 실패로 이끌고, 모든 정치인을 실패로 이끌고, 그리고 국민을 괴롭히는 정치다." 이걸 가지고 비난을 꽤나 받을 것으로 생각했다.

그런데 결과는 그것에 대해서 한마디도 좋다 나쁘다 말이 없었다. 찬성을 해서 말을 안 한 것인지 듣기 싫어서 말을 안 한 것인지는 모르겠지만, 나는 공사간의 코멘트 없이 글을 쓴 사람이 되었다.

끝으로 존경하고 또한 많은 애정을 가지고 있는 김형오 의장이 앞으로 좋은 정치에 행운을 가질 것을 진심으로 빈다. 오늘 정말로 이렇게 나오셔서 1600회 우리 모임을 밝게 빛내주신 점에 대해서 감사의 말씀을 드린다.

세계금융위기와 한국 금융산업의 과제[*]

　가급적 간략하게 몇 마디 말씀드리겠다. 오늘 윤행장의 말씀, 세계 금융위기, 한국 금융산업의 과제, 내용이 아주 훌륭한 강의였다. 강의내용에 대해서 말씀을 추가할 것이 별로 없을 정도로 아주 좋은 강의였다. 특히 준비해 오신 이 준비물의 내용이 잘 요약 되어 있다. 여러분들이 다시 한번 보시면 도움이 되리라 생각된다.

　별로 할 말씀이 없지만 강의 과정에서 느낀 점 몇 마디 말씀드리겠다. 우선, 2000년에서부터 2003년까지의 카드 남발로 인한 금융의 혼란, 그 과정에서 아마 그것 때문에 GDP가 1%정도 높아졌다고 하는 연구도 있다는 말씀을 했다. 아마 그랬을 것이다. 제 자신도 GDP통계를 보고는 있으나 그것은 그리 믿을 바가 못된다. 사실 GDP라는 것이 무엇이냐, 어떤 기간 동안에 생산된 재화 및 용역의 총량이다. 이 용역이라고 하는 것이 부정확하기 때문에, 금융부문에서 여러 가지 파생상품을 만들어 그것을, 사후적으로 볼 때에는 부정한 수단으로 팔고 사고 하는 것이 어떤 경로를 통해서든 간에 GDP에 포함이 되어 있을 것이다. 그래서 믿을만한 것이 사실은 못 된다고 느끼고 있다.

---

[*] 2009년 6월 18일 제1601회 인간개발경영자 연구회에서 윤용로 기업은행 행장의 발표에 대한 논평을 녹취한 글임.

그 다음, 우리나라의 지금의 실물경제에 관한 말씀, 저도 완전히 동감이다. 先行指數는 좋아지고 있으나 이것은 주로 심리적인 것이고 실물 활동에 관한한 好轉이라고 할만한 것은 현재 보이지 않는다고 말씀하셨는데 사실 그렇다. 이것은 우리나라의 문제일 뿐 아니라 미국 또한 전 세계가 마찬가지다. 좋아지고 있는 것은 아직은 없다. 우리나라의 것을 역으로 생각해 보자. 좋아진다고 하는 것은 무엇을 말하느냐. 경제활동이 좋아진다. 그럼 경제활동이 무엇이냐? 수요면에서는 수출 아니면 內需이다. 공급면에서는 여러 가지 기술이나 생산 능력 그런 것들이 있다. 그러면 지금 우리나라에서 수출이 증가하고 있느냐? 지금도 자꾸 감소하고 있다. 그리고 내수가 나아지고 있느냐? 안 나아지고 있다. 고용이 늘고 있느냐? 안 늘어나고 있다. 전 세계가 다 그런 상태에 있다. 이번의 위기상황은 세계적으로 꽤 오래 간다고 보며 너무 빨리 바닥을 치고 회복하기를 기대하지 말고 각자 꾸준하게 노력하고 이 시기를 유용하게 견디는 자세가 필요하다고 생각한다. 윤행장이 내년 초는 좋아질 수 있다는 말씀을 하셨다. 그렇게 기대를 할 수 있으나 이것도 역시 그때 가 봐야 알 수 있는 것이다. 지금은 꼭 그렇게 되리라고 기대할 수는 없다는 생각이 든다.

그리고 자본시장의 역할을 아주 잘 말씀해 주셨다. 여러 군데에서 결국 경제의 백본(backbone)은 은행이다. 정말 그 말씀이 옳다. 자본시장에서 자본이 조달되어 투자에 활용되는 이 부분은 거의 제로에 가깝다. 제로라고 해도 과언이 아니고, 오히려 어떤 때에는 마이너스라고 윤행장이 말했다. 말하자면 카지노 자본주의에서는 카지노 도박장에서 돈이 들어와 좋은 생산활동에 활용이 되는 그런 일은 없다. 그러니까 결국 은행이 은행의 역할을 하기 위해서는 결국 예금을 받아 그것을 활용하여 대출을 하고 거기에서 나는 이익을 가지고서 은행을 운영하는, 소위 말하자면 금융중개기능이 필요하다. 그것은 실제로 경제에 도움이 되지만 그동안 투자은행들이 했던 여러 가지 활동들은 사실은 경제에 큰 도움이 안 되었다. 됐다고 한다면 당분간이나마 그것을 발명한 미국이 그것을 가지고 세계경제를 지배하는 그러한 역할은 했겠지만, 그 외에 후진국의 자본시장을 육성하여 거기에서 경제가 발전했다고 하는 것은 괜한 소리이다. 나는 그렇게 믿는다. 그동안 우리나라에서는 금융허브를 만든다고 말하는 사람이 있었고, 지금도 있으나 나는 그때마다 그것은 헛소리라고 말해 왔다. 사실, 헛소리에 불과하다고 그렇게 보고 있다.

거기에 곁들여서 윤행장의 말씀이 금융자율화, 이것은 과연 필요한 것이냐, 좋으냐 하는 말씀을 하셨다. 아주 조심스럽게나마 그것은 별로 좋은 것이 아닐 수 있다 라고 말했다. 그것에 대해서도 동의한다. 결국 금융산업의 기본 성격에 관한 문제이다. 가령 은행의 경우, 이것은 완전한 사기업이 아니다. 이것을 완전한 사기업이라고 보니까 문제가 있는 것이다. 만약 내가 어떤 구두를 생산한다면 그것은 내 사기업이지만, 내가 은행을 운영한다면 은행이 어떻게 사기업이냐? 이것은 내가 책임을 가지고 운영을 하지만 은행이라는 것은 굉장히 큰 공공성을 띠는 기업이다.

半公半私인 것이기 때문에 사실 상당한 정도의 통제가 필요하며, 업무의 제한, 운영과 방법의 제한이 필요한 그러한 기업이다. 그렇기 때문에 좀 불편한 것이 있어야 하며, 그런 기준이 활용이 되어 감독기관의 감독도 받아야 한다. 그런데 그 모든 배후를 다 허물어뜨린 것이 결국 미국 금융산업이 망하게 된 원인이었다. 이렇게 저는 보고 있다.

그렇기 때문에, 가령 은행업무를 보험회사도 하고 말하자면 증권회 사도 하는 이런 식이어서는 안 된다. 벽이 어느 정도 있어서 너는 은 행이다, 너는 보험회사이다, 이렇게 해야 한다. 세계 최대의 보험회 사인 AIG는 결국 증권업무를 하다가 망해버렸다. 정부의 도움을 받 아 겨우 연명을 하고 있는 그런 상태에 있다. 결국 이런 큰 기업들은 공공성을 다 가지고 있다. 그리고 사실은 민간기업도 커지면, 이를테 면 한국의 5대재벌처럼, 완전히 사기업으로 볼 수 없다. 그것은 상당 히 공적인 성격을 띠고 있다. 그래서 도대체 기업이라는 것은 무엇이 냐 라는 것을 정부도 잘 알아야 하고 운영하는 사람도 잘 알아야 한 다고 생각한다.

은행의 메가뱅크化, 대형화는 그 전부터 한국에서도 많이 부르짖어 왔던 것이다. 즉, 은행은 대형화를 해야 한다는 것이었다. 요즘도 그 러한가? 하지만 이것은 정말 그렇지 않다. 윤행장도 그런 말씀을 하 셨는데, 동감이다. 뭐냐 하면, 잘하니까 대형이 된 것이지 잘 못하는 것을 대형화해서 크게 만들면 잘 되는 것은 아니다. 그런 방법은 결 코 없다. 바둑을 잘 두니 9단이 되었지, 9단이 되었다고 해서 바둑을 잘 두는 것이 아니다. 그렇지 않은가? 6급짜리를 100명을 모아보아 라, 9단이 되는가? 절대 되지 않는다. 은행도 마찬가지이다. 결국 은 행경영을 잘해서 은행이 커져야 한다고 본다.

끝으로 한마디 말씀드리고자 하는 것은, 윤행장께서 중소기업은행이 국책은행으로서 대출을 많이 하고 이는 좋은 일이라는 말씀을 하셨는데, 그 문제가 꼭 좋은 것만은 아니다. 제 경험을 한 가지 말씀드리겠다. 제가 한국은행 총재를 할 때, 그 당시 재무 당국에서 총재에게 와서 자꾸만 중소기업에 대한 대출을 늘려달라고 말했다. 직접적으로도 간접적으로도 그렇게 요청하여 참 많이 곤혹스러웠다. 왜냐하면, 한국은행은 중앙은행으로서 어떤 중소기업에 대한 대출을 책임지는 기관이 아니다. 그것은 내 업무가 아닌데, 내 업무를 잘 해야만 내가 제대로 총재노릇을 하는 것인데, 어떻게 내가 중소기업 대출을 하겠느냐. 그런데 그 때는 바로 선거 때였다. 1991년 하반기였다. 어떻게든 자꾸 대출을 하고 통화량을 늘리라고 말하는 것이었다. 그것을 끝까지 거절하였다. 자꾸 그러기에 한번 조사를 해보기로 하고, 중소기업에 대한 대출은 한은의 업무가 아니지만, 중소기업에 대출하는 것이 몇 가지가 있는지 조사해오라고 지시를 했다.

중소기업에 대한 대출 메뉴가 아주 많다. 굉장히 많다. 그때에는 중소기업에 대한 대출은 유망 중소기업에 대한 대출 등 별개의 이름이 다 있다. 여러 가지 대출을 여러 가지 기관에서 많이 해주는 것이다. 아마 중소기업 하는 분들은 어떤 것이 어디에 해당하는지 잘 모를 것이다. 그럴 정도로 메뉴가 많았다. 그러나 메뉴는 많았지만 맛이 있는 음식은 하나도 없었다. 그럴 적에 어떤 일이 많이 벌어졌는가 하면, 중소기업자가 자살을 했다는 뉴스가 신문에 자주 보도되었다. 자살을 한 원인이 어디에 있는가. 신문에서는 자금 부족으로 자살을 했다고 말했다. 그러나 사실을 알고 보면 반대이다. 자금을 너무 많이 대출 받았기 때문에 그 이자부담과 대출원금 상환을 그 사람이 감당을 못해서 자살을 한 것이다. 알고 보니, 결국은 그것이었다.

332/ 이 時代의 希望과 現實(Ⅳ)

제가 무슨 말씀을 하려고 하느냐 하면 중소기업에 대해 대출을 하려면 정말로 잘 심사를 해서 그것이 과연 정말로 제대로 된 중소기업인지를 확인하고 나서 대출을 해 줘야 한다는 것이다. 그렇게 하더라도 아마 디폴트 같은 것은 많이 생길 것이다.

그런데 자꾸만 양적으로 우리가 수십조원의 대출자원을 늘렸으니 한은이 업무를 잘하고 있다고 할 수 있느냐 하면, 천만에, 절대 그렇지 않다. 그 대형화와 관련하여 윤행장이 말씀을 하였지만, 조심을 해줬으면 좋겠다. 결국, 일선에 지점이 있지 않는가? 지점에서 이루어지고 있는 activity가 전체 은행의 activity의 1/10밖에 안 된다는 이런 말씀을 하셨다. 그래서는 곤란하다. 그 전에는 50%였는데 지금은 10%이다. 제가 은행경영을 해보지는 않았지만, 은행의 생명은 바로 지점에서 이루어져야 한다. 지점에서 이루어지려면 부단히 교육을 해야 한다고 본다. 자꾸 불러서 교육을 해야 한다. 그냥 지점에게만 맡겨놓으면 지점에서 무엇이 답답하다고 자꾸 좋은 일 하려고 하겠는가. 가만히 있어도 월급이 나오고 시간이 가면 승진도 하고 하는데.

그러니 일선 은행업무를 하는 지점장이나 그와 관련된 임원에 대해서 부단히 교육을 하고, 나 자신이 모르는 상태에서 이런 말씀을 드려서 뭐하긴 하지만, 은행장이나 은행의 간부들이 지점장들을 불러 교육을 하면서, 당신들이 해야 할 일은 새로운 잠재력 있는 중소기업자들을 발굴하는 일이고, 그 사람들의 능력을 평가하여 돈을 꿔주는 일이라고 그들의 사명을 일깨워주고, 그밖에 경제에 관한 교육을 많이 하는 것이 바람직하다고 생각한다.

오늘 행장께서 좋은 강의를 해주셨는데, 저에게도 많은 교육이 되었고 도움도 되었다. 감사의 말씀 드린다.

| 제 4 부 |

인 터 뷰

'희망'의 경제학*

강석훈 : 안녕하세요? 선생님께서는 여러 가지 직함을 가지고 계셨지만, 저에게는 서울대학교 경제학과 은사님이시니 교수님으로 호칭을 하겠습니다. 우리나라를 대표하는 경제학자로서 먼저 어떻게 경제학을 전공하시게 되었는지, 그 계기를 말씀해 주십시오.

조 순 : 내가 중학교를 다닐 무렵은 일정 말기에서 해방 직후까지였어요. 그때 가와가미 하지메(河上肇)라는 매우 유명한 마르크스주의 경제학자가 있었죠. 그 분의 책을 읽고 심취하게 되었는데, 중학교에 다닐 무렵부터 그의 이론에 매료되어서 충분히 이해를 못하면서도 깊이 빠졌지요. 그 분의 이론에 따르면 앞으로 우리가 사는 세상이 매우 희망이 있겠다는 기대를 하게 되었고, 그 분의 문장력도 매우 탁월해서 자연스레 흥미를 가진 것이 내가 경제학을 하게 된 기본 동기였다고 말할 수 있어요.

강석훈 : 중학교 다닐 무렵 가와가미 하지메의 책을 읽고 희망을 가졌던 기대와, 그동안 경제학자로서 60년의 세월이 흐른 지금에 와서 보면 그 기대가 얼마나 충족되었다고 보십니까?

---

* 2007년 1월 22일 민족문화추진회 회장실에서 강석훈 교수(성신여대 경제학과)와의 대담. 〈우리 길벗〉지 2007년 2월호에 게재되었음.

조 순 : 그 기대가 경제학만으로는 안 되는 것이지요. 가와가미 하지
메는 일본에서 투옥되어 정전(停戰) 이후에 석방되어서 나온 사람
으로 전형적인 마르크스주의 경제학자입니다. 당시에 마르크스주
의와 하지메의 이론은 우리의 어려운 처지에서 보면 매우 이상적이
고 희망을 갖게 하기에 충분했죠. 그러나 지금 생각하면 마르크스
주의에는 이렇다 할 진리가 없어요. 오늘날 세상은 매우 빠르게 변
화하고 있고, 과학기술의 발전에 따른 산업의 급격한 발전이 이루
어지고 있어요. 그리고 경제학 이론만으로 세상의 문제를 제대로
바라볼 수는 없습니다. 그동안 나는 철학과 역사적 관점, 그리고
간간히 종교에 관한 책도 보면서 여러 가지 상황에 대한 인식을 종
합해서 세상을 보아왔습니다. 처음에는 경제학을 통해 어느 정도
세상을 바라보는 동기와 충격을 받았다는 것을 알 수 있었지만, 여
러 사회과학 분야와 철학, 역사 등의 관점에서 지금의 세상이 돌아
가는 것을 이해하게 되었다고 봅니다. 경제학만으로 세상을 이해하
고 분석할 수는 없는 것이지요. 사람은 일생을 통해서 배웁니다.
인생은 끊임없는 배움의 연속이고, 평생 새롭게 공부하는 과정입니
다. 단 한 번에 도통하고 통달하는 것은 없습니다.

강석훈 : 교수님께서는 1950년대 중반에 육사에서 강의를 하시다가
미국의 명문 버클리대학교로 가셨는데, 당시에 미국에서 공부하는
한국 유학생이 많지는 않았죠?

조 순 : 내가 강릉농업학교 교사를 거쳐 육군 보병 9사단 통역장교를
하다가 1951년에 육사에 갔어요. 육군사관학교는 그 해 10월 30일
에 창설 명령이 났는데, 바로 그때 육사 수석고문관실 통역장교로

갔으니 육사로 치면 최고참 장교로 근무한 것입니다. 그러다가 수석고문관께서 내게 교관을 하는 것이 좋겠다고 해서 육사 교수로 있다가, 1957년 서른 살이 넘어서야 유학을 갔습니다. 유학 도중에도 모친이 편찮으셔서 1년 이상 집에 와서 있다가 다시 가서 공부를 했어요. 그 후 1965년부터 뉴햄프셔대에서 조교수를 2년 정도 하다가 논문을 끝내고 귀국해서 서울대학교에서 교편을 잡게 된 것입니다.

그 당시 미국에 있던 한국 유학생 숫자를 물으셨는데, 생각보다는 많았어요. 처음에는 보든 칼리지에 갔는데, 그곳에도 유학생이 꽤 많았고, 나중에 버클리에 갔을 때도 대학원생만 70여 명이 있었습니다. 1957년 겨울방학 무렵 뉴욕에 가보니 경기중학 동문 중 52회 출신만도 수십 명이나 되었어요. 1953년에 전쟁이 끝났으니 당시 우리 사회는 정말 가난하고 열악했죠. 그래서 나같이 극히 돈이 없는 학생이 대부분이었지만, 그래도 돈 있는 사람도 있었거든요. 그래서 전쟁이 끝나자마자 곧 간 사람도 있어서 한국 유학생이 생각보다는 많았어요.

강석훈 : 요즘은 서울대 교수님들이 대부분 미국에서 경제학 박사 학위를 받으신 분들인데, 1967년에 버클리대에서 학위를 받고 서울대에 오셨을 당시에는 어땠습니까? 그리고 당시 우리 경제학계는 지금과 분위기가 많이 달랐을 터인데, 미국에서 배운 경제학과 당시 우리 학계의 경제학 내용이 어떠했나요?

조 순 : 당시 한국은 마르크스주의 경제학을 그만두고 근대경제학을 가르치고 있었는데, 미국식 교과서는 별로 없었죠. 내가 쓴 『경제

학원론』도 1974년에 나왔어요.

강석훈 : 1988년에 부총리 겸 경제기획원 장관으로 가셨는데 그때 어떤 계기로 가셨는지, 그리고 우리나라 최고의 경제 수장으로서 한국경제를 운용해 본 소감은 어떠셨는지요?

조 순 : 장관으로 가게 된 것은 노태우 대통령이 불러서 간 것입니다. 그 전에 전두환 대통령 때도 요청이 있었지만 그때는 준비가 별로 되어 있지도 않았고, 나 자신이 성숙하지 않았다고 생각했어요.
　그 자리에 가서 느낀 것은 현실과 이론이 다르다는 것입니다. 현실과 이론은 항상 다르지요. 현실은 경제학만 필요한 것이 아니고 정치 상황과 사회상황 등등 많은 요인들이 함께 통합되어 흘러가는 것입니다. 경제는 사회의 일부분만 보는 것이니 경제이론이 우리 사회 전반에 적용이 된다고 볼 수는 없어요. 그러나 경제학의 기본적인 인식은 사회를 이해하는 데 매우 유용한 부분들이 있죠. 거시경제학이나 미시경제학, 시장의 역할과 시장의 단점, 그리고 공공부문과 민간부문의 분업체제 등등 이러한 인식이 우리사회를 파악하고 운용하는 데 필요한 이론들이죠.

강석훈 : 교수님 말씀은 경제학이 사회를 이해하는 기본이지만 더 고려해야 할 것이 많다는 뜻으로 이해됩니다. 그런데 많은 경제학자들이 이론을 공부하면서 그것을 현실에 적용해보고 싶은 욕구가 근본적으로 있다고 생각합니다. 본래 사회과학이라는 학문의 성격이 그렇다고 할 수 있지요. 그런데 교수님께서는 이론이 심오하게 정립된 학자라도 현실적인 경제와 사회 운용을 잘 하리라는 것은 기

대하기 어렵다는 말씀이신가요?

조 순 : 경제학이 많이 발전했다고는 하지만 우리 사회는 경제 외적인 요소와 다원화된 사회적 변수들이 많습니다. 그러므로 경제학 이론이 매우 뛰어나다고 해도 한 사회를 올바로 보고 이끌기는 쉽지 않습니다. 그러나 한편 학자이면서도 사회 전반에 대한 통찰력을 갖고 국가경제를 잘 운용한 사람도 있습니다. 이를테면 케인즈(John Maynard Keynes, 1883~1946) 같은 사람입니다. 그러나 이런 사람은 극히 소수일 뿐입니다. 경제학은 하나의 학문이지만 경제 운용은 사회가 가는 방향이나 역사의 흐름, 사회현실을 보는 통찰력이 필요합니다. 케인즈는 단지 학자에 그치지 않고 사회 전반에 대한 통찰력을 지닌 사람이었고, 그래서 제2차 세계대전이 끝난 후 국제통화기금(IMF) 창설 시 영국 수석 대표를 지냈으며, 경제학의 일반이론에 대한 책을 쓸 수가 있었습니다.

강석훈 : 교수님의 일생에 있어 가장 큰 영향을 미쳤고, 경제학자로서 가장 큰 귀감으로 케인즈를 꼽으시는데 그 이유가 무엇인가요?

조 순 : 나는 상과대학 전문부를 졸업했는데, 고등상업학교의 후신으로 일종의 초급대학이었습니다. 나중에 국립 서울대학 상과대학으로 바뀌지만 그 3년 동안 나는 마르크스를 공부했지 케인즈라는 이름을 들어본 적이 없었어요. 그러다가 미국에 유학을 가서 보니 케인즈가 나오고 국민계정의 흐름이 어떻고 하는 겁니다. 평생 들어보지도 못한 내용이었죠. 그렇게 한참 공부하다보니 자연스레 케인즈를 알게 되었고, 나의 경제학체계를 크게 보면 케인즈의 거시론

으로 형성하게 됩니다. 당시 경제학의 세계 조류가 케인즈 일색이었어요. 케인즈에 반대되는 입장을 가진 사람은 극히 일부뿐이었습니다. 하이예크나 프리드만과 볼프리, 하워드 정도였죠. 그렇게 대부분 케인즈를 중심으로 가니 케인즈 중심으로 공부를 하게 되었습니다. 나중에 또 공부해 보니 프리드만의 이론도 좋아보였습니다. 그 후로 루드비히 폰 미제스 같은 오스트리아 학파를 많이 접했어요. 그러다보니 이게 더 옳은 것이 아닌가 하는 생각도 했습니다. 서울대학교에 와서 처음에는 오스트리아 학파를 많이 강조했지요. 참 이론이 좋아요. 그리고 오스트리아 학파라고는 할 수 없지만 거기서 파생된 슘페터도 많이 보았는데, 역시 마지막에는 케인즈로 돌아가게 되었어요. 지금은 어떠냐고 하면 오스트리아학파도 좋긴 하지만 역시 케인즈 이론이 훌륭하다고 생각합니다.

강석훈 : 케인즈 이론은 정부가 시장경제에 적극 개입하는 입장에 서 있는 학파이고, 하이예크나 프리드만은 시장에 맡기는 자유주의적인 학파라고 볼 수 있는데, 교수님께서는 결국 국가나 정부가 시장경제에 적극 개입해야 한다는 것이죠?

조 순 : 전체적으로는 그러한 입장입니다. 그러나 케인즈 이론에도 몇 가지 문제가 있어요. 현대적 상황에서 케인즈를 완전히 믿지 않는 부분은 케인즈가 자신의 지성을 지나치게 과신한 부분입니다. 케인즈는 마치 텔레비전이나 라디오를 켰을 때 보고 싶은 화면의 크기나 화면의 밝기를 마음대로 조작할 수 있듯이 경제를 조작할 수 있다고 믿었어요. 또 경제학자는 치과의사와 같다고 생각했습니다. 이가 아프면 병원에 가서 치과의사에게 치료하면 낫죠. 그러나

경제를 그렇게 치과의사가 치료하거나 텔레비전을 조절하듯이 마음대로 조절할 수 있는 것은 아니잖아요. 현대사회는 더더구나 정부가 그렇게 경제를 조절하는 능력은 없어졌어요. 케인즈는 자기의 지성을 너무 과신한 거죠. 그러나 경제는 국가가 개입하는 것이 옳습니다. 일부의 극단적인 하이예크주의자들은 정부를 불신합니다. 대표적으로 미국의 부시 정권을 보면 작은 정부를 지향하면서 경제는 시장의 논리에 맡기거든요. 물론 정부를 크게 만들어서 사사건건 이래라 저래라 하는 것은 바람직하지 않지만, 공공부문이나 사회복지 같은 것에는 적극 개입해야 합니다. 개인이나 기업은 자기 이익밖에 생각하지 않거든요. 그들은 공익보다 사익을 추구하는 것이죠. 그러므로 시장의 자율이란 카오스(혼란)이고, 공익과 차이가 있어요. 정부는 공익을 대표해야 하고, 각각의 지역과 나라에서 이러한 역할을 해야 합니다.

강석훈 : 살아오신 행로 중에 서울시장으로 출마하고 초대 민선 시장을 하셨는데, 그 전에 경제부총리와 한국은행 총재를 하셨으니, 관료로서 경제운용의 가장 핵심적인 역할을 하신 셈입니다. 정치영역이라고 볼 수 있는 서울시장은 어떤 심정으로 가셨는지요?

조 순 : 그때는 동기가 순박했어요. 경제학을 처음 시작할 때와 같은 순수한 동기였다고 할까요. 본래 나는 선거를 할 성품이 아닙니다. 대중연설을 한다든지 선거캠페인과는 도저히 어울릴 사람이 아닌데, 당시 민주당에서 나를 시장후보로 나가라고 해요. 처음에는 안 하겠다고 하다가 나중에는 생각을 바꾸었어요. 왜 그랬냐면, 나중에 후회를 할 것 같단 말입니다. 나는 평소에 글을 쓰면서 사회문

제나 서울시정, 국가경제에 대해서 항상 비판조로 썼어요. 비판조로 안 쓰면 글이 안 되기도 하고, 또 학자의 사명이 사회에 대한 비판이라는 입장도 있었죠. 그런데, 너는 하라고 할 때는 안 하고, 두려워서든 실력이 없어서든, 뒤에 앉아서 남을 비난이나 한다고 할 것 같더군요. 그럴 때 학자로서 할 말이 없을 것 같고, 또 본래부터 나는 상아탑에서만 안주하는 지식인보다는 실천을 중요하게 생각했어요. 그렇게 케인즈식으로 생각하고 있기도 하였고, 또 내가 선거에서 지고 낙선한다고 해도, 낙선하면 글을 쓰는 데 더 나을 것 같았어요. 현실에 부딪혀보고 거기서 얻는 사회에 대한 입장이 더 풍부해질 수 있을 것이라는 생각이었죠. 그렇게 하라는 것을 내가 다 해보았으니 내 양심에 부끄러움은 없겠다, 하여튼 해보자, 이렇게 생각해서 시장에 나갔는데 당선이 된 것이죠.

강석훈 : 막상 서울시장을 해보니 어떻던가요?

조 순 : 민선 서울시장을 하기 전에 여러 공직을 거쳤는데, 제일 재미있던 것이 서울시장이었어요. 내가 하고자 하는 일이 바로바로 현실로 나타나는 것입니다. 시장으로 2년을 했는데, 최선을 다했다고 생각합니다. 또 서울시 공무원들이 잘 따라 주었어요.

강석훈 : 학자들이 말할 때는 보통 관료조직의 비효율성을 많이 문제 삼는데요. 서울시도 관료조직인데 교수님 뜻대로 잘 움직였나요?

조 순 : 공무원 그 자체를 비난하면 안 됩니다. 관료사회이고 조직사회이기 때문에 그것을 지휘하는 사람의 성향과 능력에 따라 크게

변할 수 있어요. 리더가 지휘를 잘 하면 따라가게 되어 있어요. 내가 겪은 2년간의 경험으로 보면 서울시 공무원들은 능력이 있다고 봅니다. 물론 공무원 단체가 가지는 책임 회피, 관료적 스타일, 관성 같은 것이 있지만, 어느 단체나 사기업도 조직이 커지면 관료화가 됩니다. 대기업을 잘 살펴보세요. 거기도 서울시 못지않은 관료적 집단성이 있어요. 그러나 거기는 사기업이니 뚜렷한 목표가 있어서 경영자가 한다고 하면 따라 하잖아요? 공무원 사회나 서울시도 마찬가지입니다. 문제는 리더의 문제예요. 서울시나 정부 부처도 여느 조직과 다를 바 없어요.

강석훈 : 결국 교수님께서는 1997년에 민주당 총재로서 대통령에 출마를 했는데 그때 동기가 사회적 실천의 궁극적 실현을 위해서였습니까?

조　순 : 그때 동기도 매우 간단합니다. 서울시장도 그랬지만, 보다 이상적인 사회를 생각했어요. 지금과도 큰 차이가 없지만, 당시에도 우리나라는 이대로 잘 안 된다고 보았어요. 특히 IMF 외환 위기 사태가 오기 전부터 우리 경제에 위기가 올 것이라고 예측하고 있었어요. 이러한 형식을 가지고 지탱하면 안 된다고 생각했지요. 청일전쟁 직후인 19세기 말과 20세기 초의 상황과 비슷하다고 생각했어요. 위기가 곧 닥쳐오는데, 그것을 알만한 지식 있는 사람이 나서지를 않는 겁니다. 그래서 한국은행 총재와 경제관료와 서울시장을 한 내가 좀 나서야 지식인으로서 면목이 서지 않겠나 생각한 것입니다. 정략적 생각은 전혀 없었고, 순수한 학자적 양심에 근거했다고 봐야죠. 그때나 지금이나 민심은 큰 대차가 없지만 지식인으로서 나서서 이야기를 해야겠다고 본 것입니다.

강석훈 : 나서는 지식인이 없어서 대통령에 나섰다고 하셨는데, 결국
은 이회창 후보와 합치셨죠? 왜 중도에 합쳤는지요?

조　순 : 현실적으로 합쳐야 할 수밖에 없다고 판단했어요. 선거를 승
리하기에는 우리가 너무 조직이 미약했고, 상대편(opponent)에게도
내가 계속 가는 것은 바람직하지 않다고 생각해서 그 방향으로 판
단했던 것입니다.

강석훈 : 지금의 한국경제가 어떤 패러다임을 채택하여야 하느냐에
대한 논란이 한창입니다. 신자유주의를 수용하자는 의견부터 배척
하자는 의견까지 다양합니다. 보다 구체적으로, 영미식이냐 유럽식
이냐, 성장인가 분배인가 하는 논란이 많습니다. 큰 흐름에서 이러
한 문제를 어떻게 보아야 하는지 말씀해 주십시오.

조　순 : 영미식이냐 유럽식이냐, 찬성이다 반대다, 이것은 좋고 저것
은 나쁘다는 등등의 생각을 할 필요가 없어요. 우리의 방향은 현실
에서 나와야 하고, 철저히 實事求是해야 됩니다. 우선 한국이 지금
어떤 상황인지를 정확히 파악한 후 이렇게 해야 되는가, 아니면 다
른 방법을 써야 되는가를 검토해서 우리의 모델을 만들어야 됩니
다. 그것을 찾다 보면 영미식과 비슷할 수도 있고 유럽식과 비슷할
수도 있는 것인데, 문제는 자기의 현실은 빼놓고 영미식이다 유럽
식이다 하면서 갖다 맞추려고 들면 경제학을 하는 사람들이 혼란을
겪게 된다는 겁니다. 먼저 현실분석을 잘해야 합니다. 경제학을 하

는 사람은 경제학 이외에 역사와 사회, 세계의 흐름을 잘 읽어야 하는데, 숫자만 가지고 분석하려 드는 것은 안 되는 일이고 올바른 답도 나오지 않아요.

강석훈 : 그러면 우리 현실에 바탕을 둔다고 했을 때, 주목할 만한 한국의 현실은 어떠한지요?

조 순 : 대표적으로 하나의 예를 들면 청년실업 문제가 있어요. 이것은 앞으로도 쉽게 해결되기 어려운 문제입니다. 대학을 나와도 직장을 구할 수가 없어요. 그런 것이 현실입니다. 그런데 청년실업 문제는 경제만이 아니라 교육문제, 가치관의 문제와 맞물려 있어요. 그러므로 이러한 현실 인식에서 출발해서 대책 마련이 필요한 것입니다. 이러한 목적을 위해서 경제모형이 나오는 것인데, 이를 가칭 한국모형이라고 할 수도 있겠죠. 국수주의나 국가주의 같은 애국주의나 민족주의를 이야기하는 것이 아니라, 자기가 살고 있는 이 사회의 문제가 무엇이고, 이것을 알고 나서 어떻게 해결하느냐에 초점을 맞추어야 한다는 것입니다.

강석훈 : 말씀 중에 나왔지만 많은 사람이 걱정하는 것이 교육 시스템의 문제인데, 그 논란을 보면 교육에 있어서 경쟁원리 도입 여부와 수월성과 평등성에 대한 의견이 분분한데, 이렇게 표현되는 한국의 전반적 교육 시스템은 어떻게 가야 하겠는지요?

조 순 : 우리나라 교육 시스템의 일차적 문제는 산업경제 시스템과 교육 시스템이 제대로 매치가 안 돼서 그래요. 실업문제는 인력 수

급의 불균형 문제인데, 교육 시스템이 불필요한 인력을 지나치게 많이 만들고, 또 필요한 인력은 제대로 못 만들어 내기 때문에 문제가 많아요. 그러므로 사회가 그렇게 가는 것을 알면 그것에 알맞게 교육 시스템을 만들어 가야 하고, 정치가 그런 일을 해야 하는 것입니다.

강석훈 : 교육과 산업의 매칭(matching)이 중요하다고 하셨는데, 지금 우리나라 고등학생의 대학진학률이 80퍼센트를 넘고 있는데, 이것이 불필요한 인력의 과잉공급과 관련이 있다고 볼 수 있겠죠?

조 순 : 그렇습니다. 교육과 산업의 매칭이 제대로 되어야 각자 먹을 것이 생기고 행복한 삶을 영위할 수가 있죠. 사회란 다양한 분야에서 다양한 구성원들이 각자의 역할을 해야 하는데, 너도나도 대학만 나오려고 하니 문제가 됩니다. 사람들의 능력과 습성은 다양한데, 모두 대학만 보내니 불필요한 인력은 남아돌고, 실지로 산업현장은 공동화되어 외국에서 인력을 수입해 와야 하는 상황에 온 것입니다. 공자님 말씀대로 사회에는 상지(上智: 태어나면서 아는 사람)와 하우(下愚: 막혀도 배우려는 의욕이 없는 사람)가 있고, 리더의 역할이 있고, 분야별로 구성원들이 할 일이 있게 됩니다. 지금 우리나라는 대학 수가 너무 많거나 모집 인원이 너무 많습니다. 선진국을 보아도 고등학교나 기술학교를 나와 일생 동안 행복하게 결혼하고 일 잘하고 돈 많이 벌어서 잘 살아가는 사람들이 많습니다. 그리고 대학을 나와도 불행한 사람이 있어요. 대학도 미국의 경우 하버드대학교나 프린스턴대학교 같은 명문도 있지만 지역사회에 봉사하기 위한 대학도 있어요. 학교의 사명이 다 다르지요. 그런데

우리나라는 지역과 등급이 무관하게 대학의 목적과 사명, 교과목 등 그 기능과 성격이 모두 똑같습니다. 공부가 싫은 사람은 적성에 맞추어 살거나 다양한 삶을 살 수 있는데, 부모들이 공부만 원하니 모두 대학을 보냅니다. 그렇게 돈만 쓰고, 대학교를 나와서도 직장도 없이 일생을 실패자로 사는 경우가 생기고, 사회발전을 어렵게 해서 불량한 사회를 만들게 되는 것이죠.

강석훈 : 지금 중국 경제가 무한 속도로 성장하고 있습니다. 이렇게 거대한 중국의 부상 앞에 우리는 어떻게 대처하고 이러한 상황을 이용해야 하는지요?

조 순 : 중국의 부상을 걱정할 필요는 없습니다. 중국은 당연히 커질 수밖에 없어요. 그러니 중국이 성공하면 우리가 그 성공을 어떻게 같이 할 것인지 생각하면 되는 것입니다. 경제가 발전하게 되면 될수록 다른 나라의 협조가 필요해집니다. 중국과 아시아 간에 이미 그러한 서비스 협력을 조인했어요. 서비스 협력은 FTA보다도 더 앞선 것이지 않습니까? 그렇게 해서 2015년에는 경제통합체를 만들겠다는 것입니다. 앞으로 8년 이내에 중국과 아세안 국가들은 경제적으로 한 나라가 된다는 것입니다.

강석훈 : 중국이 부상하면서 문제점으로는 한국의 산업구조 문제와 깊은 관련이 있다는 것 때문입니다. 한국경제의 현실에서 제일 중요한 것 중 하나가 청년실업 문제인데, 그것은 일자리, 즉 고용문제입니다. 그런데 중국이 발전하면서 한국의 공장이 중국으로 이전하는 경우가 늘어나고 우리나라는 산업공동화가 되면서 남은 것은

IT산업 정도로 고용률이 매우 적은 산업만 남게 되었습니다. 이런 상황에서 일자리는 어떻게 만들어야 하는지요?

조 순 : 우리 산업구조 문제는 이미 돌이킬 수 없는 상황에 왔어요. 이미 오래 전에 잘못된 부분이 많습니다. 과잉인력의 공급을 줄인다고 지금 이 시점에서 이를테면 대학을 당장 줄일 수 없죠? 누가 대학을 없애라고 할 수가 없어요. 그리고 대학을 줄이면 당장 그들을 흡수할 대안적인 학교도 없고, 기능학교를 만들어서 기능자를 만들어도 고용할 기업도 없죠. 이런 것을 미리미리 자기 나라가 갈 곳을 알고 산업교육도 그렇게 만드는 노력을 기울여야 합니다. 그때그때 문제가 심각해지기 전에 노력해야 하는데, 자꾸 시기를 놓쳐서 이제는 그 어떤 처방으로도 교육은 돌이킬 수 없게 되었어요. 이제는 이대로 현실을 인정하고 여기서 출발해야 하는 절박한 상황에 처하게 되었어요.

강석훈 : 소장학자인 저희들을 포함하여 많은 경제학자들의 고민은 한국경제의 구조적 고민을 해결하고 대책을 마련해야 한다는 점인데, 교수님 입장에서는 그러한 해법을 어떻게 보시는지요?

조 순 : 고용문제에 대해서 인력수급에 관한 계획을 만들어야 합니다. 예전이나 지금이나 왜 우리나라는 계획을 안 하는지 모르겠어요. 그것이 시장경제라서 계획을 안 한다면 대단히 잘못하는 것입니다. 하나의 기업도 얼마나 기획을 많이 합니까? 인력을 어떻게 쓰고, 산업 다양화를 어떻게 이루며 어떤 산업을 만들어낼지 주야로 계획을 짜지 않습니까? 예를 들어, 내가 간여한 바 있는 SK그

룹은 어떻게 유전을 확보할 것인지를 놓고 수많은 회의를 하고 고민을 많이 해요. 그런데 우리나라는 4천8백만 명의 인구를 가지고 있는데, 그 중에 20살에서 25살까지 나오는 인력을 어디로 보내야 하는지 국가가 당연히 고민을 해야 하는 것 아닙니까? 자유경제라고 시장에 맡긴다고 하면 지금처럼 되고 말아요. 다른 나라에서는 시장의 논리에 맡기니 우리도 그렇게 해야 한다는 주장이 있는데, 그것은 어디까지나 그 나라 이야기입니다. 우리는 우리의 실사구시가 되어야 해요. 우리 실업문제의 핵심이 무엇인가? 심지어 기초적인 데이터인 실업자 숫자도 정확한 통계가 없어요. 이러한 것을 연구하고 계획을 세우는 노력이 있어야지요. 우리나라에 얼마나 많은 연구기관과 연구인력이 있어요? 이것을 위해서 기구를 만들고, 정치하는 사람이 토론해서 나라가 이렇게 가야한다는 것을 국민에게 설득하면 국민이 안 따르겠습니까? 절실히 정부의 역할이 필요해요. 중국의 어떤 고위 인사가 말하기를, "왜 당신네 나라에는 계획이 없느냐"고 말했다고 합니다.

강석훈 : 최근에 한미 자유무역협정(FTA) 문제를 둘러싸고 많은 이견이 있는데, 교수님께서는 언론을 통해 한미 FTA에 대해 문제가 많이 있다고 지적하신 것으로 압니다. 이러한 반대의견과 함께 또 일부에서는 우리나라가 개방을 통해서 먹고 사는 나라인데, FTA를 반대하지 말고 더 개방해야 하는 것이 아니냐는 의견도 많습니다. 어떻게 생각하십니까?

조 순 : FTA 협상과 개방의 문제는 구분해야 합니다. FTA는 두 나라 사이에 관세와 무역협정에 대한 협상이고, 개방은 우리 시장을

개방하는 것입니다. 나는 개방에 반대하는 것이 전혀 아닙니다. 개방은 우리와 비슷한 나라로 실력도 비슷하고 우리가 5개를 주면 거기도 5개를 주는 나라와 하는 그런 것입니다. 그런데 이것이 아주 강력한 나라와는 문제가 다릅니다. 큰 나라와의 관계에서는 우리가 항상 거기에 비위를 맞추어야 하고 눈치를 많이 보아야 합니다. 그 나라의 주요한 시스템인 신자유주의 시스템이 들어오면 마치 IMF 경제처방이 우리나라에 들어오듯이 우리나라 경제는 어려워집니다. FTA는 개방과 다른 것입니다. 지금 한국의 대미국 수출 비중이 해마다 줄어서 이제는 미국 시장에서 한국 상품이 차지하는 비중이 2퍼센트 정도밖에 되지 않습니다. 한국 제품 중에 미국 사람이 사고자 하는 물건이 별로 없다는 것입니다. 일용품들은 우리나라보다 싸게 만드는 다른 나라가 많이 생겨서 우리가 미국에 팔 물건이 많지 않습니다. 그러므로 FTA를 해서는 안 되는 것입니다. 경제논리보다도 결국 한미 관계나 체제적인 문제로 신자유주의를 받아들이다 보면 계속해서 청년실업이 생기고, IMF 외환위기 이후 우리 사회의 양극화는 더욱 강화되어 갈 것입니다. 왜 양극화가 생기는 것일까요? 양극화가 가장 심한 나라가 오늘의 미국입니다. 미국은 지금 GDP는 증가하지만 소득은 증가를 안 하고 있어요. 양극화가 심해서 그렇게 된 것입니다. 미국은 정부 역할이 없어요. 미국은 지금 장래가 없어요. FTA는 그래서 반대하는 것입니다.

강석훈 : FTA협상을 반대하는 경우의 논리가 몇 가지 있겠지만, 일단 준비 없는 FTA협상은 문제가 있다는 지적이 있습니다. 교수님께서는 준비 없는 협상도 문제지만 한미 FTA는 현실적 이익도 없고, 미국의 신자유주의적 경제 시스템이 들어오면 구조적 문제를 더 야

기 시킬 것이라는 말씀이신가요?

조 순 : 미국은 거대한 나라입니다. A라는 수단이 안 되면 B라는 수
단이 있고, C라는 수단이 안 되면 또 다른 수단과 시나리오가 있는
나라입니다. 미국의 시나리오는 전 세계를 상대로 하고 있고, 세계
를 움직이는 수단이 있어요. 그런데 우리가 아무리 경제발전을 했
다고 하지만, 우리는 우리의 영토 안에 국한되어 있어요. 미국은
이 문제가 안 되면 다른 세계로 가지만 한국은 마음대로 갈 수 없는
작은 나라입니다. 우리의 국력이 그런 상황입니다. 그러므로 이 나
라 안에서 잘 다듬어서 유지해야 됩니다. 일본은 우리보다 강력하
지만 미국과 FTA협상을 안 합니다. 그것은 자기들 시스템과 맞지
않다고 생각하기 때문입니다. 그런데 한국에 대해서는 쇠고기 문제
하나만 보아도, 그 큰 나라 입장에서 아주 사소한 문제 같은데, 미
국 수석대표가 적극적으로 나와요. 우리는 우리의 농업문제보다 무
슨 큰 이익이 있다고 자꾸 협상을 해야 하는지 의문이 들어요.

강석훈 : 한중 FTA는 어떻게 보십니까?

조 순 : 중국과의 관계도 지금은 안 그렇지만 앞으로 잘 따져보아야
합니다. FTA 협상이 중요한 것이 아니라 준비하고 잘 따져보는 知
彼知己가 중요해요. 외환은행을 중국기업이 인수한다고 하는데, 우
리가 살아나갈 실력이 있어야 협상이 되는 것입니다. 어떻게 하면
이 나라가 살 수 있느냐 하는 데 대한 아이디어를 실행을 할 수 있
는 능력이 준비되어야 하고, 그게 있다면 중국과 미국하고 협상을
해도 되는 것입니다. 손자가 말한 대로 상대와 내가 어떤 나라이

고, 무엇이 문제이고, 무엇이 필요한지 대비가 충분히 되어 있다면
되는 것입니다. 그런데 지금 우리는 중국에 대해서 정말 잘 모르고
있어요. 그러나 반대로 중국은 한국을 아주 잘 알아요. 한국의 서
점에 가보면 중국 관련 서적이 쏟아져 나오고 있지만, 정작 한국은
중국을 잘 이해를 못하고 있어요. 아직도 가난하고 사회주의인 중
국만 생각하고 있어요. 그러나 중국에 가면 한국 책이 별로 없어
요. 그런데 중국은 한국을 아주 잘 알고 있다고 합니다. 이것은 어
느 신문에 실린 중국 특파원의 이야기입니다. 중국은 불과 10년만
있으면 세계를 반쯤 이끌 만한 실력을 갖출 것이라고 합니다. 그런
점에서 한중 FTA를 준비하고 조심해야지, 덥석덥석 가서는 안 됩
니다.

강석훈 : 교수님께서는 FTA 협상을 조심해서 접근하라고 하셨는데,
국민은행의 외국인 지분이 80퍼센트를 넘고, 삼성전자와 POSCO도
외국인 지분이 약 50~60퍼센트에 이르고 있습니다. 이러한 것을
두고 외국자본에 대해 논란이 많습니다. 긍정적으로 보는 사람도
있고 부정적으로 보는 사람도 있는데, 교수님은 어떻게 생각하십니
까?

조 순 : 어느 정도의 외국 자본이 오는 것은 좋은 것입니다. 그래야
우리도 외국에 나가서 투자도 하고 거래도 할 수 있죠. 그러나 외
국 자본이 지배적으로 되는 것은 안 되는 것입니다. IMF 이후에
하루아침에 멀쩡한 기업이 퇴출되기도 하고, 제일은행이 외국에 팔
리기도 하고, 외국인의 영향력이 과다하게 증대하여 한국의 금융을
지배하는 상황은 잘못된 것입니다. 그래서 지금은 걷잡을 수 없는

상황까지 왔어요. 그러므로 지배적인 영향력을 갖지 않는 한에서, 그런 전제 하에서 외자가 와야 합니다. 이미 어려워진 상태에서 이 제야 문제를 제기하니 한국은 외국 자본을 반대하는 것처럼 보이는 것이죠. 이미 우리 것을 다 내주고도 욕까지 얻어먹게 되었어요. 그러므로 일단 이러한 현실은 인정을 하되, 그렇다고 계속 외자를 들여오는 방식으로 자꾸 하지 말고, 외국자본이라고 다 불필요한 것도 아니지만 다 필요한 것도 아니라는 입장을 가지고 가려내면서 가야 합니다. 빨리 해결은 안 되겠지만 10년이나 20년 계획을 잘 세워서 노력하면 되겠죠. 비관만 할 것은 아니라고 봅니다.

강석훈 : 많은 경제학자들은 이렇게 나간다면 10년 후에는 과연 한국이 무엇을 먹고 살아야 하는지 걱정하고 있습니다. 조만간 경제성장률이 1퍼센트대로 떨어지는 것은 아닌지 걱정스러운데요? 돌파구가 있겠습니까?

조 순 : 먹고사는 문제는 곧 고용문제겠지요. 그리고 고용 문제는 경제 전반에 영향을 미치는 문제입니다. 우선 농촌은 농촌대로 FTA를 쉽게 덜컥 하지 말아야 합니다. 우리나라에서 오늘날 농촌의 GDP가 차지하는 금액은 적지만, 농업과 농촌은 금액 이상의 의미가 있습니다. 섬유산업을 사양 산업이라고 하는데, 이 모든 것에 관해서 검토해 봐야 합니다. 예전에 섬유산업은 사양산업이라고 퇴출하자는 정부고관이 있었어요. 선진국에서 사양산업이니 없어져도 좋다는 생각인데, 이런 사고야말로 정말 큰 문제입니다. 계속해서 섬유산업의 품질을 좋게 만들면서 발전해 나가야지 왜 퇴출을 시켜야 합니까? 신발, 완구, 섬유, 가구 등등 이런 것도 그 내용이

얼마든지 고부가가치가 되고 좋아질 수 있어요. 섬유산업은 선진국이라는 이태리와 영국산을 가장 쳐주고 있어요. 왜 우리가 못하나요? 서양의 산업구조를 보고 선진국도 그렇다고 하는 그런 도식만 가지고 생각하다 보니 문제가 커진 것입니다. 그 많던 산업을 사양산업이라고 내버리니 이제 와서 10년 뒤에 뭐 먹고 사냐고 절박해진 거죠. 경제구조를 만들어 놓을 때 쉽게 덜컥 덜컥 한 결과라고 할 수 있어요. 그 결과 지금 매우 어려워진 것이죠. 그러므로 외국자본에 관해서나 우리가 먹고사는 시스템을 어떻게 만들어 내느냐 하는 것을 우리나라의 많은 연구기관들이 연구하여 실질적인 결과를 내놓아야 합니다. 그리고 그런 결과를 활용할 줄 알아야 합니다.

강석훈 : 금년은 대통령 선거가 있는 해입니다. 교수님의 지적대로 지도자의 리더십이 매우 중요하다고 볼 때, 2007년 선거는 경제적 관점에서 어떤 의미가 있고, 국민들 입장에서는 어떤 선택을 해야 하는지 말씀해 주십시오.

조 순 : 현재 참여정부에서 경제문제 해결을 위해 무엇이 필요한가에 대해 연구하고 출발하기는 어려운 것 같습니다. 우선 국민이 믿지 않죠. 찬성도 안 하고요. 그러므로 금년 대선에서 해야 할 일은 믿을 수 있는 사람을 만들어 내어야 하는 것입니다. 그러나 믿을 수 있는 사람을 기다릴 수는 없어요. 현 정치권에 좋은 사람이 안 들어가 있는데, 거기서 믿을 수 있는 사람이 나오겠어요? 우리 정치의 문제는 좋은 사람이 그곳을 꺼려하는 데 문제가 있어요. 좋은 사람이 없는데, 거기서 좋은 사람이 나오지 않는 것은 당연한 일입니다. 그런데 그렇게 만든 일차적 책임은 국민에게 있어요. 국민이

좋은 사람을 들여보내 당선시켜야 하는데, 현실은 그렇지 못합니다. 우리나라 농촌에서 뽑은 국회의원이 농민에 반하는 행동을 해요. 농촌에서 선출된 국회의원이 농촌보호법을 만들 생각이 추호도 없어요. 그런데 그것은 국회의원의 잘못이라기보다는 농촌에서 그 사람을 찍어준 것이 잘못이에요. 어떤 정부를 만들어 내느냐 하는 것은 국민의 책임입니다. 이번 대선에서는 그런 사람을 만들어내도록 국민이 힘을 쓰고 노력해야 해요. 잘 안 된다고 하더라도 내가 찍는 한 표가 무엇을 의미하느냐 하는 인식을 해야 합니다.

나는 이번에 우리가 선출하는 리더는 구체적으로 말하면 첫째, 정직하고 깨끗하면서, 도덕적 하자가 없어야 한다고 생각합니다. 둘째로 장래에 대한 비전이 있어서 우리나라가 갈 길을 밝혀야 하며, 그것을 실천할 만한 열의가 있어야 한다고 봅니다. 어떤 사람들은 추진력을 지도자의 덕목으로 꼽는데, 사실 대통령 자리에 있으면 그 자체가 추진력이 됩니다. 추진력이란 큰 장애가 있을 때 부족한 수단으로 큰 일을 뚫는 추진력이라면 모를까, 아이디어가 문제지 대통령은 추진력의 문제는 아니지 않은가 생각해요.

다시 한 번 강조하지만, 대통령은 첫째, 깨끗하고 정직하고 도의적인 하자가 없어야 되고, 둘째는 비전을 가지고 현실적 비전, 나라가 가야 할 방향에 대한 큰 그림을 가지고 있어야 합니다. 그 외에 국민화합은 앞의 이런 것이 있으면 국민이 따라오지 않겠어요?

강석훈 : 교수님이 제시한 정직, 깨끗함, 도덕성 등등을 이야기 하셨는데, 학자의 정치참여는 어떻게 생각하십니까?

조 순 : 새로운 사람들이 정치에 많이 참여해서 새로운 아이디어와

계획성 있는 정치를 이끌면 좋겠다고 생각합니다.

강석훈 : 교수님께서는 앞으로 어떤 계획이 있으신지요?

조 순 : 그동안의 생각을 정리해서 글을 쓸 계획입니다. 결국 나는 학자로서 나의 입장과 의견을 정리해 책을 내는 것으로 우리 사회에 기여를 해야 되지 않을까 생각합니다.

강석훈 : 감사합니다. 건승하시고, 우리의 앞길을 밝혀주는 좋은 글과 말로 길을 밝혀주시기를 기대합니다.

조순 전 부총리에게 '노인사회의 길을 묻다' *

의학의 발달로 인한 고령화, 정보통신 산업의 발달에 따른 급속한 생활환경의 변화, 미국과의 FTA 체결을 비롯한 경제 여건의 변화 등 노년세대의 삶이 갈수록 고단해지고 있습니다. 고령화 시대를 살아가는 한국 노인사회의 지향을 모색하고 바람직한 삶을 살 수 있는 지혜를 구하기 위해서 이심 노년시대신문 발행인 회장 겸 대한노인회 부회장이 4월 19일 롯데호텔에서 조순 전 부총리를 만났다.

李 沁(이하 李): 민족문화추진회를 맡고 계시다는 근황을 듣고 있습니다. 민족문화추진회가 우리 고전을 수집·정리하고 번역하는 등의 일을 하는 것으로 알고 있습니다만.

趙 淳(이하 趙): 우리 고전은 모두 한문으로 되어 있기 때문에 그것을 수집하고 번역하면서, 그것을 전산화하고, 이런 일을 할 후계자 양성을 위한 한문교육도 하고 있습니다. 우리나라 한문의 본산이라 할 수 있습니다. 40년쯤 전 박종화, 이병도 선생 같은 분이 창설한 기관인데 1980년대 후반기 이후 활발해져서 최근에 특히 잘 되고

---

* 2007년 4월 19일 롯데호텔에서 가진 노년시대신문 발행인 겸 대한노인회 이심 부회장과의 특별기획 대담.

있습니다. 직원이 70명 정도 되고 많은 인재를 배출하여 대학교수, 중고교교사, 연구소 연구원 등을 다양하게 공급하고 있습니다. 일 년에 약 50책씩 번역하고 있는데 최근에는 '승정원일기' 및 왕의 일기인 '일성록'도 번역하고 있습니다.

李: 한문에 조예가 있으시다는 말을 들어 그런지 부총리님께서 민족 문화추진회장이라니 어울린다는 느낌이 듭니다. 한자 '老'자를 한 번 생각해 봤으면 합니다. 요즘 사람들이 기피하는 부정적인 글자 인 듯해서 씁쓸할 때가 많습니다.

趙: 좋은 의미로는 노련(老鍊), 원숙하다는 의미의 노숙(老熟) 같은 좋 은 말이 있습니다. 중국말에도 라오스(老師), 즉 선생이라는 말인데 나이가 젊어도 선생은 무조선 라오스라고 표현합니다. 좋은 친구라 는 뜻의 라오펑요(老朋友)라는 말은 친구가 늙었다는 말이 아니라 좋은 친구라는 뜻입니다. 老자는 이와 같이 연륜, 관록, 전통 등 긍 정적인 의미로 쓰이는 경우가 많습니다. 반면 老자에는 부정적인 의미도 있습니다. 교활하다는 뜻의 노회(老獪)를 비롯하여 노추(老 醜)나 노탐(老貪), 노욕(老慾) 등은 욕심만 많고 추한 모양을 보인다 는 말이라서 듣기가 거북하지요.

李: 경제학자로 올해 80세 고령이신데다 정부에서 부총리를 역임하시 고, 민선 서울시장을 역임하셨으니 부총리님이야말로 누구보다 노 련하시고 노숙하신 듯합니다. 현 단계 한국의 노인사회가 지향해야 할 바가 무엇입니까?

趙: 시간을 아껴서 자기를 행복하게 만드는 일을 발견했으면 합니다. 늙었다고만 생각하지 마시고 시간을 아껴서 내가 무엇을 할 수 있는가를 생각해 내셔야 합니다. 정신을 투입해서 기쁨을 느끼는 활동을 발견해야 합니다. 꼭 무슨 훌륭한 일이 아니라, 남 보기에는 하찮은 일이라도 좋습니다. 남이야 무엇이라 생각하던 눈치를 볼 필요는 없습니다. 자기 스스로의 행복을 위한 일을 개발해야 합니다. 행복은 노인 각자의 노력 여하에 달려 있습니다. 국가가 노인을 행복하게 만드는 데에는 한계가 있습니다. 스웨덴은 복지가 철저한데 자살하는 사람이 세계에서 가장 많은 나라 중의 하나입니다. 나라에서 복지를 챙겨줘도 행복하지 않다는 말씀입니다. 방글라데시 사람들은 국민소득이 낮은데도 행복지수는 세계에서 가장 높다고 하더군요.

李: 그렇습니다. 여유있는 사람들이야 그렇다 치고, 복지관이나 경로당 같은 곳에서도 행복을 찾는 경우도 있습니다. 어르신들이 뜻을 모아 공동사업도 하고 봉사활동도 하여 의미 있는 여생, 노후생활을 하는 분들이 많이 있습니다.

趙: 복지관, 경로당을 활용하는 것도 물론 좋지요. 거기에서도 막연히 시간을 보내지 말고 각자가 정말로 무엇을 할 수 있는 것인가를 생각해내면, 방법이 나올 것입니다. 2015년부터 우리나라의 인구가 줄어듭니다. 노인의 수가 엄청 많아집니다. 행복한 노후생활이 되도록 노계(老計)를 세우고 그것을 실천하도록 해야 한다고 봅니다. 물론 사회가 해주어야 할 부분도 있습니다. 중국 고전 예기(禮記)라는 책에도 모름지기 환과고독(鰥寡孤獨)과 폐질자(廢疾者), 즉 홀아

비, 과부, 아비 없는 자식, 자식 없는 노인과 장애인은 국가가 돌봐
야 대동사회(大同社會)를 이룩할 수 있다'고 했습니다. 3000년 전에
이미 이랬는데 하물며 지금 세상에야 말할 필요가 있겠습니까. 그
러나 이제부터는 노인도 자립하는 정신을 가져야 하는 것은 사실입
니다.

李: 저희 신문사와 대한노인회, 새마을운동중앙회가 이분들을 위한
전용 책을 만들어 읽히고, 전담 관리자로 하여금 가르치도록 하여
스스로 건강을 챙기도록 하자는 논의를 하고 있습니다. 훈수를 해
주신다면……

趙: 그것은 참으로 좋은 일입니다. 노인들이 힘을 합하여 새마을 운
동 비슷한 좋은 일거리를 발견해서 일을 시작할 때 국가나 민간단
체가 도와주면, 노인들의 몸도 마음도 건강해지고, 국가나 사회의
부담도 적어질 것입니다. 실제로 나라가 필요로 하는 것은 노인 새
마을운동 같은 것이 아닌가 생각됩니다.

李: 한국 노인들에 비해 미국이나 일본 같은 나라의 노인들은 사회적
지위가 우리와는 사뭇 다릅니다. 미국 은퇴자협회는 정치력도 막강
하다는 얘기를 들었습니다.

趙: 그쪽 노인들은 재정적으로 독립돼 있어서 그렇습니다. 미국 노인
들은 자식한테 재산의 일부만 줍니다. 자식한테 안 기대니까 젊은
이와 대화가 더 잘 되는 것입니다. 우리나라의 노인들은 평생 번
돈을 자식한테 다 줘버리고 자기 자신은 탑골공원의 신세를 지고

있어요. 이것은 누구에게도 도움이 되지 않습니다. 노인은 더욱 천더기 대우를 받게 되고, 세대단절 현상은 더욱 조장됩니다. 미국의 유명 백화점이나 식당엘 가보면 노인들 천지입니다. 젊은이들은 돈도 없고 시간도 없고 모두 제 돈벌이하는 데 바쁘니, 그런데 나타날 겨를이 없습니다. 그런데 우리나라에선 이와 정반대입니다. 식당이든 백화점이든 젊은이들이 차지하고 있고 노인은 없어요.

李: 노인들이 경제력을 갖추고 소비할 땐 하고, 중심을 잡을 땐 잡아 사회를 안정시키는 역할을 해야 할 것 같습니다. 앞으로 우리 사회가 어떻게 해야 하겠습니까.

趙: 장기적인 계획을 세워야 한다고 봅니다. 우선 교육의 정상화가 필요하겠지요. 요즘 유치원부터 대학까지 모든 교육이 비정상적으로 되고 있습니다. 이것부터 바로잡아야 합니다.

李: 가정교육, 인성교육의 부재를 탓하는 사람이 많습니다.

趙: 늙은 조부모들은 손자손녀 야단도 못 칩니다. 그들의 부모들이 싫어하기 때문이지요. 아이들한테 부모들이 터무니없는 기대를 하고 있어요. 말도 제대로 못하는 아이를 미국이나 캐나다는 고사하고 남아프리카나 케냐까지 데리고 가서 영어공부를 시킨대요. 이렇게 해야 부모노릇을 잘한다고 보고 있으니, 참으로 한심합니다. 이런 교육을 바로 잡지 않는 한, 나라가 제대로 되기는 어렵다고 봅니다. 노인이 돈이 없으니 노인의 말을 안 듣게 돼 있어요. 가치관이 돈에 집중돼 있으니, 비참해요. 노인은 경제적으로 자립하는 계

획을 세우고 사회적으로는 장기적인 마스터플랜을 세워서 노인들
이 응분의 대접을 받도록 해야 합니다.

李: 최근 미국과 FTA 협상이 타결돼 노인들한테는 또 어려운 환경이
되는 것 같습니다. 국가적으로는 수출도 늘고 여러 모로 좋다고 하
지만 개방화에 노인이 치이겠지요?

趙: 수출은 좀 늘 것이지만 수입도 늘어서, 경상수지가 어떻게 될지
아직 장담할 수는 없을 것입니다. FTA의 결과는 경제구조의 불균
형을 심화시키고 또 이른바 양극화 현상은 더욱 두드러지게 되리라
고 봅니다. 뿐만 아니라, 한국의 많은 법과 규정이 미국식으로 고
쳐져야 한다고 들었습니다. 뿐만 아니라 미국의 투자자들이 한국정
부의 정책방향이 잘못이라고 볼 때에는 어떤 제3국의 기관에 소송
을 제기할 수도 있게 됐습니다. 이런 것들이 심해지면 나중에는 한
국의 정체성마저 훼손될 것으로 나는 봅니다. 노인문제도 양극화
문제의 연장선상에 있습니다. FTA 때문에 좋아질 것 같지는 않습
니다.

李: 그래도 희망적이라면 1964년에 1억 달러 수출이 작년 3,270억 달
러에 이른 것처럼 이번의 FTA를 기해 재차 도약할 수 있지 않을까
요?

趙: 삼성, 현대 등 글로벌 대기업들, 다시 말해서 글로벌경제와 연결
되어 있는 부분은 혜택을 볼 수 있을 것입니다. 그러나 글로벌경제
와 관계가 적은 부분, 이를테면, 농업부문, 자영업자들, 많은 중소

기업 등에게는 혜택이 없을 것입니다. 3,270억 달러에 달하는 엄청난 수출은 FTA와 관계없이 달성된 것이지요. 일자리 없는 노인들을 포함한 많은 분들에게도 혜택은 없을 것 같습니다.

李: 그렇습니다. 좋은 점은 살리고, 나쁜 점은 최소화하는 지혜가 필요할 것 같습니다.

趙: 철저히 노후의 계획을 세우고 재정적으로 독립성을 유지해야 하겠습니다. 가급적 TV를 멀리하고 머리와 몸을 써야 합니다. 그것이 치매를 방지합니다.

李: 끝으로 고령이심에도 학술적인 분야에서 활동하시는 것이 피곤하지 않으신지요? 혈색이 좋으신 것을 보니 건강해 뵙니다만, 비결이 있으신지요?

趙: 많이 피곤하지요. 저녁때가 되면 녹초가 됩니다. 4시간 정도 자고 아침에 상당량의 산책을 합니다. 적당한 식사, 적당한 운동, 적당한 일, 이것이 비결이지요. 노령에 접어들면 건강을 지키기 위해선 각자가 자기 몸을 알아야 한다고 봅니다. 모든 사람의 얼굴이 각각 다르듯이 건강을 지키는 방법도 사람마다 달라야 할 것입니다.

李: 좋은 말씀 새겨듣겠습니다. 감사합니다.

선진한국신문과의 인터뷰*

◆ 노무현 정권은 서민경제를 강조하며 서민에게 희망을 주겠다며 집권을 했지만 오히려 서민의 희망마저 빼앗아버린 정권이란 비난을 받고 있는 이유는 무엇이라고 생각하는지

— 대통령을 보좌하고 있는 사람들 대부분이 70~80년대 당시의 좌파 이데올로기를 가지고 지금까지 국정에 임해 왔습니다. 그런데 지금은 21세기입니다. 20년 전 한국 상황에는 좌파 이데올로기가 적용될 부분이 있었지만 현재와 같은 글로벌 시대엔 그 당시에 적용했던 이데올로기가 적용될 것이 많지 않아 차질이 생겼습니다.

두 번째로는 정권 전체에 뚜렷한 비전이 없었습니다. 집권자의 큰 그림이 없다보니 전략이 없고, 전략이 나오지 않으니 정책이 제대로 나올 수가 없었습니다. 사실 주변을 둘러싸고 있는 분들 중 확신에 찬, 나라를 구하겠다는 어떤 사명감이랄까? 이런 것이 부족했다고 봅니다. 서민을 위한다고 말로만 했지 확실하게 이것이 '서민을 위한 정책이다' 라는 것이 없었습니다.

◆ 서민을 위한 정책 중에 중요하게 생각했던 것이 부동산정책이었다고 생각하는데

---

* 선진한국신문과의 인터뷰를 정리한 것임.

- 투기지역에도 가난한 사람이 많습니다. 그 지역에 사는 사람은 죽을 지경이었을 것입니다. 세금은 많이 내야지, 그렇다고 집은 팔수 없지, 정권에 있는 사람들은 집을 팔아 딴 데로 가면 된다고 생각했나 본데, 이것은 현실을 모르는 것입니다. 자기 집을 팔아서 싼 곳, 이를테면 강원도 산골짝으로 갈 수 없지 않습니까? 정치라는 것을 단순하게 이해하면 안 됩니다. 부동산 정책에 '올인' 했는데 경제정책에 '올인' 해서 좋은 결과를 보지 못합니다. 한군데 올인하는 것은 항상 실패합니다.

  모든 면에서 그렇습니다. 박정희 정권시절 같은 "수출하면 된다"라는 시대에는 '올인' 할 수 있었습니다. 그때는 수출에 따른 부작용이 있을 수 없었습니다. 그렇지만 지금은 그렇게 단순하지 않습니다. 수출만 해서는 곤란합니다. 수입도 중요하고, 물가도 봐야 되고, 주변 나라들의 상황도 살펴보고, WTO의 환경도 검토해야 되기 때문에 단순한 목표만 가지고 '올인' 해서는 안 됩니다. 이런 이유로 중과세 부과가 국민들의 원성을 받고 있는 겁니다.

◆ 경제는 실사구시의 학문이고 경제정책은 정치적 상부구조에 의해 기획되고 집행되어야 합니다. 최고 의사결정권자를 뽑는 대통령선거를 앞두고 있는데 현 상황에 진단을 한다면?

- 경제는 국민과 기업이 각자의 이익을 위해 활동한 결과가 경제적 상황으로 나타나는 겁니다. 그러면 대통령과 정치권은 무엇을 해야 하는가 하면, 공익을 위해 어떻게 제도를 꾸며야 제대로 세금이 걷히고, 제대로 경제활동이 보장되고, 서민을 위할 수 있는 있는가를 고민해야 합니다.

  기업과 국민은 사익을 위해, 정치권과 대통령은 공익을 위해서 활동하는 것인데, 좋은 나라가 되려면 양자의 분업이 잘 되어야 합니다. 너무 사익만 추구하는 나라도 안 되고, 공익을 추구한다고 정치권과 대통령이 너무 권력을 휘둘러도 안 됩니다. 봉쇄경제 시대에는 효과가 있을 수 있었지만 글로벌 시대에는 효과가 적을 것입니다.

◆ 남북관계 문제도 고도의 경제정책이 녹아 들어가야 하는데 어떻게 하는 것이 남북관계를 풀어나가는 데 긍정적인 효과로 나타날지

– 사실 2·13 베이징 합의는 장기적으로 볼 때 바람직한 일입니다. 전쟁위험 해소, 긴장이 완화된다는 측면에서 볼 때는 바람직하지만 경제적으로 볼 때는 상당한 부담을 가져올 확률이 높습니다. 길게 보면 남북이 손을 맞잡고 가는 것은 좋겠지만 결국 경제적으로는 대한민국이 부담을 많이 져야 됩니다.

독일의 경우에도 통일되기 전에 서독은 동독에 비교할 수 없을 정도로 부강한 나라였고, 동독도 북한처럼 빈약하지는 않았습니다. 그럼에도 불구하고 현재 통일독일은 발전의 제약을 받고 있습니다. 통일 전에 자유진영인 남한이 북한에게 비료를 주고 식량을 지원하고 경제발전에 초석이 되는 도로 건설을 위한 부담은 필연적이라고 생각합니다.

◆ 노무현 정권을 비판할 때 포퓰리즘적 정책에 대해 비판하고 있는데

– 분명히 노무현 정권은 포퓰리즘으로 탄생했습니다. 그렇기 때문에 파업과 관련해 충분히 강력하게 대처를 못하고, 자꾸만 분배를 강조하지만 사실 글로벌 시대엔 분배를 효과적으로 시행할 방법을 찾

기 어렵습니다. 지금 세상은 우익도 앞으로 포퓰리즘으로 흐를 가
능성이 굉장히 많습니다. 전 세계의 민주주의 국가가 포퓰리즘으로
나아가고 있기에 미국도 예외가 될 수 없습니다. 국민들도 비판을
할 때 막연히 포퓰리즘을 기준으로 해서는 곤란합니다. 어떻게 자
기 입장을 정립하느냐가 중요합니다. 부시도 마찬가지지요. 북한을
악의 축으로 규정했다가 변했듯이 이란과 시리아에 대한 입장도 상
황에 따라 변할 수 있습니다.

◆ 좌파진영의 내부 논쟁이 심해지고 있는데

— 그분들은 예전부터 속해 있던 좌파세력의 향방에 대해 훨씬 강한
의견을 가지고 있습니다. 진보라는 것도 이젠 내용이 달라지고 있
는 거지요. 문제가 달라지고 있는데 과거식대로 풀려면 차질이 불
가피합니다. 보수도 여기서 자유로울 수 없습니다.

◆ 경제의 구조적인 문제, 철학 없는 정치, 인간성 없는 종교 등의 기
본 문제를 해결하지 않고서는 선진국가일수 없다는 의식 때문에 선
진화라는 말이 나오고 있다고 진단했는데 선진일류국가로 가기위
해 전력을 다해 해결해야 할 것은 무엇인지

— 대한민국은 국민소득이 2만불인 나라입니다. 1인당 GDP만 가지고
본다면 사실상 선진국이지요. 서울과 주변 경기도의 소비패턴은 이
미 다른 선진국을 뛰어 넘었습니다. 선진국의 비행장도 우리 인천
비행장만 못합니다. 고속도로나 고속철도도 마찬가지죠. 그런데 미
국이 선진국이라 하는 것은 우리보다 기본이 더 잘되어 있기 때문
입니다.

그들은 교육, 정치, 사회 등 사회 기반 여건이 평탄합니다. 우리

처럼 와~ 이리로 갔다 왔다 하지 않습니다. 그리고 공교육이 잘되어 있고 대학이 세계 일류입니다. 우리는 영어 가르치기 위해 기러기 아빠 엄마들이 전 세계를 돌아다니고 있지만 교육조건은 좋지 않습니다.

또 우리는 사회가 사분오열되어 있습니다. 선진국에선 의견이 틀리면 틀렸지 서로 눈만 돌리면 비난하고 이런 것은 없습니다. 나는 우리 군대도 상당히 강하다고 봅니다. 최근의 탱크를 보더라도 왜 안보가 걱정된다고 하는지 모르겠습니다. 마음속으로 선진국이 아니다 라고 여기고 있는 것이 문제입니다. 우리가 기본이 없어서 선진국이 되지 못한 것입니다.

◆ 올해 대통령의 갖추어야 할 덕목과 자세는

- 첫째, 깨끗해야합니다. 둘째, 말의 무게가 있어서 국민이 신뢰할 수 있어야 합니다. 사명감을 가지고 사명을 달성할 의지가 있어야 합니다.

  나라의 장래에 대한 비전이 있어야 합니다. 비전을 달성할 전략을 가지고 있어야 합니다. 자기 주변에 유능한 사람을 잘 쓸 수 있어야 합니다.

◆ 양극화의 문제를 해소하기 위해 성장잠재력을 높여나가면서 해소해야 된다는 의견에 대해

- 양극화는 어느 정도까지는 불가피합니다. 잘나가고 있는 중국도 이 문제에 대해선 고개를 흔듭니다. 그래도 정부가 해야 할 역할은 충분히 해야 됩니다. 전 세계에서 정부가 제대로 역할을 하는 나라는 많지 않습니다. 신자유주의라는 이데올로기가 자꾸 작은 정부를

주장하다보니 제대로 역할을 하는 정부가 없는 거죠. 이를테면 사회보장제도도 민간이 해결해야 한다고 주장하는 것은 문제가 있습니다. 양극화 해소는 우리가 바라는 만큼은 어렵겠지만 신자유주의라는 말자체를 이해 못하고 있는 것 같습니다. 신자유주의는 자유시장경제 원리주의입니다. 아주 고약한 말이지요. 정부가 무슨 역할을 해야 하는지 모르면서 나서는 것이 문제를 곤란하게 만든 겁니다.

◆ **선진한국신문 독자들과 국민들에 당부할 말이 있다면**

– 대한민국이 성숙했으면 좋겠습니다. 저는 아직까지 국민들에게 사랑을 받고 있기 때문에 국민들에게 죄송스런 느낌입니다. 성숙한 국민이란 내 자신이 개인적으로 가지고 있는 뚜렷한 인생관과 의식이 있는 것이 성숙한 것입니다. 박사학위를 가지고 있고 미국과 일본을 잘 안다고 해도 뚜렷한 인생관과 의식이 없으면 성숙한 국민이 될 수 없습니다. 아쉬운 것은 학교를 많이 다니고 학위를 받은 사람이 많은데도 불구하고 성숙한 사람이 드물다는 겁니다. 우리 국민들이 삶의 행위와 정치적 판단에 있어 더욱 성숙해졌으면 좋겠습니다.

새로운 경제번영의 조건*

우리나라가 경제뿐 아니라 모든 면에서 개발도상국의 지위는 벗어 났지만 선진국문턱을 완전히 넘어섰다고 하기는 어렵습니다. 문민정 부부터 넘어선다고 하고 있지만 여전히 눈앞에서 가물가물하는 상황 이죠. 사실 우리와 같은 상황에서 훌쩍 넘어선 나라의 예가 최근에는 드물다는 점에서 우리 사례는 세계적인 관심사일 테구요. 그 방법에 대해서도 우리 안에서 논란이 많습니다. 과거 개발연대 방식으로 가 능할지, 또 80년대 영미에서 했던 신자유주의 방식이 통할지, 아니면 제3의 새로운 방법을 모색해야 할지?

그래서 오늘은 우리 경제에 대한 충실한 조언자이신 경제학계의 원 로 조순 선생님을 모시고 번영의 조건이라는 주제로, 우리 경제와 사 회가 새로운 성공을 성취해낼 전략에 대해 얘기 나눠 보도록 하겠습 니다.

---

* 2008년 1월 1일 〈김방희, 조수민의 시사플러스〉 '신년 특집 연속대담 – 새 시대 정 신, 성공을 말하다'의 인터뷰 내용임. 원래 대담은 한 시간이었는데, 실지로는 약 사십 분이었고 또, 원래의 질문지와는 다른 내용의 문답도 있었기 때문에 여기에서 쓴대로 말하지는 못했다는 것을 밝혀둡니다. 다만, 실제 대담에서 한 말은 이 글의 내용과 전혀 다른 것은 없었습니다. 여기에서 준비한 것이 실제 대담의 내용과 다소 차이가 나도 문제될 것은 없다고 생각되기에, 준비한 것을 그대로 여기에 싣습니다.

1. 새로 출범하는 정부는 산업화와 민주화의 다음 단계로 선진화를 염두에 두고 있는 것 같습니다. 일류국가로 나아가야 한다는 뜻인데요. 이런 방향설정은 옳다고 보십니까?

— 선진국이 되겠다, 일류국가가 되겠다고 하는 데에는 이론이 없을 것입니다. 다만 한국에서 선진화가 정치구호로 등장한 것은 이미 그 구호가 진부하게 들릴 정도로 오래 됐습니다. 그런데도 불구하고 선진화가 확실히 이루어지지 못하고 있고, 선진화라는 것이 과연 무엇을 의미하느냐에 대해서도 확실하게 아는 것이 없어서, 사람들의 눈앞에는 각자가 그리는 선진국의 모습만이 아름거리고만 있을 뿐인 것 같습니다. 선진화의 구호는 요란하지만 우리가 하는 일에는 그 구호와는 엉뚱하게 다른 것이 많습니다. 역대 정부와 식자들이 모두 이 구호를 들고 나오면서도, 이 나라는 이것을 실현시킬 수 있는 일은 하지 못하고 있습니다. 새 정부가 앞으로 또 이 구호를 내건다면, 부디 이것을 옳게 실현시킬 수 있는 일을 실천함으로써 국민의 오랜 소원을 이루어주기를 바랍니다.

2. 아직 대통령 당선자의 경제정책 구상이 구체적으로 나오지는 않았습니다만, 선진화라고 하면, 경제만으로 풀 수 없는 문제 아니겠습니까? 오히려 경제 제일주의가 여러 분야의 선진화에는 오히려 독이 된다는 지적도 있는데요.

— 물론, 경제만으로 선진화가 이루어질 수는 없습니다. 선진화가 되자면 비단 소득수준이 선진국 수준으로 올라갈 뿐 아니라 국민 생활의 질이 선진국수준에 도달하는 것, 즉 국민이 편안하고 행복하게 살 수 있는 사회, 누구나 노력하면 나름대로 넉넉하게 살 수 있게 되는 사회가 돼야 합니다. 매일 매일이 전쟁하는 것과 같고, 학

교는 학생에게 지옥과 같으며, 사회에는 부정부패의 냄새가 진동하면서 내부 파열의 소리만 들리는 사회라면, 설사 일인당 소득이 5만불이 돼도 우리가 부러워하는 선진국은 될 수 없을 것입니다.

그러면 선진화가 되자면 무엇이 필요한가. 나라의 인적, 물적, 제도적 기초가 잘 돼 있어야 합니다. 이런 기초가 잘돼 있어야 경제뿐아니라 모든 부문의 수준이 높아질 수 있습니다. 국회의원의 수준, 공무원의 수준, 근로자의 수준, 대학과 교육의 수준, 택시 기사의 수준, 가정주부의 수준, 국민의 준법의식의 수준, 사회도덕 윤리의 수준 등이 모두 선진국 수준에 도달되어야 하는 것입니다. 다른 부문이 모두 선진국 수준에 미치지 못하는데 오직 경제만 선진국 수준에 도달할 수는 없습니다. 한국이 가장 모자라는 부문 중의 하나가 바로 교육 부문으로 보이는데, 이른바 조기 유학으로 기러기 아빠 엄마가 양산되어 가정생활이 깨지고 부모의 정서가 자식에게 전달되지 못하는 나라가 선진국이라고 하기는 어려울 것입니다.

선진화구호는 분명히 우리 국민이 좋아하는 구호이지만, 이 구호에는 한 가지 중요한 문제가 있다는 것도 간과할 수 없습니다. 이 구호는 자칫 선진국이라는 나라는 모든 것이 다 좋고, 후진국이라는 나라는 모든 것이 좋지 않다는 선입관을 풍기는 말이라는 것입니다. 세계 나라들의 동향을 보면 이제는 선진국과 후진국의 차이는 점점 더 좁혀져 가고 있는 것이 현실입니다. 이것이 21세기의 의미입니다. 오늘의 후진국이 내일 선진국이 되고 그 반대의 경우도 있을 수 있습니다. 선진국에도 나쁜 점이 있고 후진국에도 좋은 점이 얼마든지 있습니다. 한국 사람은 선진화를 갈망하는 나머지 후진국은 무시하는 성향을 내비치는 경우가 있는 것 같은데, 선진화 구호가 자칫 이런 고정관념을 심는다면, 이건 정말 좋지 않은 일입니다. 이것은 19세기 20세기의 낡은 관념이니, 이제는 이런 관념은 말끔히 떨쳐버려야 합니다.

3. **선진화든 일류국가든, 그걸 어떻게 이룰 것이냐가 관심사인데요. 성공적으로 개발도상국의 지위를 마감하고 순조롭게 선진국 대열에 합류한 예로 우리가 따를만한 나라가 많지 않다는 생각인데요. 어떤 나라 모델이 현재 우리나라에서 적합하다고 보세요?**

- 우리가 선진국이라고 부르는 나라들도 여러 가지 면에서 서로가 매우 다릅니다. 이를테면, 미국과 프랑스, 독일, 일본은 모두 선진국이라 하는데 이 나라들은 역사와 전통, 관습, 국민성이 모두 서로 크게 다르고, 법제, 정치, 정당의 운영 등 모두 매우 다릅니다. 우리나라와도 물론 매우 다릅니다. 그렇기 때문에 우리나라가 그 중 어느 한 나라를 모델로 삼아서 전적으로 따를 수는 없습니다. 論語에 세 사람이 가는 곳에는 반드시 나의 스승이 있다(三人行, 必有吾師焉)는 말이 있는데, 나라의 경우도 마찬가지입니다. 어떤 나라의 역사에도 밝은 점이 있는가 하면 어두운 점도 있습니다. 한 나라의 성공담과 실패담에는 한없이 많은 교훈이 있는 것입니다. 우리가 이 나라들의 역사와 문화를 잘 안다면, 이들로부터 배울 점이 많이 있는 반면, 배우지 말아야 할 점도 많이 있다는 것을 알 것입니다.

　한 가지 명심해야 할 점이 있습니다. 그것은 우리나라가 발전하자면, 발전의 기초가 되는 기본조건은 우리나라 스스로가 만들어내야지, 그것을 소홀히 하면서 외국을 모방하는 데에만 열중한다고 성공할 수는 없다는 점입니다. 강남에서는 맛있는 감귤이 열리는 나무도 그것을 강북에 이식하면 탱자 밖에 열리지 않게 되는 것이 일쑤라는 것과 같은 이치입니다. 외국과 우리의 역사적 문화적 차이를 무시하고 무조건 외국의 문물을 이식한다고 나라가 발전하는 것은 아닙니다. 이것은 결코 민족주의적 국수주의적인 동기에서 하는 말은 아닙니다. 마치 학생이 공부를 잘하자면 학생 스스로가 노력을 해서 공부하는 기초를 닦아야 하며, 그것을 소홀히 하고 과외 선생에게만 매달려서는 안 된다는 것과 마찬가지입니다. 우리가 할 수 있는 것은 선진국이든 후진국이든 외국의 장점 중 본받을 수 있는 것은 본받고, 배워서는 안 될 단점은 도입하지 말아야 합니다.

개발도상국에서 초일류국으로 탈바꿈한 나라들 중, 나는 특히 싱가포르와 아일랜드로부터 몇 가지 중요한 시사를 얻을 수 있다고 보고 있습니다. 싱가포르는 인구 260만밖에 되지 않는 도시국가인데도 지금은 선진국 중에서도 가장 경쟁력이 높은 '나라'가 됐습니다. 이 나라에는 리콴유(李光曜)라는 탁월한 지도자가 있어서 이 나라의 개발을 이끌었습니다. 그의 강력한 권위주의적인 통치스타일은 서양 나라들로부터 많은 비판을 받았습니다만, 그의 청렴(淸廉)하고 사리사욕(私利私慾) 없는 도덕성과 세계적 안목을 갖춘 리더십은 그런 비판을 극복하고도 남음이 있었습니다. 지도자의 청렴하고 사리사욕 없는 도덕성, 그리고 차원 높은 리더십은 나라 발전의 가장 큰 요인이라는 것을 보여 주었습니다. 싱가포르가 채택한 구체적인 정책에는 우리가 참고로 할 점이 많습니다만, 가장 참고로 해야 할 점은 법질서를 존중하고 교육을 중요시했다는 사실입니다. 어떤 미국인이 사소한 위생규정을 위반한 사건이 있었는데, 그 처벌 방법에 대해 미국정부와 언론의 엄청난 항의가 있었습니다만, 싱가포르는 자기 나라의 규정에 따라 그 미국인의 볼기를 침으로써 범법행위를 처벌한 것으로 알고 있습니다. 리콴유는 싱가포르의 개발 초기부터 싱가포르 국립대학 교수들에게 국제수준의 봉급을 주었습니다. 외국의 저명한 교수들에게는 물리칠 수 없는 수준의 봉급을 제공함으로써, 국제적으로 유명한 교수들을 많이 초빙하여 대학교육의 수준을 높였습니다. 이렇게 교육의 질을 높이는 것이 싱가포르가 살 길이라는 것을 알았기 때문이었습니다. 이것이 싱가포르의 선진화의 기초가 됐습니다.

나는 아일랜드의 역사와 그 발전에 대해 많은 관심을 가지고 있습니다. 이 나라는 12세기부터 영국의 지배를 받다가 끝내는 영제국 최초의 실질적인 식민지가 되어 엄청난 탄압과 멸시를 받은 불행한 역사를 가진 나라입니다. 이 나라가 20세기 후반의 약 50년 동안에 종주국 영국을 능가하는 수준의 기적적인 발전을 이룩한 것은 참으로 놀랄만한 일입니다. 몇 개의 중요한 개혁과 좋은 시운(時運)이 이 불행한 나라를 세계에서 가장 행복한 나라로 만든 것입니다. 1950년대 후반에 도입한 새로운 경제질서, 1970년대에 이룩한 가톨릭 교회와 국가의 제약으로부터의 해방, 1973년 영웅적 결단으로 유럽 공동시장(Commom Market)에 가입함으로써 외국인 투자를 유치하여 몇 세기동안 잠자던 국민의 잠재력을 촉발시키는 데 성공했습니다. 이 모든 정책이 국민의 잠재능력을 십분 발휘하는 데 기여했습니다. 요는 경제 발전이란 국민의 잠재능력을 풀어놓음으로써 이루어지는 것인데, 아일랜드의 경험이 이것을 웅변으로 보여주었습니다. 확실한 질서 속에서의 자유로운 경제활동의 보장, 이것이 모든 나라의 발전의 밑거름입니다.

4. 마찬가지로 우리 경제를 한 단계 업그레이드 시키는 모델을 둘러싸고도 논란이 일고 있는데요. 우리의 6, 70년대의 개발 지상주의

로 회귀하는 것도 힘들고, 80년대 영국과 미국에서 했던 신자유주의적인 방식도 힘들다는 지적이 있는데, 그렇다면 제3의 길을 찾아야 하는 건가요?

— 우리는 물론 6, 70년대의 개발연대로 돌아갈 수도 없고 가도 안 됩니다. 그 체제는 사실 자유기업을 원칙으로 하는 자본주의 체제가 아니라 국가가 경제의 모든 부분을 통제하고 지도하는, 말하자면 국가자본주의(내지 국가사회주의)적인 성격을 띤, 세계에도 유례가 드문 체제였습니다. 그런 체제는 지금의 글로벌 시대에는 전혀 맞지 않습니다. 또 영미식(英美式) 신자유주의를 그대로 도입해도 안 됩니다. 자유주의, 말하자면 구자유주의는 좋습니다만 신자유주의는 좋지 않습니다. 구자유주의와 신자유주의의 차이는 어디에 있느냐 하면, 전자는 시장의 실패를 인정하는, 다시 말해서 자유시장이 무제한으로 허용되는 사회에는 바람직하지 않은 결과도 나올 수 있다는 것을 인정하는 이론인데 비해, 후자(신자유주의)는 시장의 실패를 인정하지 않는, 다시 말해서 모든 경우에 자유시장이 제일이라는 자유시장 원리주의 사상입니다. 이 사상이 미국의 금융자본주의의 기본사상이며, 내가 보기에는 미국이 지금 당하고 있는 서브프라임 모기지의 이론적 기초도 금융부문에 있어서의 모든 이노베이션을 다 그대로 인정하는 데에서 나온 병폐입니다. 이런 자유주의를 우리나라에 도입했다가는 나라는 큰 어려움에 빠질 것으로 나는 봅니다.

  그러면 제3의 길이냐? 아닙니다. 우리는 어디까지나 우리의 실정에 맞는 제도를 발견해서 이에 따라서 정책을 추진하면 됩니다. 사실 모든 나라의 경제정책은 다 그 나라가 필요로 하는 방법에 따라 추진되는 것이기 때문에, 이것을 굳이 제3의 길이라고 부를 이

유도 없습니다. 중국의 등소평이 말한대로 흰 고양이건 검은 고양이건 쥐만 잡으면 되는 것 아니겠습니까. 이것을 제3의 길이라고 부를 이유가 없을 것입니다.

5. 언론들은 이명박 당선자와 그의 측근들의 경제정책을 두고 성급하게 'MB노믹스'다, '李노믹스'다 합니다만, 조 선생님이 보시기에 이들 아이디어의 요체는 무엇이고, 장단점은 어떤 거라고 보십니까?

— 사실 이명박 정부의 정책기조가 무엇인지 지금으로서는 나는 그 전모를 알 수 없습니다. 성급히 이거다 저거다 평하는 것은 적절치 않을 것 같습니다. 이명박 당선자는 자기의 경제정책을 실용주의 정책이라고 했는데, 나는 이 접근방법은 아주 좋다고 봅니다. 정형화된 이데올로기에 사로잡히지 말고 實事求是의 정신에 따르는 기조가 필요하다고 봅니다.

6. 새 정부의 핵심 비전은 747공약에 압축돼 있다고 합니다. 매년 7% 성장에 10년 내에 국민 소득 4만 달러, G-7을 목표로 하고 있는데, 실현가능성이 있다고 보십니까?

— 747공약은 사실은 하나의 선거구호였고, 이 후보의 공약이라기보다는 그의 희망사항이었다고 보아야 할 것입니다. 경제성장률은 국민의 경제활동의 총량에 의해서 결정되는 것이지 정부가 임의로 정할 수 있는 것이 아닙니다. 강한 통제력으로 이름난 중국정부조차도 그 나라의 경제성장률을 억제하지 못하고 있습니다. 나는 당선자가 선거 당시에 내건 747, 또는 그 밖의 여러 가지 공약성 선거구호에 얽매이지 말고, 위에서 말한 대로 實事求是의 정신에 따라 신축적으로 경제를 운영해 주기를 바랍니다. 그가 꼭 해야 할 일은

선거구호의 준수가 아니라, 여러 번 강조합니다만, 나라발전의 기초가 되는 인적, 물적, 제도적 인프라의 구축입니다. 내가 보기에는 물적 인프라는 한반도의 동서를 잇는 교통 수송망의 확충을 빼놓고는 대략 다 마련돼 있다고 생각됩니다. 가장 큰 문제는 인적 인프라인데 이것이 제대로 구축돼 있지 않은 것이 아마 나라 발전의 최대의 걸림돌일 것입니다. 교육이 성공적이지 못하다는 것입니다. 흔히 교육문제라고 하면 대학입시의 문제인 줄 알고 있습니다만, 이것도 물론 큰 문제입니다. 그러나 이것 못지않게 문제가 되는 것은 교육내용이 빈약하다는 사실입니다. 이 나라의 경제가 살기 위해서는 궁극적으로는 교육을 살려야 합니다. 대학을 통제로부터 해방하고, 초중고 학교의 운영의 자유화, 자율화의 폭을 넓혀야 합니다. 교육부의 기능을 축소하여 대학과 초중고 학교를 그 통제로부터 해방시켜야 합니다. 평준화교육을 가지고는 나라는 발전할 수 없습니다. 그 폐해는 이미 잘 드러나 있습니다. 앞으로 아시아 나라들의 잠재력이 더욱 발현될 것이 거의 확실한데, 아시아에서 실력을 발휘해야 할 이 나라의 차세대는 한자문맹이 되고 있으니, 한심한 일입니다. 학교의 재량에 따라 한자교육을 하고자 하는 학교는 학생이 그것을 배울 수 있게 해야 합니다. 영어교육을 제대로 하면 어린아이가 조기유학을 하지 않아도 학생은 영어를 아주 잘할 수 있습니다. 교육에 편협한 민족주의사상을 도입해서는 나라가 발전할 수 없습니다. 제도적인 인프라에도 개선해야 할 점이 많습니다. 교육제도 이외에도 과학진흥을 위한 제도, 노사관계 개선에 관한 제도 등 고쳐야 할 점이 많습니다. 다만 지금까지 해온 것처럼, 무의미한 정부부처의 통폐합을 위주로 해서는 안 되고 신중히 검토하여 추진하기를 바랍니다.

7. 조 선생님은 경제적 구상을 실천하기 위해서 정치권에도 참여하신 경험이 있기 때문에 이런 질문에 가장 적합한 분이 아닌가 싶습니다. 현행 대통령 5년 단임제 하에서는 일종의 허니문 기간인 1년차에 대통령의 비전과 경제정책을 모두 펼 수밖에 없는데요. 동시에 이 기간에는 대선 승리를 만끽하느라 대통령이 다양한 유혹도 받을 것 같습니다. 역대 정권의 예를 들어서 주의해야 할 점을 꼽아주신다면요?

― 나는 대통령 5년 단임제에는 문제도 있지만, 이것을 이 시점에서 굳이 4년 중임제 또는 그 밖의 제도로 바꿀 필요는 없다고 봅니다. 이 나라가 오죽하면 5년 단임제로 했겠습니까. 이승만 대통령이 삼선개헌을 했고, 박정희 대통령이 삼선개헌도 모자라서 종신집권을 위한 유신개헌을 하지 않았습니까. 제대로 된 대통령이라면, 5년만 하면, 위에서 말한 나라발전의 기초가 되는 인프라의 구축은 대략 할 수 있다고 봅니다. 그가 못 다하는 일은 그의 후계자가 하면 됩니다. 이것이 정당의 의미가 아니겠습니까. 한 사람이 하고 싶은 모든 것을 다하려 한다면, 종신토록 해도 부족할 것입니다. 거의 5백 년 전 이율곡(李栗谷)선생이 선조 임금한테 개혁정책을 제시하면서, '신이 제청하는 정책을 시행해서 삼년 이내에 성과가 나지 않는다면, 신은 어떤 처벌도 달게 받겠습니다'라고 아뢰었습니다. 불행하게도 선조임금은 그 중 하나도 제대로 들어준 것이 없었고, 나라는 임진왜란을 당했습니다만, 내가 보기에는 이 나라 대통령의 임기는 지금 형편으로는 5년이면 족하다고 봅니다. 처음 1년은 말하자면 수습기간, 즉 on-the-job-training 기간이라고도 할지 모르지만, 당선의 희열에 묻혀서 1년을 허송하는 대통령이라면 원래 당선되지 말았어야 할 사람이 아니겠습니까.

8. 특히 2008년은 세계경제의 둔화 가능성과 서브프라임 부실 우려의
   여파로 국제 금융시장의 불안감이 가시지 않은 상황이어서 시장과
   경제 주체의 심리를 관리하기가 쉽지 않을 것으로 보이는데요?

− 미국의 서브프라임 모기지가 몰고 온 경제타격이 가시는 날이 언
  제가 될지, 아직은 멀었습니다. 이 문제는 아까도 말씀드린 바와
  같이 일부 사람들의 고의나 과실이 빚은 것이 아니라 신자유주의
  이념을 바탕으로 하는 미국 금융자본주의가 빚은 체제적인 문제입
  니다. 일부 유력한 경제 전문가들 중에는 이제 겨우 난국의 1/10
  정도가 지났다고 하는 이도 있습니다. 앞으로 이 문제의 수습이 쉬
  우리라고 보는 사람은 거의 없다고 해도 과언이 아닙니다. 미국경
  제가 어려워지면 세계경제 전체가 어려워집니다. 아시아의 경제는
  이제 미국의 영향력으로부터 벗어났다는 이른 바 de-coupling의 이
  론을 내세우는 사람도 있습니다만, 나는 그렇게 보지 않습니다. 그
  래서 우리 경제도 상당한 타격을 받을 것 같고, 또 뿐만 아니라, 우
  리 은행들 자체가 부동산경기침체로 인해 한국판 서브프라임 사태
  의 발생 염려는 없을 것인지 확신이 없을 것입니다. 새 정부는 물
  러간 정권이 벌려놓은 일을 정리하는 일만 해도 적지 않을 것이고,
  거기에다가 그와는 다른 독자적인 정책 구상도 있을 것입니다. 아
  무튼 신정부의 경제운영의 여건은 쉽지 않을 것 같은데, 그러면 그
  럴수록 힘을 내고 중지를 모아서 신축적 실사구시적으로 난국을 극
  복하기 바랍니다.

9. 역시 정치 참여를 통해서, 정치나 권력이 한 나라의 성공을 위해
   할 수 있는 일과 할 수 없는 일은 어떤 것이 있다고 보시는지요?

− 권력이 해서는 안 될 일에 몇 가지가 있습니다. 첫째, 설익은 정책

을 고집해서 끝내 진퇴유곡의 상태에 빠지는 일을 해서는 안 될 것입니다. 둘째, 5년 동안에 역사에 남는 많은 일을 하겠다고 과욕을 부리는 일이 없어야 하겠습니다. 셋째, 나라 안의 일을 소홀히 하면서 외국의 갈채를 받기 위해 우왕좌왕 해서는 안 될 것입니다. 넷째, 선진화 구호는 내걸면서 그것을 이룩할 기초적인 일을 소홀히 하는 일이 없어야 할 것입니다. 다섯째, 대통령은 나라의 기본 방향을 잡는 데에 정신을 집중하고 사소한 지엽적인 일은 밑의 사람들에게 맡기면 될 것입니다. 나는 정부에서 노태우 대통령을 모셨습니다만, 대통령이 나에게 말씀하시기를 '나는 대통령이 되면 뭐든지 할 수 있을 것으로 보았는데, 실지로 해보니 마음대로 되는 일은 별로 없어요' 라는 말씀을 하셨습니다. 그 분의 고충을 토로하신 말씀이었겠습니다만, 사실 모든 것이 뜻대로 될 것을 바라서도 안 되겠지요. 권력도 돈과 같아서 나누어 가져야 할 것입니다. 권력에도 분업이 필요할 것입니다. 대통령의 임무는 국가의 방향을 확고하게 설정하고 그 방향을 잘 집행할 수 있는 각료를 뽑으면 그의 임무는 대부분 끝나는 것입니다. 대통령이 국장이나 과장이 하는 일까지 챙겨서는 안 될 것입니다.

해야 할 일, 하지 않으면 안 될 일은 첫째, 나라의 인적 제도적 인프라를 구축하기 위해 그 우선순위를 정하여 실천하는 일, 이 일은 힘든 일이지만, 그것을 못한다면, 신정부의 보람이 없을 것입니다. 나라의 가장 중요한 인프라는 나라의 기강, 질서라고 나는 봅니다. 둘째, 정부의 역할을 재정립하는 일, 특히 중요한 것이 무리한 규제를 정리하고 경쟁질서를 잡는 일입니다. 셋째, 교육개혁을 통하여 교육을 교육 관료로부터 교육자에게 이관하는 일, 넷째, 불합리한 무리한 조세제도를 개선하는 일, 다섯째, 동서와 남북의 화합을 위해 노력하는 일, 여섯째, 어쩌면 가장 중요한 일이 되겠습니다만, 정부가 청렴하고 헌신적인 자세를 가지고 국민의 애정과 신뢰를 얻는 일입니다.

10. 경제학을 오래 하셨던 분이니까 좀 이런 적극적인 질문도 드리고 싶습니다. 한 나라 사회의 성공을 얘기할 때 우리는 각종 경제지표를 언급합니다. 그러나 세계에서 가장 행복한 국민을 꼽으라면 미국이 아니라 히말라야 산맥의 빈국 부탄을 꼽지 않습니까. 물질적 풍요가 한 나라 성공의 전부입니까?

― 나는 가난한 나라를 멸시하는 사람은 아닙니다만, 우리나라는 부탄이 돼서는 안 되고, 아시아에서 경제뿐 아니라 문화나 외교 면에서 중량감 있는 나라가 됨으로써 이 지역에서 스스로의 정체성(Identity)을 살리면서, 평화와 번영을 달성하는 데 응분의 기여를 해야 할 것입니다. 이러한 면에서 우리나라의 역할은 너무나 미미합니다. 문화력이 미약하고 외교력도 미약하다면 GDP가 3만 불이 되고 4만 불이 된들 그것이 다 무엇이겠습니까. 이 반도에 사는 민족의 천부의 역할을 다하지 못하는 부끄러운 일이 아니겠습니까.

11. 신년에 선생께서는 어떤 계획이 있으십니까.

― 나의 계획이 뭐냐고요? 계획이라기보다 희망을 가지고 있지요. 새해에도 건강하고 싶고, 새로운 희망을 가지고 하고 싶은 일을 추진하고 싶습니다만, 꼭 무엇을 해야겠다든가 어떤 일에 집착하지는 않으려 합니다. 세상을 관조하며, 너그럽고 즐겁게 살고 싶습니다.

중앙일보 포브스 인터뷰[*]

문 1. 새 정부는 분배보다 성장을 중요시하는 것 같은데, 어떻게 생각 하십니까.

답. 성장을 중요시하는 것은 당연합니다. 작년(2007년) GDP성장률이 4.8%이었는데, 한국경제의 성장 잠재력을 그대로 반영한 수치라고 볼 수 있습니다. 그러나 작년 세계 각 지역의 성장률과 비교하면, 4.8%는 만족스러운 것으로 볼 수는 없습니다. 세계은행이 추정한 작년의 세계 각 지역 평균성장률을 보면, 동아시아 10.0%, 남아시아 8.4%, 동유럽 및 중앙아시아 6.7%, 사하라 이남 아프리카 6.1%, 남미 5.1%, 중동 및 북 아프리카 4.9% 이었습니다. 한국은 일본을 제외한 아시아에서 가장 낮은 성장을 이룬 나라로서, 낮은 성장률을 보인 것은 중진국이기 때문이기도 하겠지만, 이런 낮은 성장이 계속될 경우 이 나라는 세계경제의 흐름에 낙후될 우려가 있습니다.

　　그러나 거시적인 성장률보다 더 나쁜 것은 미시적인 측면입니다. 사회 전반에 걸친 양극화 현상, 청년실업, 사회 갈등 등의 구조적인 어려움이 많이 노출된 점입니다. 이런 취약성 때문에 국민의 체

---

[*] 2008년 1월 12일 중앙일보 포브스지와의 인터뷰 내용임.

감경제는 매우 좋지 않았습니다. 분배문제도 성장률에 못지않게 중요합니다. 성장과 분배 양자가 조화를 이루어야 합니다. 성장 없는 경제는 몰락할 수밖에 없고, 분배를 무시하는 성장은 사회 갈등만을 조장하며, 이것도 궁극적으로는 성장 자체를 저해할 것입니다.

이번 인수위원회의 활동과정에서 나타난 것을 보면, 대통령 당선인이 분배를 무시하는 분이 아닌 것 같습니다. 신용불량자를 공적 자금을 들여서라도 구제한다든가, 농민의 부채를 경감해준다든가, 신혼부부에게 아파트를 마련해 준다든가, 서민의 생계비 30%를 보조해 준다는 공약은 모두 다 분배문제라 할 수 있습니다. 이러한 공약의 타당성이 있고 없고는 고사하고, 한국에서 분배문제를 떠나서 경제정책을 펼 수 없다는 하나의 반증이 될 수도 있을 것입니다.

문 2. 성장을 중요시한다면, 어떻게 그것을 촉진할 수 있겠습니까.

답. 성장을 인위적으로 촉진할 방법은 없습니다. 혹 일시적으로 재정 금융상의 편법을 써서 성장률을 올릴 수 있다 하더라도 이것은 진정한 성장이 아니며, 결국 임금상승, 물가상승, 경제체질의 약화를 가지고 옵니다. 성장률을 높이자면 결국 성장잠재력을 키워야 하는데, 성장잠재력을 제고하자면 장기적으로 인적 물적 제도적 인프라를 개선해야 합니다. 이것을 하는 것은 정부의 책임입니다. 매우 어려운 과제이며, 지금 한국의 성장잠재력이 年率로 4~5%정도라는 것은 이것을 배양하고자 하는 역대 정권의 노력이 부족했다는 것을 말해주는 것으로 볼 수 있습니다.

경제적으로 한국의 국민을 괴롭히고 성장잠재력을 억제하고 있는 가장 중요한 요인은 임금과 물가의 수준(상승률이 아님!)이 매우 높다는데 있습니다. 서울시는 세계에서 가장 물가가 비싼 도시이고, 한국의 대기업의 임금수준은 선진국에 비해서 손색이 없을 정도로 높습니다. 이것은 지금까지 한국경제가 자라는 과정에서 빚어진 현상인데, 한마디로 임금 물가 수준이 이렇게 높은 나라는 국제 경쟁력이 생길 수 없습니다.

문 3. 당선인은 친기업적인 마인드를 가지고 정책을 펼 것으로 보이는데 이것은 무슨 의미입니까.

답. 당선인이 친기업적(business-friendly)인 마인드를 가지고, 기업인의 사기를 높이려 하는 것은 다행스러운 일입니다. 기업은 나라경제의 기둥입니다. 부디 그들의 사기를 고취시킴으로써 경제의 활성화를 가지고 오면 좋겠습니다. 다만 대통령이 당연히 해야 할 것은 비단 기업을 친밀하게 대할 것만이 아니라 전 국민에 대해 친밀하게 해야 한다는 것입니다. 대학(大學)이라는 옛날 古典에, '대인(大人), 즉 정치지도자의 道는 밝은 德을 밝히는 데 있고, 백성, 즉 국민을 친밀히 하는 데 있다(大學之道, 在明明德, 在親民).'라고 쓰여 있습니다. 예나 지금이나 정치의 요체가 바로 여기에 있습니다. 대통령은 비단 기업과 친해야 할 뿐 아니라 근로자나, 공무원, 지식인, 농어민, 자영업자 등 모든 사람과 친해야 합니다. 모든 사람과 어떻게 하면 친할 수 있느냐가 문제인데, 그것은 대통령이 국민을 사랑하고 그들의 목소리를 경청하여 공정 공평한 마음으로 국민에게 봉사하면 되는 것입니다.

문 4. 새 정부가 강조할 것으로 보이는 규제개혁에 대한 의견은 무엇입니까.

답. 우리나라에는 60년대, 70년대로부터 이어받은 번거로운 규제가 그대로 남아 있습니다. 비단 기업에 대한 규제만이 아니라 교육, 노동, 정치활동, 기타 모든 부문에서 사리에 맞지 않는 까다로운 규제가 깔려 있어서 나라의 발전을 가로막고 있습니다. 이러한 규제가 멀쩡한 좋은 사람을 죄인으로 만들고 억울한 사람을 양산하고 있는가 하면, 불법을 하면서도 부귀영화를 누리는 경우도 많습니다. 나라가 정상적으로 되자면 이것을 모두 혁파해야 합니다. 모든 규제를 한꺼번에 완벽하게 혁파할 수는 없습니다. 규제혁파 계획을 수립하여 차근차근 개혁해 나가야 합니다. 정권이 바뀌어도 이에 관한 公約이 항상 空約으로 끝나고 마는 이유는 위정자가 진심으로 나라에 봉사하는 사명감이 적은데다가 국민의 소리보다도 관료의 진언에 귀를 기울이기 때문일 것입니다.

만일 親企業의 의미가 이전의 재벌체제로 회귀하는 것을 의미한다면, 그것은 좋지 않습니다. 재벌체제는 21세기 글로벌 체제에는 맞지 않습니다. 위에서 말한 대로 친기업은 기업을 특별히 우대하라는 의미로 보아서는 안 되고, 기업운영을 저해하는 규제를 없애고, 자유롭고 공정한 경쟁제도와 생산적인 기업구조를 확립하는 것을 의미해야 하며, 문어발 경영, 정경유착, 중소기업의 입지 박탈 등의 개발연대의 관행으로 회귀하자는 것은 아닐 것입니다. 기업도 정부의 친기업 정책에 和答하여, 자발적으로 공정과 투명을 지키는 기업윤리의 강령을 제정하여 준수해야 할 것입니다.

문 5. 당선인은 외자 유치에 각별한 관심을 가지고 그것을 추진할 것으로 보입니다만, 외자가 잘 들어오지 않는 이유는 무엇입니까.

답. 한국인조차 기업하기 어려운 나라에 외국인이 왜 들어오겠습니까. 이 나라 국민은 사실 외국인과 상대하는 일에 익숙한 사람들이 아닙니다. 풍속도 외국과 많이 다르고 언어도 잘 통하지 않아서 외국인이 살기는 불편한 편일 것입니다. 게다가 외국기업에게는 대부분의 업종에서 수익 전망도 썩 좋다고 볼 수 없습니다. 한국 이외에도 노사분규도 비교적 적고, 임금도 싸고, 내수시장도 크고, 외자유치를 위한 정부의 노력도 많은 나라가 얼마든지 있는데 왜 하필 한국투자에 열을 올리겠습니까.

문 6. 데이비드 엘든씨가 경쟁력강화 특별위원회 공동위원장이 된 것을 어떻게 보십니까.

답. 내가 이에 대해 뭐라 하는 것은 적절치 않습니다. 그의 말, 즉 기업환경이 개방적이고, 경영이 투명하며, 법과 경쟁원칙이 공정하여야 외국 기업이 온다는 말은 옳은 말입니다. 다만 한 가지 분명한 것은 외국인이 오자면 수익전망이 밝아야 한다는 것입니다. 아무리 투명하고 공정한 나라라 해도 수익 전망이 어둡다면 외국인은 오지 않을 것입니다. 반대로 수익전망만 밝으면, 설사 기업환경이 다소 불투명하고 불공정해도, 외국인은 몰려옵니다.

문 7. 일자리가 없어서 88만원 세대가 나타나고 있다고 보도되고 있는데, 이런 현상이 나타나는 이유는 어디에 있습니까.

답. 그 이유에는 여러 가지가 있겠지만 가장 중요한 이유로는 첫째, 노동시장에 유연성이 적고, 둘째, 한국의 교육이 실제로 기업이 요구하는 기술이나 기능을 가르치지 않기 때문입니다. 대학이 너무 많아서 대졸인력은 많지만 기업이 필요로 하는 고급인력의 공급은 적습니다. 실업을 배운 고등학교 졸업자는 적기 때문에 중소기업이 요구하는 인력의 공급은 적습니다. 학교에서 나오는 인력과 기업이 요구하는 인력 사이에 미스매치(mismatch)가 있다는 것입니다. 역대 정부가 대학을 너무 많이 認可했는 데다가 거기에서의 교육내용이 현실 사회에는 쓸모가 적어서 이런 현상이 일어나고 있습니다. 기업마다 이미 고용된 근로자는 기업을 떠나지 않으니, 기업의 근로자 연령은 올라가고 새로운 채용이 적을 수밖에 없습니다.

문 8. 대운하에 대한 박사님의 의견은 무엇입니까.

답. 대운하의 타당성을 고용증가 차원에서 찾는 것은 적절하지 않습니다. 그것은 옳은 고용증대책이 될 수 없습니다. 만일 이명박 당선인이 나에게 충실한 조언을 구한다면, 나는 대운하 작업을 적극적으로 말리고 싶습니다. 말리고 싶은 이유는 첫째, 너무 많은 돈과 자원이 이 일에 투입될 것이기 때문입니다. 돈이 얼마가 들 것인지 계산해보지는 않았습니다만, 취약한 우리나라 재정으로서는 감당하기 어려운 액수일 것입니다. 둘째, 그 운하의 용도는 그리 클 수 없을 것으로 나는 봅니다. 우리나라는 도로망, 교통망, 수송망이 완비돼 있는 조그만 나라입니다. 이런 나라에 운하가 절실히 필요하다고 생각되지 않습니다. 관광목적으로도 적절하지 않습니다. 그 운하 주변에 볼거리, 먹거리가 별로 없을 것이기 때문입니다. 셋째, 무엇보다도 중요한 이유는 운하가 국토를 너무 많이 훼손할 것이기 때문입니다. 이 나라 국토는 광활한 대륙이 아니라 오목조목하고 아기자기한 금수강산입니다. 마치 내 집의 정원처럼 손으로 어루만지면서 다듬고 가꾸는 마음이 필요합니다. 좁은 정원에 불도저를 드려서 이리저리 자르고 뭉개서는 안 될 것이며, 자손의 정서 함양에도 해로울 것으로 생각합니다.

문 9. 2008년의 세계경제는 어떻게 될 것으로 보십니까.

답. 2008년은 세계경제가 매우 어려운 고비를 맞을 것이 예견되고 있습니다. 미국의 서브프라임 모기지가 몰고 온 신용경색은 아직도 겨우 시작단계에 있습니다. 이것은 금융의 발전에 따른 하나의 구조적인 문제이며, 중앙은행이 통화공급을 늘림으로써 쉽게 극복될 수 있는 현상이 아닙니다. 게다가 미국경제는 경상수지의 적자가 GDP의 6%에 달하는 불균형을 빚고 있어서 달러화의 가치가 떨어지고 있는데다가, 유가의 상승, 수입품가격의 상승 등으로 인플레가 예견되고 있는데도 중앙은행은 금리를 내려야 하는 처지에 있습니다. 미국의 2008년도 GDP는 잘해야 2%, 미국을 포함한 선진국들의 평균성장률은 약 2.2% 정도로 예상되고 있습니다.

우리경제 역시 이러한 해외경제의 영향을 받을 것이며, 올 성장률도 많은 연구기관들이 약 4.6%정도일 것으로 전망하고 있는 것 같습니다. 이러한 어려운 환경 속에서 정부가 해야 할 일은 어디까지나 충격요법을 피하고, 과욕을 억제하면서, 正道에 따라 대처해 나가야 될 것으로 보입니다.

문 10. **이명박 정부에게 드리고 싶으신 말씀이 있다면, 무엇입니까.**

답. 이명박 정부는 국민의 큰 기대를 배경으로 탄생하였습니다. 세계경제가 대 전환기를 맞고 있는데다가 아시아경제가 크게 발흥하고 있는 때를 당하여, 신정부는 꼭 큰 성공을 거두기를 바랍니다. 국민의 기대가 크다는 것은 두 가지 상반된 의미를 가진다고 볼 수 있습니다. 하나는 정부가 그 기대를 잘 활용하면 대통령의 비전을 실천하는 데 큰 도움이 된다는 것입니다. 다른 하나는 만일 정부가 그 기대를 제대로 활용하지 못하고 낭비한다면, 그것은 큰 실망을 가지고 올 수도 있다는 것입니다.

국민의 기대를 제대로 활용한다는 것은 한마디로 말한다면 무슨 말입니까. 그것은 과욕을 버리고, 순리에 따른다는 것, 편법을 피하고, 원칙에 충실한 것을 말합니다.

이미 인수위원회의 활동을 통해 신정부의 대략의 방향이 부각되고 있습니다만, 지금 나온 것들만 해도 한꺼번에 실천하기 어려운 다양한 내용을 가지고 있습니다. 그 어느 하나도 쉬운 문제가 없고, 이런 것들을 우선순위를 설정하지 않고 한꺼번에 내놓고 강력히 추진하면 혼란이 빚어지고, 혼란이 일어나면 성공하기 어렵습니다. 지금은 5년이 긴 세월 같지만, 사실은 금방 지나가는 짧은 기간입니다. 신정부는 좋은 일을 5년 동안에 다 해버릴 생각을 하지 말고 10년 20년을 내다보면서 정책의 우선순위를 정하여 제한된 자원을 투입했으면 좋겠습니다.

그렇게 하기 위해 정부는 가칭 신정부시책 5개년 계획을 수립하여, 그것을 토대로 정책을 펴면 도움이 되지 않을까 생각합니다. 이 자유민주의 시대, 글로벌 시대에 무슨 5개년 계획이냐고 할지 모르겠지만, 기업에 있어서조차 계획이 필요합니다. 계획 없이 글로벌 기업을 꾸려나갈 수 있습니까. 글로벌 시대에도 좋은 CEO라면 마땅히 계획이 있는 법이 아니겠습니까. 계획이라 해도 완전히 목표와 수단이 고정된 것이 아니라, 국내외 사정의 변화에 따라 수시로 변경 조정할 수 있는 신축적인 것으로 이해하면 될 것입니다. 한국의 실정으로 보아 이런 것이 있는 것이 없는 것보다 좋을 것으로 보입니다.

정운찬, 大選 생각 말고 원자바오처럼 국민을 보살펴야[*]
─ '아버지 같은 스승' 조순, 정운찬에게 말하다 ─

◆ 조순과 정운찬

　조순 서울대 명예교수와 정운찬 국무총리 후보자는 '父子' 같은 師弟지간이다. 정 후보자가 서울대 졸업 후 한국은행에 들어가도록 추천서를 써 준 이도, 유학길에 오르도록 권유한 이도, 미국 컬럼비아 대학교에 자리를 잡은 정 후보자를 서울대 교수로 불러들인 이도 모두 스승 조 명예교수다. 두 사람의 인연은 40여 년 전에 시작됐다. 1967년 가을 정 후보자는 서울상대 2학년이었고, 경제학박사 학위를 받고 돌아와 모교 강단에 선 조 명예교수는 케인스의 『一般理論』으로 학생들을 압도하는 젊은 경제학자였다. 조 명예교수가 연속 2시간 강의 중간 쉬었다가 들어가면 어지럽던 칠판이 항상 깨끗하게 지워져 있었다. 어느 날 칠판을 지우고 있던 키 작은 학생을 조 명예교수가 발견했다. 정 후보자였다. 조 명예교수는 그 순간을 '정운찬 하면 가장 먼저 떠오르는 장면'으로 꼽고는 환하게 웃었다. 조 명예교수는 이날 인터뷰에서 정 후보자에 대해 "부드럽고 겸손하지만 비굴하지 않고, 누구에게나 친근감을 주지만 인기에 영합하지 않는, 결단력과 높은 도덕성을 갖춘 사람"이라고 말했다.

---

[*] 2009년 9월 11일 『중앙일보』.

"어떻게 해야 나라에 봉사하고, 자신을 국무총리로 지명한 대통령을 잘 보좌할 수 있을지만 생각하고, 자신의 모든 능력을 쏟아부어야 합니다. 그래야 대한민국의 발전에 큰 기여를 할 수 있어요."

정운찬 총리 후보자가 '나의 아버지 같은 선생님'이라고 표현하는 조순(81) 서울대 명예교수를 9일 서울 서초동 개인 사무실에서 만났다. 조 명예교수는 두 시간의 인터뷰 내내 '정운찬 총리'의 성공을 바랐다. "본인을 위해서는 말할 것도 없고, 정부와 나라를 위해 정말 중요하다"는 것이었다. 조 명예교수는 특히 '和而不同'을 강조했다. 정 후보자의 경제관과 철학이 이명박 대통령과 다르다고 해도 서로 화합해야 한다는 뜻이었다. 또 "정 후보자가 이명박 대통령을 잘 보필할 수 있도록 이 대통령이 정 후보자를 도와줘야 한다"고 했다. 이 대통령이 '총리 정운찬'의 역할과 공간을 인정하고 힘을 실어주라는 얘기로 들렸다.

- 정 후보자는 평소 4대강 정비사업과 감세정책 등 이 대통령의 핵심정책에 대해 비판을 많이 해왔습니다.

"별로 걱정할 필요는 없다고 봐요. 학자 시절 생각이 있겠지만, 정부의 중책을 맡은 입장에서 판단하고 고민하는 것은 다를 수 있지요. 아니 달라야 합니다. 예전에 한 말을 바꾸는 것이냐는 얘기는 맞지 않아요. 이를테면 내무부 장관 시절에 하던 말을 국방부 장관이 돼서도 똑같이 한다면 어떻게 됩니까. 달라져야 하지 않습니까. 고정관념에 사로잡힌 사람들만 행정부에 있으면 행정이, 정치가 제대로 돌아가기 어려워요. 본인이 비판했기 때문에 더 잘 보완할 수 있을 겁니다. 그 동안은 몰라서, 정보가 부족해서, 비판한 측면도 있을 테고요. 미국의 경우 오바마의 민주당 정부 요직에 공화당 인사들이 많이 진출해 일하고 있습니다."

- 정 후보자가 이 대통령의 정책과 충돌할지, 아니면 순응해 갈지에 대해 세간의 이목이 집중되어 있습니다.

"국민에게 최종 책임을 지고 있는 이는 대통령입니다. 대통령을 이해하고 대국적으로 대통령에게 협조해야 할 것은 협조해야 합니다. 대통령도 자신과 다른 의견이더라도 받아들일 것은 받아들여야 합니다. 논어에 '君子는 和而不同이요, 小人은 同而不和(군자는 서로 같지 않아도 화합하고, 소인은 같아도 화합하지 못함)'라는 말이 있습니다. 대통령도 총리도 和而不同 정신으로 해야 합니다. 다르되 서로 협의하고 화합해야 합니다. 대통령과 총리, 내각의 장관들 사이엔 국가의 비전과 전략에 대해 항상 의견 교환과 조정이 있어야 합니다."

- 행정복합도시(세종시)를 "원안대로 다 하는 것은 쉽지 않을 것"이란 정 후보자의 발언으로 정치권의 논란이 뜨거운데요.

"국무총리로서 확고한 발언이라기보다 평소 학자로서 갖고 있던 생각을 자연스럽게 이야기한 것일 겁니다."

- 가만히 있었으면 진보 진영의 유력한 대선 후보가 될 수 있었다는 지적도 있는데요.

"정 후보자가 진보 진영과 특별히 더 거리가 가깝다고 할 수는 없어요. 진보 진영과 보수 진영 양쪽 모두에 아는 사람이 많아요. 그대로 있으면 후보가 될 수 있다? 난 그렇게 보지 않아요."

─ 반면에 총리로 지명됨으로써 정 후보자가 여권의 대선 후보 중 하
나가 됐다는 평가가 나옵니다.

"누구나 어떤 자리에 있든 남의 평가를 받는 법입니다. 대선 후보
가 된다는 것은 생각할 필요가 없어요. 총리가 됐으면 총리직을 수
행하는 데 전력을 다해야 합니다. 그 이후 일을 생각하는 것은 좋
지 않습니다."

─ 정 후보자가 어떤 총리가 되길 바라십니까.

"사실 한국의 총리에게 어떤 권한이 있는지, 어떤 일을 해야 하는
지 불분명해요. 건국 후 60년 동안 많은 총리가 있었는데도 뚜렷한
모습을 심어준 이는 그리 많지 않습니다. 국민에게 봉사하는, 희생
하는 자세를 보여줘야 합니다. 중국의 원자바오 총리나 주룽지 총
리처럼 국민들을 찾아다니면서 제 역할을 해야 합니다. 국민의 불
안한 마음을 달래주고 어루만지는 모습을 보여주는 것이야말로 좋
은 일 아니겠습니까. 이 말은 꼭 하고 싶어요. 정 후보자가 총리직
을 성공적으로 수행하는 것은 본인을 위해서는 물론이고 정부와 나
라를 위해서도 정말 중요합니다. 지금 그런 시점에 와 있습니다.
바둑에 비유하자면 포석이 끝나고 중반전에 돌입했다고 할 수 있어
요. 대개 중반전을 어떻게 하느냐가 바둑 한 판을 결정하는 법입니
다. 국제적으로 봐도 북핵 문제, 중국의 부상, 일본의 정권 교체 등
대한민국의 장래를 위해서 참으로 중요한 시기입니다. 국가의 방향
을 정립하여 대통령과 총리, 내각이 모두 힘을 합쳐 잘해줬으면 좋
겠어요."

— 이 대통령의 중도실용주의는 어떻게 보십니까.

"중도주의는 좋다고 봅니다. 필요한 시점이었고, 방향전환은 옳았다고 봅니다. 대통령이 중도주의를 얘기하고 나서 사회 분위기가 좋아졌어요. 나라가 극과 극으로 갈려서는 안 됩니다. 서로 화합해야 합니다. 그러자면 중도주의가 필요합니다. 그런 분위기가 있어야 나라가 제대로 됩니다."

— 이 대통령의 중도실용주의와 정 후보자가 어울립니까.

"내가 생각나는 사람 중에선 가장 좋은 선택이었다고 봐요."

조 명예교수는 인터뷰 말미에 율곡 이이 선생 얘기를 했다. 율곡은 조정에서 이런 저런 좋은 건의를 많이 했다. 10만 양병설도 그 중 하나다. 그러나 당시 임금 선조는 하나도 들어주지 않았다. 보다 못한 성혼이 율곡에게 "그만 했으면 안 된다는 것을 알 텐데, 그만 조정에서 나오는 게 어떤가"라고 말했다. 율곡은 "그렇지만 이 조정을 버릴 수가 없지 않으냐"고 대답했다. 조 명예교수는 "바로 그것이 옳은 지도층의 마음가짐이다. 맞지 않더라도 계속 이야기해서 마음을 돌리도록 끝까지 노력해야 한다"며 "그것이 바로 和而不同"이라고 말했다.

編輯後記

우리의 스승이신 趙淳선생께서는 지금 八旬을 넘긴 고령에도 불구하고 왕성한 著述活動을 하면서 선생의 심오한 學問과 思想을 세상에 펼치고 계신다. 이 선생의 學問과 思想體系가 後學들에게 널리 그리고 後代에 오래 동안 傳授되도록 하기 위해 선생의 未出刊 論文들을 정리·편집하여 이와 같이 선생의 文集을 刊行하였다. 우리 編輯委員들은 이 文集이 선생의 學問과 思想世界가 讀者들에게 잘 전달되도록 노력하였으나 제대로 편집되었는지 염려스러움을 禁치 못한다. 여기서 한 가지 밝혀두고자 하는 바는, 선생께서 같은 時期에 서로 다른 媒體나 場所 등에서 발표하신 글들 중에는 그 內容이 重複되는 것이 없을 수 없으나, 이를 무릅쓰고 모든 글을 싣는 것을 원칙으로 하였다. 이 점 讀者들의 諒解를 바란다.

앞으로 선생께서 米壽紀念文集을 다시 출간하게 된다면 지금의 경험을 살려서 더 좋은 文集이 되도록 편집하기를 다짐해 본다.

이 文集을 발간하는 데 재정적으로 후원해 주신 여러 寄附者들에게 진심으로 감사드린다. 또한 이 文集을 간행하는 데 本人을 도와 편집작업에 수고해주신 서울大學校의 朴鍾安 敎授, 釜山大學校의 金基承 敎授와 또 어려운 출판작업을 도와주신 比峰出版社의 朴琪鳳 社長께도 深心한 謝意를 표하고자 한다. 아울러 이 文集이 刊行

되는데 있어 모든 財政業務를 맡아주신 崇文高等學校의 徐遵鎬 校長과 이 文集의 配布業務를 담당해주신 KOSA商社의 金相男 代表에게도 감사를 드린다. 마지막으로 이 문집 원고 전부를 打字하고 또 誤打를 수정해 준 朴恩鎭氏에게도 진정으로 감사드린다.

끝으로 趙淳선생의 萬壽無疆과 後學들에 대한 끊임없는 指導鞭撻을 기원하면서, 삼가 이 文集을 趙淳선생께 奉呈하고자 한다.

2010年 5月
趙淳先生八旬紀念文集刊行委員會 委員長
韓國外國語大學校 教授 金勝鎭

저자약력

趙 淳
號 少泉 若泉 奉天學人

1928년 2월 1일
江原道 江陵市 邱井面 鶴山里 출생

학력
경기고 졸업
서울대 상대 전문부(3년) 졸업(1949)
미국 보오든 대학(Bowdoin College) 졸업(1960)
미국 캘리포니아 주립대학(Berkeley) 대학원 졸업, 경제학 박사(1967)

약력
육군 중위, 대위(1951~1957)
육군사관학교 교수부 교관(1952~1957)
미국 뉴 햄프셔 주립대학교 조교수(1964~1965)
서울대학교 상과대학 교수(1968~1975)
서울대학교 사회과학대학 교수(1975~1988), 초대학장(1975~1979)
한국국제경제학회 초대회장(1979~1981)
부총리겸 경제기획원 장관(1988~1990)
한국은행 총재(1992~1993)
이화여자대학교 석좌교수(1994~1995)
서울특별시 초대 민선 시장(1995~1997)
민주당 총재(1997)
한나라당 초대 총재, 명예 총재(1997~1998)
제15대 국회의원, 강릉 을구(1998~2000)
민주국민당 대표최고위원(1998~1999)
민족문화추진회 회장(2002~2007)
한국학중앙연구원 이사장(2005~2008)
자랑스런 서울대인 선정(2008)

현재
대한민국학술원 회원(1981~현재)
서울대학교 명예교수(2002~현재)
명지대학교 명예교수(2002~현재)

저서
『경제학원론』, 법문사, 1974.
『한국경제의 현실과 진로』, 비봉출판사, 1981.
『J.M. 케인즈』, 유풍출판사, 1982.
『貨幣金融論』, 비봉출판사, 1985.
『續·한국경제의 현실과 진로』, 비봉출판사, 1986.
『아담 스미스 연구』(공저), 민음사, 1989.
『존 스튜어트 밀 연구』(공저), 민음사, 1992.
The Dynamics of Korean Economic Development, Institute for International
    Economics, Washington D.C., USA, 1994.
『趙淳 經濟論評』, 이가책, 1994.
『열린사회, 휴머니스트가 만든다』, 비봉출판사, 1995.
『韓國經濟改造論』(尹健秀, 柳在元 譯), 다산출판사, 1996.
『韓國的 經濟發展』, 中國發展出版社, 中國 北京, 1997.
『창조와 파괴』, 법문사, 1999.

번역서
『J.M. 케인즈』의 『고용, 이자 및 화폐의 일반이론』, 비봉출판사, 초판, 1985.
『J.M. 케인즈』의 『고용, 이자 및 화폐의 일반이론』, 비봉출판사, 개역판, 2007.

刊行委員

洪龍澯(서울大學校 商科大學 總同窓會長)

姜鎬珍(高麗大學校 敎授)　　　　　金東洙(그라비타스 코리아 代表)

金相男(KOSA商社 代表)　　　　　金勝鎭(韓國外國語大學校 敎授)

朴琪鳳(比峰出版社 代表)　　　　　徐遵鎬(崇文高等學校 校長)

鄭雲燦(國務總理)　　　　　　　　左承喜(京畿開發研究院 院長)

李廷雨(慶北大學校 敎授)　　　　　李孝秀(嶺南大學校 總長)

權五春(國語古典文化院 理事長)　　李成熙(韓國外國語大學校 招聘敎授)

黃在國(江原大學校 名譽敎授)

編輯委員

金勝鎭(韓國外國語大學校 敎授)　　金基承(釜山大學校 敎授)

朴琪鳳(比峰出版社 代表)　　　　　朴鍾安(서울大學校 招聘敎授)

寄附者 名單

家族一同 李成熙 朴琪鳳 淸泉會 權五春 崔泰源 金東洙

金相男 朴佑奎 徐遵鎬 鄭雲燦 趙明載 左承喜 洪龍澯 姜光夏

姜鎬珍 郭承濚 金大中 金勝鎭 金英埴 金仲秀 盧俊燦 孟廷柱

閔相基 朴世逸 朴鍾安 서울商大經濟學科25回同期會 尹榮燮

李啓植 李榮善 李廷雨 李鍾輝 李泰鎔 李孝秀 張丞玗 姜文秀

金大敬 金東秀 金秉鉉 金永燮 朴元巖 宋寅騎 俞正鎬 李景台

李根植 李榮九 李元暎 李之舜 秋俊錫 洪起浩 朴興基 申方浩

李相憲 丁道聲 玄定澤 文宇植 白雄基 尹奉漢 李永檜 安孝承

鄭一溶 李翰裕

조순 문집 (2002~2010)

이 時代의 希望과 現實(IV)

 – 各界의 輿論을 듣고 내 생각을 정리하자 –

초판인쇄 | 2010년 5월 5일
초판발행 | 2010년 5월 10일

지은이 | 조 순
펴낸이 | 박기봉
펴낸곳 | 비봉출판사
주 소 | 서울 금천구 가산동 550-1. IT캐슬 2동 808호
전 화 | (02)2082-7444~8
팩 스 | (02)2082-7449
E-mail | bbongbooks@hanmail.net / beebooks@hitel.net
등록번호 | 317-2007-57 (1980년 5월 23일)
ISBN | 978-89-376-0374-7 04300
           978-89-376-0370-9 04300 (전5권)

값 25,000원